中国人民大学科学研究基金
（中央高校基本科研业务费专项资金资助）
项目成果（19XNL010）

陈胜前 著

探索考古

作为人文的考古学

生活·讀書·新知 三联书店

Copyright © 2021 by SDX Joint Publishing Company.
All Rights Reserved.

本作品版权由生活·读书·新知三联书店所有。
未经许可，不得翻印。

图书在版编目（CIP）数据

探索考古：作为人文的考古学／陈胜前著. —北京：
生活·读书·新知三联书店，2021.8
ISBN 978-7-108-07179-8

Ⅰ.①探… Ⅱ.①陈… Ⅲ.①考古学 Ⅳ.①K851

中国版本图书馆 CIP 数据核字（2021）第 110401 号

责任编辑	曹明明
装帧设计	康　健
责任印制	徐　方
出版发行	生活·讀書·新知三联书店
	（北京市东城区美术馆东街22号 100010）
网　址	www.sdxjpc.com
经　销	新华书店
印　刷	三河市天润建兴印务有限公司
版　次	2021年8月北京第1版
	2021年8月北京第1次印刷
开　本	889毫米×1168毫米 1/32 印张9.5
字　数	205千字　图8幅
印　数	0,001-5,000册
定　价	78.00元

（印装查询：01064002715；邮购查询：01084010542）

目 录

自序　追问考古学 ·· 001

一　如何来看考古学？ ·································· 001
　　人文社会科学研究什么？ ·························· 001
　　人文社会科学与科学 ······························ 007
　　考古学的内与外 ·································· 014
　　现代性与中国考古学 ······························ 020
　　思维方式与中国式考古 ···························· 028
　　思考文化研究 ···································· 034
　　传统与中国考古学 ································ 039
　　中国考古学现代性的再反思 ························ 045

二　如何来看考古学理论？ ······························ 053
　　走入理论的天地 ·································· 053
　　理论能为考古学做什么？ ·························· 059
　　重建中国史前史的条件 ···························· 065

  What does it mean? ······ 072
  考古学理论、方法与技术 ······ 078
  有关空间考古 ······ 084
  应从遗址废弃过程考察遗物的集中保存现象 ······ 090

三 如何应对学科发展的挑战？ ······ 098
  如何理解考古材料：当代考古学的方法 ······ 098
  社会导向的考古学研究 ······ 104
  马克思主义考古 ······ 109
  物质文化史 vs 考古 ······ 114
  物性的力量 ······ 121
  纠结的考古学 ······ 128
  物与人的关系：疏离与牵绊 ······ 133

四 如何定位中国考古学？ ······ 140
  范式的根源 ······ 140
  范式与前范式 ······ 146
  中国考古学理论背后的反思 ······ 151
  当前中国考古学所研究的问题 ······ 156
  有关"中国学派"的思考 ······ 161
  中国考古学的学术定位 ······ 167
  中国考古学家的危机 ······ 176
  第三世界考古 ······ 181
  中国考古学的现代化 ······ 188

五 考古学该如何表达？ · 194
考古学的社会责任 · 195
考古学的话语 · 200
谁在考古：有关公众考古的思考 · · · · · · · · · · · · 205
考古学术叙事的反思 · 210
家乡博物馆 · 215
从兵马俑看考古学的表达 · 221
"互联网＋"时代的家乡博物馆 · · · · · · · · · · · · · · 226
什么是考古学的真实？ · 233

六 中国考古学未来在哪里？ · 240
未来中国考古学面临的挑战 · · · · · · · · · · · · · · · · · 241
如何发展中国考古学派 · 246
构建中国考古学派的再思考 · · · · · · · · · · · · · · · · · 255
中国考古学理论的发展展望 · · · · · · · · · · · · · · · · · 262
考古学的"化西为中" · 267
中国考古学，what next? · 273
中国考古学的优势 · 279
走向人文的考古学 · 286

自序
追问考古学

曾经写过一本书,《思考考古》(第一版叫作《思考考古学》),出版之后,比较受欢迎。我也曾想过,为什么这本书会受到读者一定的欢迎呢?"修辞立其诚",我写作此书最初并不是为了出版,而是为了思考。有了一些心得之后,不得不发,写作就是我思考问题的方式。"古之学者为己,今之学者为人",至少在学术思考的层面上,我们真的应该向古人学习。思考应该始于发自内心的疑惑,然后去不断推敲、追问,从中寻找可行的出路。追问的过程可能是彷徨的,其中会有一些迷失,会有一些反复,当然,也会有柳暗花明。也许因为我不惮于去质疑,不惮于显示自己的挫折,所以读者更可能找到共鸣。眼下这本书,某种意义上说,就是《思考考古》的续集。追问是没有止境的,探索永远都在路上,我喜欢这样的状态。

考古学有什么可以追问、探索的呢?考古学作为一门冷僻的学科,于许多人而言,常常处于浪漫故事与玄怪志异之中。于考古学家而言,它是一门研究过去遗留下来的物质遗存的学科,物质遗存包括遗物与遗迹。当代考古学研究的范围并不限于远古时代留下的物质遗存,而是一切物质遗存,所以也可以把当代社会包括在内。比如"垃圾考古",研究当代城市社会的垃圾,就可以回答当代社会学调查都无法回答的问题(垃圾分析中获得的信息比纸面上的调查要可靠得多)。物质遗存的形式是极为多样的,比如保存良好的如庞贝古城、人们逃难前还没有来得及收拾的餐桌、显示生命最后挣扎的蜷曲姿态。绝大多数物质遗存保存不够理想,通常是被破坏的聚落、墓葬,还有石片、陶片,一袋一袋、一筐一筐地堆满了考古库房。

考古学家面对的就是这些残缺之物,它们经过千百年来人为或是自然的破坏,侥幸保存下来,又侥幸为考古学家所发现,这一切仿佛是一种宿缘。考古学家研究的对象就是它们,过去的故事、情感都已经消失,只剩下尘土覆盖的遗留(有的本身已经化为尘土,如马车的框架)。考古学是一门格物的学问,它需要弄清物背后的故事。说到格物,我不禁想到明代大儒王阳明,他年少时曾经几天几夜去"格"竹子,希望能够"格物穷理",最后累病了。阳明先生若晚生几百年,他一定会了解到世间还有一种叫作"科学"的方法。科学家满世界研究竹子,研究各种各样的生物,从中找出进化论的原理,找出生态学的原理……当代考古学家"格物"求助的主要方法就是科学。科学的目标是要探索真理,也就是要寻找现象背后的原理或机制。以科学为归属的考古学必定要有理论上的追求,就这一点而言,科学与格物的目标并无二致。考古学追问的深处必定是理论。所以,尽管考古学以研究实物遗存为对象,它还是以理论为归宿的。

当代考古学除了采用科学的途径,还越来越强调人文的视角。究其根本，考古学研究的是人。从人文的角度如何格物呢？科学从外在、客观的角度切入；人文的角度正相反，它是内在的、主观的。不过，当代人文视角的考古学反对二元对立的观念，强调人与世界是一体的，最能体现这种一体性的概念莫过于实践。实践是人与世界的结合，是历史与现实的结合，是理性与感性的结合，还是社会与个人的结合。因此，人文的视角需要把这些方面都考虑进来，考古材料（物质遗存）作为实践的产物，需要从众多关联中来把握。与之相应，考古学追问的范畴不断扩展，从功能的关系扩展到文化意义的关系。

在这个科学昌明的时代，人们很容易忘记文化的意义，不过在生活之中倒是须臾也不能离开的。就好比说我们吃饭，本来采用科学的标准，每一顿多少碳水化合物、蛋白质、维生素、矿物质等都是可以确定的，由此我们似乎可以建立一种"完美"的膳食。但是无论多么完美，只要连续吃上一个月，保证每个人都会腻味。烹调艺术是围绕人们的基本需要所发展出来的丰富多彩的形式。中国人在这个方面是最有体会的，即便是移民了，最难归化的还是自己的味蕾。文化就是人围绕自己的需要发展出来的多样形式。研究人的过去，科学的视角是需要的，文化（人文）的视角同样不可或缺。古今中外，不同时代、不同地方的人们发展出许多独具特色的文化。

无论是知识还是文化，都是积累性的。过去数千年（也许可以追溯至旧石器时代晚期），中国古人积累了丰富的文化。今天，我们看到莲花，就会想到"出淤泥而不染"；看到菊花，就会想到"采菊东篱下，悠然见南山"；看到月亮，就会产生思念，"举头望明月，低头思故乡""但愿人长久，千里共婵娟"……非常富有韵味与美好的联想!假如没有这样的文化积累,我们现在看莲花、菊花、月亮,尽管客观属性不会改变,但是不再产生心灵的共鸣,不会由莲花的观照上升到精神的洗礼,不会由对菊花的观赏而产生悠闲的滋味,不会因为望见明月而有思念……假如我们把所有物质的文化联系都除去,结果是什么呢?那就是现代性的疯狂,也正是我们当代的流行病。精神失去了故乡,社会失去了心灵的纽带,我们迷失在物质的世界中。

考古学追溯历史,发现过去遗留下来的物质遗存,不仅探寻围绕它们发生的真实往事,更要探寻这些物质所积累的文化意义,尤其是与我们当代社会共享的意义。在这个现代性狂飙的时代,考古学宛如压舱石,让在惊涛骇浪中行驶的小船不至于倾覆。"曾经沧海难为水,除却巫山不是云"。有了几百万年的历史在心中,人面对当下所遇到的幸运或是困难,都会更加从容淡定。尤其是在当下的中国,面对有些贫乏的历史——历史曾经被颠覆、批判甚至破坏,面对突如其来的物质繁荣,特别需要去寻找过去物质遗存曾经的意义,需要去构建让它们与当代物质联通的桥梁。

考古学并不是为了过去而研究过去的,而是为了现在和未来去研究过去的。把现在与过去联系起来的正是文化意义,这个不断丰富的存在。当然,文化意义的基础必须是真实的过去,这也就是考古学既需要科学又需要人文的根本原因。考古学进入现在的形式需要通过表达,而表达就必须借用话语体系。物质遗存只有通过话语表达之后才能为公众所理解,物质遗存本身并不会说话。当代的博物馆选择部分遗存,塑造一定的场景,试图进行某种表述。尽管这里文字的表述可能很少,而其中也暗含着一种话语结构,骨子里与金石学并没有太大的区别,"观其器,颂其言,形容仿佛,以追三代之遗风,如见其人矣"。过去一百多年,考古学发展迅速,但考古学的表达并不如想象的那么快。

考古学不仅仅需要追问考古材料是怎么来的,究竟是什么意思,还要追问它究竟有什么意义,以及寻求以一种理想的方式把这些意义表达出来。表达是多样的,并不存在唯一合理的形式,每一类物质遗存都有特定适合的方式,即便是一个没有多少文物的小小的家乡博物馆,也可以唤起人们对家乡的情感联系,表达之中需要考虑这样的需求。当代考古学在思考这一类问题,也许我们可以期待一个更有趣味、有人情味、有深刻启发的考古学。当我们徜徉在遗址公园之中,感受历史的迁移、世事的兴衰,时间线的断续展示把我们不断从现在拉回过去,又从过去回到现在,每一个人都在现实与过去的反复协商之中重新定位自己。考古学也是一个舞台,需要精心布局、铺陈,全面讲述湮没的往事,最终人们从中获得熏陶,丰富心灵,更好地面对未来。

追问中国考古学,无论是研究还是表达,最终都会回到一个根本的问题上来,也是一个困扰中国学术界一百多年的问题,那就是"古今中西之问"。其中,中西的问题是核心,古今的问题不过是中西问题的另一种表述形式。面对这个问题,可以有许多回答,比如说可以与世界接轨,也就是融中入西;也可以坚持走自己的路,不理会外面的变化;还可以走中西结合的道路,不分主次;最后还有一个立场,就是融西入中。有趣的是，融西入中并不是融中入西的反面，虽然字面意思好像如此。融中入西是放弃自己的传统，并入人家的传统；融西入中是吸收人家的精华，化入自己的文化建设。讨论古今中西问题还特别需要区分一下对"世界"本身的理解。过去一百多年，我们对世界的理解都是以西方为中心进行的，这也是现代性的本质。而后现代是去中心化的，未来的世界是网络化的、扁平的，而不再是金字塔式的。打破现代性的"世界"观，是我们开启创造的前提。

我很喜欢展望未来，因为我们生活在一个剧变的时代，这尤其是针对中国而言。尽管中国发展还存在着许多问题，但不可否认，过去几十年中国发生了深刻的变化。处在这个大背景中的中国考古学有着怎样的时代使命或时代精神呢？未来的中国考古学会走向何方呢？我几乎是在反复追问，但基本立场是一贯的。学习是为了做更好的自己，而不是为了成为别人——这其实是不可能的。尽管我有留学背景，但我是坚持以中国为中心的。我的立场是"玄奘式"的，去西天取经，取真经，然后化为己用，弥补自己的不足，创造出更精彩的可能。我相信这条道路更应该是中国考古学的发展选择。

考古学是一门科学，不过最终还是文化的组成部分，文化是考古学的本分。在当下的情境中，中国考古学也要回归其本分，在科学的基础上，回到文化建设上来。文化是历史的积累，因此文化也是历史的。作为文化的考古学是我的基本立场。这里，文化是丰富多彩的生活形式，不是把功能抛弃在外的纯粹形式。形式与功能从来都不是相互拒斥的关系，而是融为一体的。文化是过去生活的需要，也是现在更是未来生活的需要。只有一种文化的世界是极其单调的，那是文化的暴力，现代性主导的世界就是这样的，这是需要批判的。中国考古学的目的是要丰富我们的文化遗产，当然要在科学基础上，我们并不需要伪造的文化遗产。真实的物质遗存并不会自动化为文化遗产，需要我们去解读、去阐释，发现已尘封的文化意义，让它们在当代世界重新焕发出生命力。

追问无止境，所有的回答都是暂时的。追问是一种探讨、一种协商，在我提笔之初，我并不知道答案在哪里，而是在思考——不同观念的反复协商之后，似乎可以得到一种妥协、一种共识、一种可行的方案。这里的追问还只是在我的头脑中进行的，我相信读者面对这些问题时，也会开始自己的探讨、协商，站在比我更高的层次上思考，可能会找到更好的回答。最后，要非常感谢同学、师友的启发，包括谋面与未谋面的，正是因为他们的启发，我才可以开始自己的追问。

一
如何来看考古学？

每一位学习考古学的人，都会面临自我审视的困难，身处其中往往就失去了客观考察的能力。此时，若是要考察考古学，就必须把它放在更大的背景、更多的关联中去审视，需要从表面的现象之下探究其中暗含的结构，或是时代精神，或是其他能够描述一个时代认知模式的概念。考古学于我始终是一个问题，我总是对考古学的属性有几分怀疑，虽然我是一名职业考古学研究者。我希望去审察考古学的学科性质，把握考古学发展的关联因素，发现其中左右学科发展的力量……我希望探索的内容很多，可真正能够掌握的内容很少。面对考古学，在沉思中，我们获得的也许不只是一种认识，还可能有一种冷静状态下的欣赏。思考考古学本身的时候，我们就是在欣赏考古学。

人文社会科学研究什么？

在网络空间里，"文科博士"基本是个贬义词，为什么会这样呢？回到语境当中，暗含的意思就是文科，也就是所谓的人文社会科学,没有什么用。除此之外,文科研究缺乏客观性,没法检验;更有甚者,认为许多文科研究似乎不遵循逻辑,缺乏"基本科学素养"!所以,尽管人文社会科学也冠名"科学",其实并不科学。既没有用,又不科学,自然不会是什么好东西。需要指出的是,提出这些批评的人往往不是没有知识的人,反而是一些"具有科学素养"的人。在这个科学昌明的时代,谁也不敢在科学面前嘚瑟。因此,面对这样的批评,学文科的人大多唯唯诺诺:是的!是的!文科研究的对象比较复杂,不容易做到科学,我们正在向这个方向努力。于是,乖乖让到一边去。

当然,我们也可以反驳,你知道究竟什么是科学吗?若要讲验证,科学哲学家波普尔*早就说过,真理只能被证伪,不能被证实。有时候我们甚至怀疑证伪是否可能。近年不是就有一个例子吗?欧洲科学家团队声称发现了比光速更快的东西,说是证伪了爱因斯坦的相对论,而其他科学家首先质疑的是实验是否可靠,后来果真发现观测仪器有个芯片出了问题。用什么证伪呢?事实?事实也是人观察与认识的结果,它就不可能出错吗?宋代最有科学精神的沈括先生观察到雷击掀倒了一棵古树,在树坑中发现了"雷斧"(其实就是新石器时代的石斧),证明石斧与雷击之间有联系。耳听为虚,眼见为实,但是这里亲眼所见的并不真实。我们从事的历史研究更说不上验证了,能够回到从前吗?不能!那么我们说的"真实"又是什

---

* 卡尔·波普尔(Karl Popper, 1902—1994),学术理论家、哲学家。著有《开放社会及其敌人》《科学发现的逻辑》等。

么呢？如果"真实"这个目标永远无法实现，那么我们究竟在追求什么呢？这里，我希望自己像《皇帝的新装》中的那个孩子，去探寻一下人文社会科学研究的根本，它究竟要研究什么。这将会影响我们应该采用何种手段。

在回答这个问题之前，首先可能要解决它的"用"的问题。过去一百年，中国经历了翻天覆地的变化。有人用三十年一个周期来描述，我觉得挺合适的。从 1919 年到 1949 年，中国完成了自救，摆脱了几乎亡国灭种的命运，成立了新中国。按黄仁宇先生的说法，中国完成了现代国家上层结构的建设。从 1949 年到 1979 年，中国实现了自立，在朝鲜战场打败了联合国军，自此无人再敢小看中国；建立起基本完整的工业体系。黄仁宇先生说，新中国这三十年完成了现代国家下层结构的建设，土地改革以及后续的若干运动客观上重构了中国的基本社会组织。从 1979 年到 2009 年，又是三十年，中国进行了自新（革新）。黄仁宇先生没有完全看到这个变化，可以说中国这三十年完成了现代国家中间阶层的建构，出现了世界上最大的中产阶级群体（我对中产阶级的定义就是受过较好教育或是有一技之长，在社会分工中有稳定的职业收入，能够买得起一般性住房与汽车的家庭），他们成为未来中国稳定发展的锚石。如今我们进入了下一个三十年，或可以称为自强的三十年，到 2039 年，我们有理由相信中国会是一个强国。

这个例子好在我们每个人都很熟悉，百年来的巨变不是自动发生的，而是一系列思想推动的结果，从孙中山到毛泽东，从邓小平再到最近几代领导人，其间还穿插着具有同样时代精神的思想潮流。这些思潮都是人文社会领域的成就，没有思想的觉醒，就不会有后来的社会变革，也不会有我们今天的发展。人文社会科学有没有用呢？它影响民族的生死存亡、国家的繁荣与衰落、社会的安定与动乱、人们生活的幸福与痛苦。蔑视人文社会科学的人对此视而不见，简单地拿着一把所谓"科学"的尺子衡量一切，最终把自己的见识封闭在有限的范围之内，的确是很让人遗憾的事情。

现在我们可以回答人文社会科学研究什么这个问题了，正如它的字面所言，它研究人和由人组成的社会。研究者自己也是人，是某个社会中的人，这就决定了人文社会科学不能置身于外。尽管不断有人倡导客观，摆脱个人偏见，殊不知所谓的"客观"其实也是一种立场，所谓超然的态度意味着对不公正的麻木不仁，意味着高人一等的优越感。人文社会科学研究注定是有价值判断的，好坏不分的所谓客观研究其实是自欺欺人。与之相应，人文社会科学研究需要不同的角度研究，需要大量的反思。每个社会的价值观都是其历史与现实发展的产物，与文化传统以及当下的情境密切相关。人类社会是否有共同的价值呢？当然是有的，但相对有限，不同社会之间还存在许多差异，这也是要承认的。因此，对于一名人文社会科学学者来说，秉持什么样的价值观是至关重要的。三军可以夺帅，匹夫不可夺志。古往今来，搞自然科学研究的人，学术成就与人品操守大体还可以分开来看；但文人一旦失去了操守，其作品的价值就要大打折扣。

人本身就充满奥秘，由人组成的社会更加复杂。当代科学至今没有弄清楚意识、意志、情绪等问题，社会问题更是如同乱麻，至今也没有找到一条能够放之四海而皆准的社会规律。

即便有这样的规律，也无法在社会中得到检验，至少不可能在检验者所在的社会中进行。社会规律需要人的实践来检验，而人的实践存在主观能动性。市场经济是一条社会规律，但是运用它的社会有的繁荣，有的萧条，如何去运用好它需要人的智慧。也正因为人及其社会高度复杂，研究者有太多的变量不能掌握。面对这样的复杂巨系统，精确计算是不可能的，整体性的模糊判断才有可能。人文社会科学领域的高人往往是那些运筹帷幄、高瞻远瞩、直接给出准确的长远预见的人。这些人当然不是拍脑袋想主意的人，他们深谙社会发展的一般规律、当时社会发展的趋势，同时也会做大量的调查研究，深入实地去考察……需要说明的是，无论他们收集多少信息，其实相对于复杂的人与社会来说都是不够的，有时候信息太多反而添乱。他们的推断并不完全是逻辑推导的结果，而是需要结合直觉性的整体判断。毛泽东在抗日战争时期，写了一本小册子《论持久战》，准确地把握了抗日战争的形势；相反，有些号称学富五车的史学大佬认为中国如果坚持抗战的话，就会亡国（不如投降）。面对以极其凶残手段屠杀我们同胞的敌族，即便是死也要抗争，这应该是中国人的气节。对于通晓历史的人来说，应该了解时代变化的趋势，日本帝国主义是不可能长久的。

中国古代教育传统向来强调博闻强识，有人甚至可以把《十三经注疏》中"疏"的内容背出来，让人叹为观止。然而，近代社会变革、科学革命所需要的人文思想基础却没有在中国诞生。读卢梭的《忏悔录》，发现这位启蒙运动的思想家基本没有接受过什么正规的教育。斯宾诺莎近似之。为什么会有这样的差别呢？可能牵涉到人文社会科学一个特别重要的方面，它非常强调理解，而要获得理解，切实的体验与实践是必不可少的。若从书本到书本，从观念到观念，就会非常不接地气。如此既不关心社会现实，也不注意观察自然，又加上闭关锁国，如何能够有真知灼见呢？

人文社会科学许多时候看起来更像是一种修养，一种能力，而不像明确的知识，所以有人说，学习人文社会科学，有图书馆就好。这个说法很大程度上是成立的，当年哈佛有位著名的校长就说过，如果他有钱办大学，首先就要建一座好图书馆，只有当钱花不掉的时候，才去请老师。我自己当过二三十年学生，也有类似的体会。我曾经问过自己，究竟在课堂上学到了什么？老师更像是一个引路人，课堂上教的知识很快都还给了老师。倒是课堂上那种记不下来但又分明能够感受到的氛围影响更大，人文社会科学的教育更像是潜移默化式的，老师的气质、风范、智慧不知不觉地影响学生，比知识教育要长远得多。从这个角度来说，人文社会科学提供的是一种精神上的训练，培养一个人的价值观，养成良好的判断力。广泛的阅读无疑是非常好的方法，它可以提供一种比较的视角，还带来多样化的思维角度。也正因为如此，文科生总是不嫌书多，即便读不过来，还是会不断地购买。学习自然科学的学生，书架上往往只有些专业书，对于他们来说，精通原理才是至关重要的。这是由两者追求的对象不同造成的。当然，学习自然科学的人也会说科学是一种修养，的确如此，古希腊的科学就是一种修养，科学本来就是根植于人文的，只是后来分化了。

人文社会科学的自然科学化是当代学术的一个重要特征，文章发表的时候，若没有一点统计图表、机器生成的模型，就不像是科学研究。如果没有图表化的展示，至少也要显示出最后的结论是通过逻辑论证推导出来的。数学化、逻辑化让人文社会科学越来越接近自然科学，但是冷静下来思考一下，我们对人生的认识比古人进步了多少呢？我们对人性的把握是否比古人更高明呢？我们的社会是否就比古代社会更美好呢？现代人类社会的悲剧是否更少了呢？面对这些问题的时候，我们总是有那么一点儿信心不足。科学进步不是日新月异、一日千里吗？如果人文社会科学不能如自然科学那样发展，那么我们采用同样的途径是不是有问题呢？我不知道这些问题的答案，正如开头所言，就像《皇帝的新装》里的那个孩子，我只是在怀疑，那件亮丽的外衣里面真的有真理吗？如果没有真理的话，为什么要假装像是在寻找真理一般？如果目标不是真理，那么我们又在研究什么呢？回顾人类社会的历史实践，我们分明看到了人文社会科学绝大的贡献。

"为天地立心，为生民立命，为往圣继绝学，为万世开太平"，"横渠四句"说得很到位，我仿佛有一点体会了。

人文社会科学与科学

一说到科学，就感到挺神圣的，不偏不倚，代表至高无上的标准。我们从小接受的教育就是要热爱科学、尊重科学，要去努力发展科学。等到上大学，选择考古学之后，我同样是用科学的标准来要求自己以及所学习的学科的。我注意到，其实不只是我这样做，我周围的人基本也都如此。有的同学最终选择了放弃考古，其中一个原因就是它看起来不怎么科学，即便是在考古发掘过程中，面对客观的对象——物质遗存，最终得到的可能是包含着许多主观错误的所谓"客观材料"。灰坑是圆是方、是大是小，乃至器物的命名，都取决于发掘者的认识。即便是错误的，写到报告里，也都成了客观材料。当然，这毕竟只是认识过程的问题，是有可能纠正的。更多的失望恐怕是关于考古学的目标的，考古学能够干什么呢？虽然我们也自称是科学的一部分，至少是广义上的科学，但是并没有产生如真正的科学所获得的成果。考古学也不像经济、法律那样实用，解决社会现实问题，或是为自己与家庭创造更富足的生活。所以，还是放弃好了。

我没有选择放弃，而是选择了考古学中看起来更像是科学的分支——旧石器考古，研究人类文化的起源与进化。在国内的学科划分上，旧石器考古通常列在自然科学的门类中。后来因为从事考古学理论研究，研究领域逐渐扩展到整个史前时代。但是，越研究，越是怀疑，考古学的目标真的是科学的目标吗？考古学真的是一门科学吗？连带着开始思考整个人文社会科学研究。我越来越深切地认识到，人文社会科学不是科学（狭义的或是严格意义上的），我们没有必要也不应该把它们当作科学。我们应该像《皇帝的新装》中那个孩子，大胆说出自己的想法。尽管这在一个科学昌明的时代，看起来好像很傻，更像是反科学、大逆不道。不过，这里需要澄清的是，我并不反对科学，也不反对在人文社会研究中采用一般与特殊的科学方法，我所反对的是把包括考古学在内的人文社会研究当成科学。

为什么说人文社会科学不是科学呢？我想这里恐怕首先要对科学下个定义，否则无法回答这个问题。关于科学的定义，有无数的讨论，细究起来，就进入了哲学领域。这里所说的科学来自现实生活，来自我们一般人对科学的印象，它是模糊的，但又是具体的，会真正影响我们的判断与行动。我们对科学的定义至少应该包括这些内容：科学是客观的、理性的、合乎逻辑的；科学的目标是探究真理，因此科学是具有普遍意义的，不会因时、因地、因人而有所不同。就像最近有人对99岁高龄的何兆武先生做的访谈，标题是"如果真理与国情有矛盾，需要改变的不是真理，而是国情"。真理是至高无上的！正如古代西哲所言：探求真理乃是人的天职。这篇文章的标题是带节奏的，但是它的成立需要有个前提，即在社会、文化发展中真的存在这样的真理。

非常遗憾的是，我们至今也没有看到这样的真理。市场经济可能是当今世界最普遍的经济形式，市场作为看不见的手，能够最有效地配置资源，这样的认识已是深入人心。实际情况呢？市场经济只是经济发展的一种形式，相对有效，并非唯一有效的形式，而且它也不是在任何时候、任何地方都有效，失败的案例并不罕见。市场经济假设人是理性的，目标就是利润，然而这一假设并不成立，人并不总是理性的，目标也并非一定合乎市场的原则。即便市场经济非常成功，它也只是近代化以来的产物，只是人类历史的雪泥鸿爪，人类99%的历史都没有市场。既没有古今一致，也没有放之四海而皆准。客观、理性、普适、逻辑都不能真正做到，最流行、接受度最高的社会科学理论尚且如此，更不用说其他人文社会科学的理论了！

人文社会世界的情况是，适用于一个社会的规律不一定适合另一个社会，不同社会有自身的历史与文化发展状况，这是为无数社会实践所证明的。当然，不可否认不同社会之间可以相互借鉴适合彼此的规律，就像马克思主义的中国化。人文社会研究的对象是人本身，而人本身又生活在一定社会、历史与文化关联之中，人对自身的认识不可能超越这些关联。没有人是神，可以俯视众生，所有的研究来自关联，也受制于关联。相比而言，真正的科学研究中，研究者是置身研究对象之外的，能够处在相对客观的立场，超越社会、历史与文化的关联。

还有一点，可能更加关键，那就是人是能动的，可以掌握规律，并加以利用；人还可以打破规律，破除既有的秩序。因此，人文社会研究需要考虑到人的能动性，与之相应的还有人的尊严，即一个社会不能向另一个社会强行推行自己所认为正确的规律。这是一个社会对另一个社会人的能动性的无视，是对人的尊严的践踏。社会、历史、文化、能动性，这四者构成了人文社会研究的特殊性。

遗憾的是，过去一百多年来，也就是人文社会"科学"在西方形成以来，西方世界打着科学的旗号，以真理、理性、客观、现实之名，在全世界推行它的价值。社会达尔文主义、种族主义横行；资本市场上，弱肉强食的丛林法则大行其道；政治领域，人类历史即将终结，所谓民主将一统人类社会。所有这些都是所谓人文社会科学研究的"成果"。真理在哪里呢？正如福柯所言，知识就是权力。我们看到的更多是，强权即真理。从这个角度来说，发现"规律与真理"的人文社会研究其实是在助纣为虐，它成了一个社会侵略、剥削、统治另一个社会的工具，成了一群人控制、剥削、统治另一群人的工具。这一切都是以科学的名义发生的。

如果把所有人文社会研究都说得如此不堪，似乎有点极端了。人文社会研究并不是真的没有规律，只是它的范围与程度是受限的，受制于社会、历史与文化状况。它的根本目标不是规律，而是其社会现实意义。这很容易被理解为向权力的献媚，但这里所说的社会现实意义是要经过历史检验的，经不起历史检验的人文社会研究很难说是成功的。比较而言，科学的研究是通过客观世界加以检验的，而人文社会研究领域没有这样可以用于检验的客观世界，人就生活在自己的世界中，不可能是客观的。于是，人文社会研究只能通过社会实践来检验，一个时期的社会实践可能还没有说服力，需要我们把它放在历史长河中去考察，所谓"风物长宜放眼量"。

这里并不是要否定人文社会研究的科学性，它有科学性的一面，对人与社会行动机制的研究对于我们了解自身无疑是非常有帮助的。人文社会研究借鉴科学的方法的确产生了许多有益的成果，但是，我们还是需要明白，人文社会研究并不是科学！它与真正的科学研究存在本质的差异。把人文社会研究当成科学如果不是别有用心，就是误入歧途。人文社会研究不是科学，是什么呢？这是否会影响人文社会研究的价值呢？它不是科学，但也是学问，而且是大学问，是与人、与社会密切相关的学问，国家兴衰、民族存亡、人生意义都系于此，怎么会没有价值呢！

如果人文社会研究不能得到规律与真理，那么它得到的是什么呢？是道理！以人生为例，很难说其中有什么规律，有什么放之四海而皆准的真理，如果真的有的话，那么人生就简单了，何至于千百年来总是围绕诸如生死、幸福之类的问题打转，找不到一条统一的认识。人生无疑有其道理，没有人会否认这一点。人文社会研究得到的是道理。道理也可能具有普遍性，但是道理是理解性的，是体验性的，知道人生道理并不难，而要深入体会并不容易，往往需要一个人有切身的体验。从这个角度来说，人文社会研究是离不开实践的，是不能脱离时代而存在的。中国当代人文社会研究，一个根本的问题恐怕就是脱离了中国自身。

科学没有国界，全世界的科学家都在研究新冠病毒，研发疫苗，目标是一样的。但是人文社会研究不可能如此，很多学者都在研究新冠疫情对经济、政治、文化等方面的影响，这些研究貌似有共同的研究对象，但是研究目标并不相同。有些研究是为了减少本国的经济损失，转嫁危机。中国研究者需要考虑如何防范危机的转嫁，如何在全球经济衰退的背景下促进本国经济的发展。不否认这其中有考虑"共赢"的研究，但这不是唯一的研究。当前的研究首先要解决如何防止危机转嫁，然后是本国经济发展，再后才是合作共赢——还要考虑各自赢多少的问题。从这里我们不难看出人文社会研究的价值，其中不乏高尚的地方，合作共赢；也不乏对抗性的考虑，敌我矛盾始终存在；还会考虑一些具有普遍性的问题，要想经济发展，必定需要加大投资、扩大市场、释放阻碍市场的要素等。人文社会研究是复杂的，也正因为它太复杂，才不能用科学加以概括。

把人文社会研究当成科学似乎是为了抬高其地位，实际结果正好相反。因为人文社会研究并不可能如科学那样普适、客观,这就造成了一种名不副实的状况,好像人文社会研究需要依赖"科学"的名号才能获得合理性。当它并不能真正提供诸如规律或真理时,人们对它的信任就大打折扣了。尽管我们并不会在正式的传媒上听到多少反对人文社会研究的声音,但是在私下交流的时候,在自媒体的空间里,许多人透露出人文社会研究没有可靠性、没有意义的观点,充其量承认它有些娱乐的价值。间或有些为人文科学的辩解,也是从科学的角度来做的,认为人文社会研究发展还不够充分,因为人类社会现象过于复杂,假以时日,人文社会研究的确可以"实现科学"。也就是说,人文社会研究的最终目的还是科学。这仍然是不可能实现的,把人文社会研究当成科学,最终还是贬低了它的价值。

把人文社会研究当成科学还带来一个直接的后果,那就是把西方价值的唯一性合理化。我们当下学习与研究的"人文社会科学"基本都是西方近代化以来的产物,按不同领域分成不同科目来研究。伴随着西方帝国主义、殖民主义的扩张,在强权的压迫下,全世界都不得不学习西方,从科学技术到政治制度,再到思想文化,甚至连基本的生活习惯都要学习西方。按蒋廷黻在《中国近代史》中所说,半中半西是不可能的。其意思暗指,中国除非全盘西化,否则不可能发展起来。

历史实践证明这种说法并不必然正确,中国发展起来了,并没有如蒋氏所言,全盘西化了。在中国之前更早发展起来的日本,文化传统的保存较中国还要完整,也没有全盘西化。也就是说掌握科学技术并不意味非得全盘接受西方的文化价值。但不知道为什么这些明显的事实遭到忽视,人们还是津津乐道于人文社会的科学性质。正如上面所说何兆武先生的访谈,"当真理与国情不相符的时候,改变的应该是国情,而不应是真理",而这些所谓的真理大多是以西方社会为基础、以西方文化价值为标准所获得的,并不具有普适性。之所以要冠以"真理"的名称,就是要用科学的名义来推行自己的主张。由此,科学成了文化侵略的工具,谁若是反对这些人文社会"科学真理",那就是反对科学,自然也就是反理性的,是愚昧的、保守的,是应该被抹除的。

当下情境中,我们需要破除人文社会研究是科学的观念。它既不真实,也不合理,更不正义。回到蒋廷黻先生的时代,抗日战争前夕,这么说无疑是非常不合适的。那个时候最重要的任务是民族的抗日图存,要解决中国技不如人、一盘散沙的问题,文化价值还不是优先需要考虑的事情。而今不同了,中国已经全面崛起,但是在文化领域,还显得非常地孱弱。这是一个文化建设的时代,一个需要大力发展中国文化的时代。而要实现这个目标,就必须破除禁锢我们思想已久的观念:西方文化价值才是科学的、唯一合理的。跨过这个门槛,我们将走入一个新天地。这个时候已经到来了。

考古学的内与外

如果我猛然问个问题:什么是中国考古学?估计有些人(包括我在内)会感到有点蒙。什么意思?因为不明白问话的情境,所以不知道该从何说起。我想每个人所处的情境不同,首先想到的角度可能千差万别。我在考虑这个问题的时候,首先想到的是内与外的差别，也就是内与外的视角。我在想，这两种视角下，谁能代表（或者说是）中国考古学呢？如果都可以的话，那么我们应该如何研究、学习中国考古学呢？

还记得刚到SMU（南方卫理公会大学）读书的时候，很好奇美国人是怎么看待中国的，于是到图书馆去找美国人研究中国的书来看。这些著作的资料收集工作相当详细，方法无疑也是非常科学，又是统计，又是列表，不能不令人佩服。然而，当我看到结论的时候，却又觉得很荒诞。作为中国人，我完全有资格说，我们不是这么想的。当时只是觉得奇怪，许多年后，想起此事，不禁产生了一个疑问：为什么丰富详实的材料、科学的方法，却没有产生一个让人信服的结论呢？我想作者没有真正理解中国历史。就像他们读《红楼梦》，若对中国诗词、书画、风俗、礼仪、宗教等没有深入的理解与体验，就很难把握这部伟大的著作。也像我第一次读《傲慢与偏见》一般，实在受不了，除了吃饭就是跳舞，这也叫小说？

所以，读某些外国学者写的中国考古学的英文论文的时候，很佩服他们收集材料之勤，也很羡慕他们之于统计、模拟、制图等方法的运用，自然还有英语写作的地道！但是也有个疑问，这样的论文可以说是研究某种动物的科学论文，跟人，尤其是跟我们中国人没有什么关系。你可以将这种生物称为蚂蚁，也可以用一个抽象的名词。总之，它们的行为受到环境的影响，它们也会影响环境；它们的行为有其形态特征，它也有组织结构；它们留下的物质遗存可以反映其行为特征……这些生物，也就是一些生物，跟我们有什么关系呢？我们为什么要研究它们呢？难道说因为我们也是一种生物？我们何以区别于其他生物呢？

　　这种人类生物行为学的研究范式实际就是科学的范式。科学秉承的基本立场就是客观。所谓客观，是相对于主观而言的置身事外。科学因为客观，可以避免以人类为中心的研究，可以排除主观的干扰。不管你喜欢或是不喜欢，事实就是事实，规律是无情的。从17世纪科学革命以来，科学的成功是有目共睹的。然而，我们仍然不得不说，科学的视角是一种外在的视角。这种视角在研究人类社会本身时是有局限的。这也是科学没有完全取代文学、艺术、历史、哲学等学科的原因，虽然不时有人尝试这么去做——记得有人想做统计哲学。人的世界是历史的，是有意义的，而且人是能动的，是有感觉的。奥运会上五星红旗升起，国歌奏响，我们会感到激动与自豪；我们知道这种意义有助于社会的团结，也知道这种意义是历史的积淀，也知道仪式化有助于意义的深化与表达。这些不属于科学范畴，是因为它们都是高度主观的。

　　科学之外还有人文，人文的视角就是内在的视角。若是用科学的标准来衡量人文，人文就一无是处。比如说考古学的目标是要发现过去存在过的、客观的历史事实，人文的视角能够贡献的东西就非常有限。但是，如果我们说，这个目标其实是个乌托邦，就像我们永远不可能知道孔老夫子原初的想法一样——我们其实也没有必要完全知道，我们需要根据现实来阐释孔夫子的思想，让他的思想能够成为当代中国文化的组成部分。当然，我们不能随意阐释他的思想——真实一定意义上是存在的。人文的世界处在相对的真实之中，它是一种处在历史、社会、文化以及人之能动性等关联之间的真实，而不是绝对的真实。人文的世界更多关注的是人的精神领域，是一个难以把握、但更能反映人之性质的方面，是一个需要从里面去理解的领域。

说到科学与人文的外与内，我们还需要注意人类学与历史学的外与内。人类学是一门研究"他者"的学科，研究者作为旁观者，可以足够的冷静，甚至可以做点恶作剧式的实验。比如在亚马孙丛林研究当地土著的人类学家，给当地人送了柄金属斧子，看看他们如何争夺，观察由此而引发的血案，居然还可以拍成录像。这的确需要非凡的、科学的冷静。若是他自己家发生这样的事，我想他是绝对不可能置身事外的。人类学的诞生伴随着殖民主义，它详细的调查方法，对文化多样性与文化进化（现在后者很少被提及，多少有点种族主义的倾向）的关注，尤其是它所关注的是鲜活的人类生活，对考古学都贡献良多。但是，无论如何，我们知道人类学是一种外在的视角，尤其适合去研究其他民族。如果我们把史前人类"外化"的话，当然也是可以用的。

与之对应的是历史学的视角，历史学是研究我们自身历史的。我们研究历史是要从中汲取人类行动的经验与教训，传承文化与价值，增强社会认同等。研究历史首先必须确定价值立场，价值中立是个神话，如果奸恶不辨、是非不分，这样的历史学家是非人的，常常不是资料编纂者，就是御用写手。研究史前考古似乎可以不涉及价值观，但实际上也是不可能的。我们看到良渚的玉琮，就会情不自禁地与中国传统礼仪联系起来；看到原始的半地穴的房屋，仍然能够跟茅茨土阶、跟中国传统的建筑联系起来；即便是几粒上万年前的小米遗存，依然能够让今天的我们感受到中国生活方式的连续性（许多人早晚还是愿意喝点小米粥的）。这是我们自己的历史，我们是带着热爱、带着敬仰、带着思古的幽情来研究的。

后过程考古学强调历史的视角，但不可思议的是，它的主要开创者霍德*居然是在土耳其恰塔尔胡尤克遗址（Çatalhöyük）做的研究，这其实是非常困难的，因为研究脱离了历史关联。在后过程考古学范畴内，英国考古学者有非常精彩的景观考古学研究，前提条件是英国一直都有非常发达的景观研究传统，从文学、绘画、园林乃至哲学上都能获得丰富的营养。如果是到中国来研究，不理解中国历史与文化，无形中就会回到人类学的研究。中国有悠久的文明与文化，目前至少可以追溯到农业起源阶段，按我的说法，还应该追溯到旧石器时代晚期。我写《史前的现代化》一书就有这样的目的。

外与内的另一层含义就是西方与东方，东西方之辨是近现代中国文化研究的重要主题。因为此时期话语权一直是由西方主导的，我们不是学习，就是"山寨"，经常被嘲笑与批评。我们有发自心底的"谦虚"，西方的尺度就是我们的尺度，一切以西方为标准。网上不是有个笑话吗，任何观点只要加上

---

* 伊恩·霍德（Ian Hodder，1948—　），英国考古学家，斯坦福大学人类学系教授，后过程考古学代表人物之一。主攻考古学理论、欧洲史前史等。主持的土耳其恰塔尔胡尤克遗址发掘工作，成为后过程考古学发掘研究方法的范例。已翻译成中文的著作有《阅读过去》《现在的过去》。

"据美国最新研究"就好使。有的情况下,可能是对的,但显然不是在任何情况下,嫌自己的鼻子不够高,头发不够金黄,眼睛不够蓝,是没有什么道理的。有时真的觉得挺奇怪,该学习的地方如公共卫生倒是很少有人注意,不需要学习的如服饰倒是亦步亦趋。我曾用了个词,叫作"文化自我殖民化"——自己积极主动地在文化上接受殖民主义。这种现象比较严重,为什么呢?因为近几十年来,文化发展没有跟上。我们是经济大国、科技大国,但是社会科学、人文科学的发展明显滞后;又加上近百年的文化波折,说严重一点,中国人宛然生活在文化沙漠之中。

我不想让人说我在提倡极端的民族主义,不是这个意思,而是说我们应该有自己的价值尺度、自己的"三观"。过去的已经过去了,不可能再来一次。我们在广泛地学习西方、有无比的包容之心的同时,也需要对自己的历史多一点包容。就像在建筑上,我比较欣赏王澍的做法,充分地学习西方,但是也尊重当地的历史、文化、生态。如今我们在经济、技术上展示出了相当的创造力,在政治上也有自己的主张,而文化上似乎还差之甚远。

外与内是看待事物的不同视角,各有各的优势,各有各的局限,是相互补充的关系,不是要一个取代另一个。曾经写过一篇小文《中国考古学家的危机》,惹出些争议,这里有必要再澄清一下。我的意思是,我们太偏重于外在的视角,忽视了内在的视角,也忽视了考古学家自己的视角,尤其忽视了中国考古学家自己的视角。不是说外在的视角不对,这不是对与错的问题,而是说失去了平衡,我们还需要内在的视角。把外与内对立起来，那就真的错了。

现代性与中国考古学

现代性是个哲学概念，有关其定义众说纷纭，非常抽象晦涩。我想从建筑开始讨论，建筑是人可以感受、体验的实体，很容易理解，没有哲学基础也没有关系。现代主义的建筑有非常明显的共性，那就是功能压倒一切，主张建筑首先是科学，不需要考虑历史，也不需要考虑地域。钢材、混凝土、玻璃……按照功能的需要组合在一起，于是，各种各样的盒子矗立起来，形成城市的天际线。表面上说，建筑的确是在服从功能，其实更准确的说法是服从金钱——有钱才能实现目标。我们的身边有无数这样的建筑，钱多的看起来现代化一些；钱少的，如我住的筒子楼，只能满足当时有房住的迫切需要，早已不符合当下的功能需求。

建筑上的现代主义是现代性的一部分（不同人可能会有不同的理解）。从这个意义上来说，现代性指笃信存在绝对统一性的观念，无须考虑历史、地方以及人的主观能动性。在现代性那里，多样性的价值就是提取统一性的素材，其特殊性没有意义，衡量多样性的标准就是统一性。这样的观念至少在建筑中的体现是非常充分的，是可以看到的。也正是基于这样的观念，我们的古建筑百不存一；我们的住房只剩下一个东西——住人的空间而已；我们的城市，千城一面。的确到了我们该反思现代性的时候了。

似乎很少有人注意到现代性是西方社会与文化发展的产

物这一事实，我们不过是借用者。现代性诞生于西方，从文艺复兴萌芽到19世纪成形，20世纪后期之后逐渐退潮。需要注意的是，它在不同领域的进展并不相同，艺术领域可能是最早的；其次是哲学领域，19世纪末20世纪初哲学开始出现转向，尼采呐喊"上帝死了"——确定性的终结，维特根斯坦开启哲学的语言转向，再后来存在主义开始重视历史、意义。相比而言，这个时候正是现代主义建筑兴起的时期，建筑大师柯布西耶开启了一个新的时代。而接受现代性洗礼的考古学直到20世纪60年代才正式形成，比建筑领域要晚几十年。

无论如何，19世纪都应该说是现代性最鲜明的时代，这个时代的思想家信心十足地把人类社会区分出不同的演进阶段。我们最熟悉的可能是摩尔根（Lewis Henry Morgan）的方案，人类社会发展分为蒙昧、野蛮、文明三个阶段；其他研究者也纷纷提出自己的方案。这些方案虽各有千秋，但主调基本雷同，即人类社会在不断进步，根据进步的程度可以划分为进步与落后、文明与野蛮。我们经常用的"文明"这个概念就是此时被重新定义的（更早的渊源可以追溯到古希腊）。因此，我们需要明白，文明本身就是个现代性的概念，类似的概念还有"国家"与"民族"。这些概念不仅仅是西方社会发展的产物，也是西方文化传统孕育的。按照现代性构建的社会发展序列，西方总是处在最先进、最进步的一端，其他社会的未来就是西方社会。这种观念的形成还与19世纪殖民主义狂潮时期西方绝对的优势地位密切相关。不仅西方人这么认为，即便是今天，许多被现代性洗脑的中国人对此也是笃信不疑。

需要注意的是，现代性不只是一个哲学概念或一种思想观念,它是一个时代的特征,有点类似"时代精神",或是福柯所说的"知识型"。现代性秉承的知识基础叫作科学,与启蒙主义思想和工业革命相互关联,理性、进步的观念贯穿其中,同时渗透其中的还有一神教的传统、二元对立的思维惯性,以及以西方为中心的文化观念。当今世界上,现代性表现最为充分的国家莫过于美国。如果你有兴趣的话,不妨从谷歌地球上看看美国的地理景观,这里所有的田地都是按照正南正北的方向分割成几何形的方块,不管中间有没有河流、池沼、山丘,美国人对几何形状的田地几乎具有偏执狂般的热爱。当然,这是为了因应机械化耕作的需要,但也显示出人对自然以及历史特征的无视。美国对自然科学技术研究的重视毋庸多言,在人文社会科学研究领域,他们偏好寻求统一性的跨文化比较研究。在社会实践上,则喜欢用美国的价值观去衡量世界不同的国家与文化,虽屡屡碰壁,却不知悔改。从某种意义上说,当今美国遇到的许多困难都是由现代性导致的。

现代性不只影响到田野景观,也影响到学术发展。从现代性来看,学术研究是有统一性的标准的,无须考虑对象的多样性。我们当前的学术管理就非常好地诠释了什么是现代性,所有的期刊都可以分出A、B、C、D,什么叫顶级期刊,什么叫核心期刊,影响因子多少……都可以用数字来衡量。以考古学为例,尽管是个小学科,其内部仍然有很大的差异,旧石器考古的论文通常发表在《人类学学报》上,由于它不属于核心期刊,所以即便发表了也可能算不上科研成果。

现代性影响学术的另一个信条就是社会发展有其规律,规律是确定的,是普适的,所有社会都必须遵循同样的规律,如果有例外,就算不上规律。现代性是无法接受不确定性、模糊性(概率性)的。现代性由此定义了我们的认识论,那就是我们认识人与社会只有一种正确的方法,就是科学。尽管当代对于究竟什么是科学争论颇多,但是大家的大脑似乎已经被植入一种源代码,研究必须合乎逻辑,必须客观,必须理性……如果不科学,基本就等于不正确,甚至是邪恶。除此之外,现代性对学术研究的设定还有一些,我能够想到的主要是这三点:统一性高于多样性,存在确定的规律,科学是唯一正确的认识论。每一条我们都深信不疑。

现代性对不同学科的影响是不同的,对自然科学影响相对要小一些,对包括考古学在内的人文社会科学的影响则比较大。具体在考古学领域,现代性对中国考古学产生了怎样的影响呢?第一个影响就是现代性中暗含着西方性,它是以西方文化为尺度的。如在当代世界文化遗产评估中,尽管中国有超过五千年的文明,相当于整个欧洲大陆的面积,但是中国世界文化遗产的数量却比不上意大利。当然,你可以说标准是客观的,意大利遗址保存更好,西方文化对当代世界影响更大,如此等等。事情果真如此么?遗址保存完好与否并非评价世界文化遗产的标准,关键是有没有重要意义,究竟什么叫重要呢?所谓影响大是要看时间尺度的,若是从长时段来看,人类直系祖先将近99%的时间都生活在非洲,那里应该有最多、最重要的人类文化遗产。在人类历史上,欧洲领先的历史不过数百年,极为短暂。如果以西方为标准,那么非西方的东西的价值就会大打折扣。比如说房子不够结实,绘画不够逼真,饮食的热量太低(可以引申为食物的质量太低)……

现代性对中国考古学影响巨大的另一个原因是它对历史与地方性的蔑视,而考古学恰好是要研究历史的,要研究和保护文化遗产——为地方保留记忆。按照现代性来审视古代遗留,古物就是落后文化的载体,是应该被抛弃、粉碎的对象,我们应该拆掉古建筑,甚至扔掉古代文献,我们也曾经的确这么做过。现代性的尺度中,文化只有先进与落后之分,我们的眼睛应该向前看,而不应该向后看,要向先进的文化学习,抛弃落后的文化,我们的确也曾这么做过。古代遗留最主要的价值是科学材料,可以用来证明人类一往无前的先进性;保留古代遗留是要保存好这些证据,让后代在游览时了解人类曾经的落后、野蛮。当然,这个过程中可能还会有较大的经济收益,也就是旅游价值。偶尔还会有政治意义,比如作为领土归属的凭据。现代性视角中考古学意义带有非常强的功能性色彩,考古学的发展目标很大程度上是要成为"有用的"学科。

秉持现代性的立场,中国考古学产生了若干基本信条,或可以称为预设(assumption)。第一条是相信存在一个绝对真实的过去,等着我们去发现。即使我们不能一下子发现真实的过去,但可以无限接近它。即使这个目标永远实现不了,我们也应该朝着这个方向努力。从另一个角度说,即便找到了真实的过去,由于无法回到过去,还是不可能进行真正的验证。这里我们不妨与当代社会研究做一下比较,当下一切现象都摆在我们面前,我们能够清楚认识社会真实么?说完全不认识有点极端,说真的认识,好像也不对。我们能够认识到某个角度的社会真实!这样的真实存在于一定的情境中,认识者也处于一定情境中,因此这种认识是特定情境中的真实,而不是绝对的真实,并不存在一个唯一的、标准的真实的过去。考古学追求的目标是个乌托邦,但是这个目标宛如宗教信条,激动人心,尽管遥不可及。

第二个信条是相信过去的人类社会存在普遍的演化规律,这个规律具有跨文化的全球普适性,我们相信这种绝对的统一性是存在的,目前没有看到,是因为我们的研究水平不到,这个目标终将能够实现。过去数百年间,不少研究者不断提出人类演化的普遍方案,诸如从母系到父系社会、从酋邦到国家的演化序列。令人遗憾的是,这样的序列无一没有例外。所谓从母系到父系社会的说法无法得到民族志证据的支持,因为90%的狩猎采集群体都是父系的,从人类生物学上也很难解释得通(人类的婴儿至少需要母亲18个月密切抚养,而这个时候正好是产妇最虚弱的时候,自然选择不会支持那种没有父亲帮助的社会组织策略)。酋邦理论来自民族志,最经典的例子为海岛社会,埃尔曼·塞维斯(Elman R. Service,美国人类学家)提出这么一个阶段的真正意义并不是为了肯定酋邦这个概念(你可以把这个阶段叫作其他的名称),而是为了说明社会复杂化进程中资源再分配的重要性。是否每个社会都是通过这样的途径走向复杂化呢?资源再分配只是一种社会运作的形式,塞维斯还是没有说清楚为什么资源再分配会不平均?还是回到当代社会中来,我们能够找到普适的社会规律么?人不是机器,人是能动的,人知道规律的话,会利用规律,还可能打破规律,人不是规律支配下的傀儡。在这样的情况下,我们要寻找绝对的规律,无疑是缘木求鱼。

第三个信条是相信存在一个绝对统一的考古学体系帮助我

们实现以上的目标。如果叫作考古学不足以叫人信服的话，我们就叫它科学好了。所有的研究都需要符合科学的标准。至于说什么是科学的标准，目前争论众多，在科学哲学家托马斯·库恩[*]那里，是一种共同的信条；在波普尔那里，是能够证伪——只能证伪而不能证实，那么科学在哪里呢（伪科学也可以证伪）？尽管我们不知道科学在哪里，但是不妨碍我们相信它的存在。与之相应，我们相信存在一个世界考古学体系，世界不同的地方都应该为了解决世界考古学的问题而努力。既然是信条，究竟谁说了算呢？最终恐怕还是强权即真理，就像我们在当代社会现实中看到的，所谓世界考古学，还是欧美话语体系主导的世界。

现代性主导的研究注定会有一个特征，那就是急功近利，好大喜功，否定过去，迷信未来。这不是某个人的问题，而是一个时代思想趋向的问题。它带来的直接影响就是忽视物质遗存的文化意义。我们研究物质遗存的时空特征、使用功能等，但是我们似乎忘记了物质都有文化意义。人的行动不仅受制于物质的实际功能，同时深受物质的文化意义的影响。情人节送玫瑰很合适，送菊花就会出问题，虽然都是鲜花，文化意义是不同的。做客安排座位，位置非常重要，弄不好就会产生社会矛盾，空间也是有文化意义的。这些意义都是在历史中形成的，过去的人们除了继承意义，还可能创造出新的意义，这就是人之生活实践的基本特征。遗憾的是，过去几十年里，我

---

[*] 托马斯·库恩（Thomas Samuel Kuhn，1922—1996），美国科学史家、科学哲学家，西方科学哲学领域历史-社会学派的核心人物，其代表作有《哥白尼革命》和《科学革命的结构》，后者被奉为科学史、科学哲学领域最有影响力的著作之一。

们看到的是中国古代遗存的文化意义不断流失。我们的生活日益现代化，历史上形成的文化意义似乎成了累赘与负担，我们忘记了它们是自身文化传统的载体。失去了文化传统，我们其实也就迷失了，皈依现代性其实皈依了西方文化。从这个意义上，现代性是一场文化战争，输者将丧失自己的文化。当代中国考古学研究要想真正贡献于这个时代，重建文化意义是不二的选择。

现代性破坏的不仅仅是文化意义，还有文化多样性。从研究到展示上，现代性所展示的都是一条条不可能改变的历史或自然规律，技术不断进步，社会越来越复杂，人类的体质、文化都符合进化论的基本原理。文化多样性不是单独的研究目标，而是一些偶然的表现形式，除此之外，没有更多的意义。我们为什么研究过去呢？为的是探寻历史规律，而不仅仅是为了了解历史丰富多彩的面貌（至少没有把两者的重要性同等对待）。历史越来越贫乏，越来越机械，历史研究的道路越走越窄。当代历史学似乎逐步走出了现代性，但是考古学研究还没有。一个明显的见证就是对宏大主题的关注，几乎所有的研究都要求去解决大问题，至少也要与之相关，那些能够丰富研究多样性的主题很少受到关注。考古学研究其实是很适合进行一些具体而微的研究的，比如最近英国考古学家研究的一处宴飨活动遗址，通过分析可以得知宴飨的季节、宴飨的食物组成以及禁忌等。无须都追求高大上的主题，多样性的研究能够带来丰富的细节，对考古学的发展是很有帮助的。

现代性还有一个毛病，就是会抑制学术思想的创造。那些宏大的主题往往是19世纪提出来的，其实是一些不可能解决的问题。穷经皓首为了一个不可能实现的目标,是对研究者生命的不尊重。新的时代有新的思想、新的精神,每个时代都应该、都可以拥有自己的思想与精神。19世纪的伟人属于他们的时代,不应该继续垄断我们这个时代。我们可以继承部分优秀的思想,而没有必要为之所限制。

这里反思现代性的目的并不是要全面否定现代性,而是说它存在一些问题,一些不符合我们这个时代的问题,需要改变。中国考古学的基本特点是镶嵌式的发展,不同阶段、不同范式的考古学研究都在同时开展,所以反思现代性,可能会遭遇这样的质疑:我们连真正的现代性还没有进入呢,谈反思现代性是否有点太早?不过,就我们的实践来看,我认为这样的反思并不是太早,而是来得太晚,因为许多破坏已经不可挽回了。

思维方式与中国式考古

有一种说法认为,科学没有国界。考古学是全世界的,应该没有国别之分。然而,现实之中,我们又分明感受到这种差异,不仅中国考古学如此,世界其他地区的考古学也是各具特色。所谓"中国式考古"何所指呢?显然不是指研究对象的差异,而是指研究思维上的区别,就是一种在中国考古学中表现得特别突出的思维习惯。我写这方面的内容并不是为了批评谁,因为我自己也有同样的问题,这些问题在不同时期严重程度不同。这里写出来,希望学生也就是未来的中国考古学家能够尽可能地避免类似的问题,毕竟年轻一点更容易矫正不良习惯。假如我们不反思，照着前人的路往前走，学术研究失去了创造性且不说，重复所带来的无聊足以让人生失去意义与乐趣。

所谓中国式考古，其基础之一就是中国式思维。中国是一个有悠久文化传统的国家，虽然经过一系列近乎自戕式的文化批判，但其影响并没有完全消失。因为它深植于我们的语言、行为习惯中。中国式思维最典型的例子就是中医。中医是我们的国粹，不能否定它的优点。中医把人体视为一个完整的系统，强调辨证论治，强调具体情况具体分析。这样的整体性恰恰是西医缺乏的。中医还是高度经验性的、体悟式的，需要长期的积累。它的基本理论就是阴阳五行，金木水火土对应人体的五脏（抽象意义上的）。简言之，中国式思维主客体的划分是不明显的，"天人合一"是一种最高境界。当代后现代哲学也强调主客体的相互渗透，反对主客体的二元对立，似乎与中国式思维殊途同归了。但是人家是曾经沧海，是螺旋式发展的更高一层，我们可能只是形似而已。

中国式思维对于中国考古学有什么影响呢？秉承这种思维的中国考古学者有很好的宏观意识；缺点也非常明显，那就是容易陷入泛泛之谈。有很多精彩的感悟，但是很少有缜密的推理。加之主客观区分不明显，语言习惯带有明显的文学色彩。这种思维方式是中国所固有的，是在近代科学形成之前就存在的。它没有经过近代科学革命的洗礼，这是我们特别需要向西方科学传统学习的。

相比而言，西方科学传统有两个特别显著的优点：其一是逻辑。诸子百家中本来也有逻辑研究，但没有发展起来。讲究逻辑意味强调概念、推理、前提等。举个考古学的例子，比如我们经常讨论文化联系，某个地区受到另一个地区的影响，某期文化有来自另一文化的因素等，甚至研究旧石器时代也是如此，东西方文化交流跨越了几大洲。不是说不可以讲传播，而是我们需要反思传播何以成立。某个地方某个文化特征出现更早，就一定是传播中心吗？相似就一定等于传播吗？宾福德（Lewis Binford）称之为"涟漪理论"，往水里扔一块石头激起一圈一圈的涟漪，就像文化的传播模式。当我们讨论文化联系时，需要反思它的立论前提。任何推理都是需要前提的，前提不成立，推论也就有问题。

继续以文化传播为例，其中还暗含着另外一些前提，比如文化可以分解为不同的文化因素。文化如何划分合理呢？任何两个文化经过一定的划分，都会有相似性！再比如我们划分不同的文化，认为它们代表某种意义上存在的人类群体，其中暗含的前提就是，文化是一种标准，可以用来区分不同人群；更进一步说，它还暗含着这种标准是群体所认同的，类似一种心理上的归属感，如此等等。如果我们不反思概念，不反思推理，那么我们所得出的许多判断在许多时候看起来都像是想当然的说法，我们的判断中掩盖了许多可以生发出创新研究的前提。要知道，质疑前提、推翻前提往往代表一门学科革命性的进展。如后过程考古学之于过程考古学在考古材料客观性上的质疑。

强调逻辑必然会质疑前提，要求清晰的概念，强调推理过程等。自然就会去问什么究竟是什么，什么何以可能等问题。所以我们看西方考古学研究时，常常惊奇于研究问题之小，大量的篇幅都是用来论证的；也会惊奇于他们常常在看起来并没有问题的地方生发出大量的问题。就如前面所说的考古材料的客观性，考古材料是物质实在，并不依赖于人的主观意志而存在，这在受过唯物主义教育的中国考古学家而言是天经地义的事。但是这个前提是可以质疑的，什么是考古学研究的物质材料？它是人类行动的产物，本身已经渗透了人的历史；人不是生活在真空中，人不是机器，人不仅从物质环境中获取资源、获取信息，还获取对环境的认识，更重要的是人还创造环境、创造物质材料、创造社会关系……如此一来，考古材料的客观性外衣是否还披得住呢？

西方科学另一个显著优点就是切实地分析材料。按照培根的说法，近代科学的"新工具"就是实验。实验不仅意味着实地获取材料，而且意味着收集大量的数据，进而分析材料。科学在这方面的强大能力是得到历史检验的，经典的例子是伦敦的霍乱，一时间众说纷纭，很多上升到宗教层面。科学的方法就是去实地调查，看看发病率的分布，后来发现它的中心就是一口水井。有一个特例，有位老太太并没生活在疫区，也得了霍乱，进一步调查发现她喝的水是从这里来的。然后再来研究这个井，发现这里的下水道坏了，脏水渗到了水井中。科学就是通过这种剥茧抽丝的方法，一点一点地排除，最终找到原因，进而提出解决方案。这种科学方法的巨大威力毋庸多言，近现代社会技术的巨大进步就是最好的证明。

在近代考古学形成之前，古物学家们也收集实物，但是往往缺乏地层上的控制，甚至不知道出自哪里，自然也就难以去分析材料。近代考古学以实地调查、发掘为基础，不断发展方法去控制考古材料的剖面与平面关系，使考古学如同刑侦一般，凭借事实来说话。想方设法去获取材料，想方设法去分析材料，这是西方科学传统中非常值得学习的方面。这是真正的占有材料，而不是那种社会意义上的占有。当前，在分析材料方面，我们还做得不够。我们得出了不少认识，有一些也很精彩，但是缺乏材料的充分支持，所以总像想当然似的。一般地说，中国考古学者是很重视考古材料的，但是我比较怀疑这一点。照理说一种高度依赖材料的研究，应该极端注意材料的系统收集。而我们对材料的收集并不充分，整理也不及时，尤其是工作的质量还有比较大的提升空间。重视实物证据的收集与分析，这是科学的方法，也是我们特别需要学习的。

近代科学进入中国也有一百多年了，很少有国家如中国这般重视科学，把它当成国家战略。"科学技术是第一生产力""科学发展观"，如此等等。但是我们在学习科学的过程中，因为急于求实用价值，更多偏重的是技术。一百多年来，中国都是个落后国家，经常挨打，急于通过技术改变被动的地位，也是可以理解的。不利之处也很明显，我们重应用而轻学理，知其然而不知其所以然。考古学上也是如此，科技方法的应用我们并不比西方落后，但是原理、机制、理论的探索就大大滞后了。如今中国已不落后了，也许我们可以静下心来好好探索一下更深层次的东西。当然，我们还需要解决一些学术环境上的问题，让一颗颗浮躁的心沉静下来。其实，中国人并非天生浮躁。就像排队一样，如果有那么几个人插队，原本安心排队的人都会心神不宁起来。

当前最损害中国科学的也许并不是过于重视技术，而是

"科研大跃进"。这或许是我们这个时代的弊端。科学的形式主义化严重地损害了科学的发展。不就是分析材料吗？测量，统计，做图表……然而，我们似乎忘记了为什么要这么做。几乎所有学科最初都起源于哲学，每一门学科都有其理论根基。这是学科研究的出发点。如果我们不知道为什么要这么做的话，那么我们所做的材料分析更多是形式主义的。这样的问题其实并不仅见于中国，最近从《环球科学》上看到，物理学界也发现越来越多的假论文。形式非常科学，但没有真实的内容。不过，这样的问题在中国尤其严重，甚至是得到鼓励的。如此这般，学者怎能不浮躁？

为什么中国考古学家不喜欢理论上的探讨呢？如果说探索真理，我想是没有人会反对的。如果说是理论探讨，在中国的语境中，老实说，基本就是假大空的代名词。怎么会这样呢？其实也不难理解，我们在教育过程中不知不觉接受了一些教条。虽然我们每个人都认为自己很清醒，甚至充满了批评思维，但是这些东西仿佛源代码一样，已经成为我们的语言习惯、思维习惯。我们都坚信时间可分，所有人都这么认为；我们都坚信人应该持之以恒，最好如机器一般精准；我们都坚信人类社会技术在不断进步，所以技术发展状况可以指示时代（旧石器考古中尤其如此）。我们都是机械唯物论者，相信人类社会沿着固定的轨迹演变。当发现某个轨迹并不可靠的时候，又走向另一个极端，远离理论探讨。即便如此，我们的思维结构并没有改变，空洞、笼统、废话连篇。

当然，并不只我们有这么多废话，其实西方学术、西方考古学中也有不少的废话。形式主义的科学就是典型的代表。不过西方学术中最突出的问题，也是科学的主要问题，那就是对整体性的忽视。就如同西医一般，把人体分割了再分割，还原了再还原，如今几乎所有问题都与DNA有关了。这种思维贯彻在"反恐"之中，恐怖分子如同病菌，处理方法就是消灭他们。所带来的问题就毋庸多言了。简言之，我们需要取长补短，既不要妄自尊大，也无须妄自菲薄。中国式考古的确存在不少问题，上面批评的是一些极端情况。我们需要扬长避短，把中国式思维整体性、系统性的优点与西方科学重逻辑推理、重材料分析的优点结合起来，打破思想的桎梏，切实地积累材料、分析材料。我想所谓融通中西，大抵如此。

思考文化研究

偶尔翻阅《文化的重要作用：价值观如何影响人类的进步》（*Culture Matters: How Values Shape Human Progress*，亨廷顿与哈里森主编，新华出版社，2013年版），书中谈到，亚洲危机刚刚过去时，有研究者指出，亚洲文化强调先苦后甜，从长远处着眼，不注意短期内企业是否盈利，"这种预期报偿也许是最大的灾难"。读到这个观点着实吃了一惊，第一次听见有人说，注重长期利益是缺点。现在我们再来看，有点哑然失笑，禁不住想就文化研究做点思考。

我对书中的观点是否得到验证其实并没有多大兴趣，感兴趣的是研究者的视角，他们居然可以通过文化研究来回答社会发展方面的问题。文化也是考古学研究最关心的问题，无论是文化历史、过程还是后过程的考古学研究，文化都是其核心概念。考古学家不是也非常希望研究古代社会发展方面的问题么？然而，考古学很少能够触及文化对当时社会的影响，我们所说的文化跟当代学者所说的文化似乎不是一回事。当代学者所研究的文化是一个社会中相对偏向精神性的内容，如《文化的重要作用》一书中，文化更多是指价值观——什么值得去做；而考古学中的文化是与物质材料相关的文化，不同研究范式中文化的内涵有所不同。

文化历史考古中的文化是一系列特征的组合，过程考古学中的文化代表一种适应能力——人身体之外适应环境的手段，跟价值观扯不上联系，更谈不上影响社会发展了。后过程考古学视物质材料为能动性的体现，人运用物在改造与构建自己的世界。物即人，人也就是物。在后过程考古的范式中，物质材料开始跟价值观有点关系了。比如说中国人崇玉，玉的品质温润坚韧，中国文化中以之象征君子之德，中国文化总体而言也是偏向和平、怀柔、包容的。玉体现了中国文化的品格，中国人也用玉来彰显、熏陶这种品格，物质材料与价值观由此融为一体。从这个角度，我们似乎可以把物质材料与文化联系起来，但是我们还是很难说玉文化影响了中国古代社会的发展。

文化的问题似乎可以分解为经济、政治、生态环境等方面。所谓中国经济发展的问题，经济学家林毅夫强调要素禀赋积累，强调发挥比较优势，我读后觉得很有说服力。最近中外研究者开始强调中国的政治特点，执行力非常好，能够动员全社会的资源去发展，从基础设施到某个产业。当然，文化研究者也从中国传统中找到了理由，比如中国人勤劳、守纪、强调集体、甘于牺牲（为家庭、为集体、为民族、为国家），这些特质在中国经济腾飞过程中都发挥了重要作用。从这里来看，所谓文化，很像是深层次的社会行为结构或习惯。我们这么做，是因为我们一直都这么做；或者说，现在的环境特别有利于这么做。因为曾几何时，流行的说法是"一个中国人一条龙，三个中国人一条虫"，跟我们现在的认识完全不同。

我在想，文化研究与经济、政治等角度的研究有什么区别呢？如果通过经济、政治等就能够回答问题，文化研究是不是画蛇添足呢？我是否可以这样理解，文化研究类似中医，是一种整体性的研究，不同学科的研究类似于西医，强调分析。统合与分析存在辩证统一的关系，所以文化研究还是必需的。但是，《文化的重要作用》一书是在西方的学术环境中写出的，本身就是"西医"，还是从分析的角度来做的。更可能的情况是，文化研究类似精神研究，与物质研究相对应。这么说似乎还是不对，经济、政治同样强调精神层面的内容。第三种可能，是否可以把文化研究视为哲学研究的一部分呢？这符合西方学术的分类，也注意到整体性。不过哲学研究通常关注的是更抽象的问题，文化研究研究当代社会发展问题，似乎又形而下了。

与此同时，我又注意到社会学家、文化人类学家在做文化研究，如本尼迪克特著名的《菊与刀》，从文化的角度来研究日本社会，据说影响了"二战"后美国对日本的政策。我们似乎把不适合政治、经济等主流社会科学研究的内容统称为"文化"，这些内容难以捉摸，似有似无。当主流学科解释不了的时候，文化研究可以顶上来；如果主流学科能够解释，文化研究更可以锦上添花。文化研究就像万金油一样，怎么说都有理。

于是,我更加迷惑了。我观察当代社会,希望通过已知的东西去了解未知。当代中国文化指的是什么呢?似乎更多指的是艺术,或者说所有与独特形式相关的东西,中国的饮食文化、书画文化、音乐文化……我能够发现文化对社会发展的影响么?我所看到的是,这些年来,社会的迅速发展导致了文化的繁荣或复兴,而不是相反。难道我所看到的社会发展是"深层"文化(如价值观)的产物?改革开放的起点是政治思想的变革,一群经过折磨的政治精英意识到不能再搞政治挂帅,要发展经济,加之社会形势不断推动,才有了后来的经济腾飞与社会繁荣。我是否可以把这次思想转变与价值观联系起来呢?当代社会的考察似乎过于微观过于具体,把关注点浓缩到改革开放的总设计师邓小平身上,而无法聚焦到价值观这种宏观与社会性的问题上来。微观层面上,我们惊奇的是历史偶然性,假如没有邓小平,中国是否会有今天的成就呢?

我不得不承认,从当代社会考察来理解文化研究失败了。或者说,中国的改革开放与价值观之类的文化没有什么必然的联系。更进一步说,也许因为文化研究是超级宏观的视角,并不适合考察诸如改革开放这么微观的事件,又或者文化研究只能在比较的情境中考察。总之,文化研究是个非常困难的领域,是个难以验证,甚至可以说,没有多少理论支持的领域。

还有一个更要命的问题,那就是如果文化真如书中所说,指的是价值观、制度、宗教等,那么用它来解释社会发展,必然会得到"文化优越论",如马克斯·韦伯的《新教伦理与资本主义精神》所倡导的宗教优越性。更进一步,文化的背后是人，是什么样的人呢？近现代多以民族来界定文化，于是就产生了"民族优越论""种族优越论"，也就是种族主义。如此上纲上线一番，发现用文化来解释社会发展是个陷阱。

我似乎把文化研究给否定了，但是，如果不说文化，而说思想的话，思想影响社会发展，这个论断有问题么？从历史实践中看，是没有问题的。那么我为什么排斥同属思想领域的东西如价值观与宗教呢？难道是因为其背后的民族性或种族性？应该说有这方面的原因，当代文化研究中加入民族性、种族性之后，研究的性质就发生了畸变，容易为现实所绑架，成为社会斗争的御用工具。

文化研究中掺入民族性、种族性之后有点像服用了毒品，上瘾还极有害。但是，问题又来了，我们的考古学研究中，文化的背后就是民族性、种族性一类东西。例如说某某文化强势，影响到周边文化；又过了一段时间，从哪里来了一群人，更加厉害，取代了某某文化。

如今中国也走上了工业化快速发展的道路，我们发现从前的种种文化低劣论并不靠谱，种种文化解释不过是一种人为的构建。有意思的是，文化上的解释总是有人相信，比如柏杨的《丑陋的中国人》，着实火了一阵子。我们现在能够理解他所批评的中国人的某些特征，其实都是发展阶段的产物，例如农村人受的教育不多，刚刚进城，肯定有许多与城市生活不符合的习惯。而将其上升到文化，尤其是民族文化、种族文化上来，显然是言过其实了。柏杨的流行不是因为他的研究真实，而是他的研究能够真实地符合当时中国社会部分要求改革的需要。

考古学研究的文化是物质文化，是物质代表的文化，是通过物质表现与行动的文化。而当代文化研究所谓的文化指的是价值观、习惯、制度、宗教等说不清道不明的东西。老实说，我不大相信当代文化研究，这种不信任累及我对考古学上的文化研究。由此产生了一些疑问，我并没有解决这个问题。尽管文化研究不那么靠谱，但它并没有比哲学、政治、经济、社会学方面的研究差许多，这些学科也存在许多禁不起检验的学说，有的还是灾难性的。通过这一番思考，也许会让我们意识到文化研究背后的民族性、种族性乃至于地域性（如种种地域黑）存在严重的问题，很容易为现实斗争所利用，这也算是思考文化的收获吧！

传统与中国考古学

思考这个问题，也许首先需要回答什么是传统，传统是累赘还是财富，传统有什么意义。然后需要追问中国考古学有没有传统，以及如何构建中国考古学的传统。

在我们经过反复革命的认知中，传统不是什么褒义词，很容易让人联想到保守，但是"学术传统"是个具有明确正面意义的概念。可能因为学术是个积累的事业，仅靠一代人是远远不够的，一代又一代人持续地向着某个方向努力才可能成就学术传统。可以说，没有学术传统，也就没有伟大的学术成果。

不禁想起法国的社会人类学传统，这是一个在近现代学术史上光辉灿烂、举足轻重的传统。从孟德斯鸠，经由孔多塞、圣西门等18世纪的哲学家到19世纪的孔德、涂尔干，20世纪又有马塞尔·莫斯、列维-施特劳斯、勒内-古尔汉等。这最后一批人是考古学家比较熟悉的,因为他们深刻地影响了考古学的发展。所有这些著名的学者共享某些共同的东西,形成了法国的学术传统,在世界学术天地中独具特色。

在这个传统中,每一代人都有自己的贡献。法国社会学最初的传统是非常哲学化的,结论主要来自对概念的分析,而不是对事实的研究。涂尔干的外甥马塞尔·莫斯走的就是另外一条路,他认真地学习涂尔干,小心避免对前人的批判,更多回到事实的细致研究中,把科学分析的支离破碎上升到人文的整体理解。列维-施特劳斯则从民族志的经验研究中提炼出结构主义的思想,又迈上一个新的台阶……

从法国社会人类学的发展不难看出,它源于法国的思想传统,往更深远里追溯的话,它深植于西方的思想传统。从马塞尔·莫斯的经历来看,他经历过两次世界大战,周围的学友与学生大多为战火所屠戮,这对法国的社会人类学而言,几乎是灭顶之灾。但是,法国社会人类学并未由此湮灭,而是重新萌芽,接续发展,新人辈出,学术传统绵延不绝,着实让人羡慕且钦佩。

回过头来看中国考古学的发展,近代考古学虽然是从西方引入的,但实际上中国考古学是有深厚的学术传统的。始于北宋的金石学(其实还有更早的渊源)已有相当成熟的理念,所谓"观其器,颂其言,形容仿佛,以追三代之遗风,如见其人矣"。到了清朝,金石学达到了空前绝后的高峰。当然,金石学还不是科学意义上的考古学,还有许多不足。但是,我们后人在理解金石学时存在一个巨大的误区,即不"科学"或是不够科学就是错误的,就是糟粕,应该加以剔除。

中国是一个现代性曾经走入癫狂的国家。所谓现代性就是相信历史都是包袱,一切都需要从头开始,否定过去,迷信未来。美国是现代性最成功的国家,因为历史短暂,所以美国很少提及传统。中国视传统为累赘,所以一味地抛弃传统。其实传统与现代并不必然矛盾,日本在这方面要比我们做得好得多,保留自己的传统。以前认为"邯郸学步"只是一个笑话,而今觉得现实有时比邯郸学步还要可笑,不过我们倒是笑不出来了。

我们怎么才能接续与发展中国考古学的传统呢?因循并不是真正的继承,我们站在前人的肩膀上往上攀登,在未知的道路上必定要有我们这个时代的创造,我们也必定会学习借鉴一切有利于发展的东西。当然,既然是学术传统的发扬,必定要承认与肯定前人的成就,而不是否定过去;传统中必定有经久不灭的因素。

回顾百年中国现代考古学发展历程,我们无疑把从西方引入的田野考古学发扬光大了,原因很简单,那就是中国考古学的实践。"实践出真知",立足于中国考古学的实践是发扬中国考古学传统的一块基石。忠于中国考古学的实践,就像服装设计忠于我们的身体一样。现实是,我们在服装设计上并没有完全忠于中国人的身体。

所谓中国考古学的实践不能仅仅将其局限于田野考古发掘,从考古学科的内在视角来看,它还涉及考古学理论、方法的发展,也涉及文化遗产研究、保护与利用;从外在视角来看,它与时代精神、社会发展以及相关学科的进步都密切地关联在一起。因此,当我们说扎根于中国考古学的实践时,我们指的是整个学科体系,而不仅仅是其中最为常识所知道的那部分。中国曾经有很发达的文物学研究,这是从中国传统中来的,很可惜,它后来并没有得到很好的发展,至今在高等教育体系中也没有明确的位置,倒是民间鱼目混珠的文物交易如火如荼,间接地促进了盗墓的猖獗。近些年来,我们建立了一系列国家考古遗址公园,都很有规模,把文化遗产保护、生态恢复、文化产品开发乃至于房地产开发结合起来。这些遗址公园往往选在离城市较近的地方,人气旺,地方政府也积极参与其中,的确大大改善了当地的文化与生态环境。我看过几个公园,应该说是比较成功的。这一正一反两个例子说明,坐拥财富并不必然会导致发展,从实际情况出发,我们是能够走出一条有自己特色的路来的。

何为"传统"?当说到中国园林的时候,我们会说到"画境文心",它就是中国园林的传统。正是其中的"文心"使得中国园林独树一帜,虽然近现代日本园林在技术上要好于中国,但是就文化底蕴的深厚而言,仍有不及。设若中国的技术能够跟上,园林会做得更好。就中国考古学而言,我们需要找到这个"文心"。我们传承中国文化不能仅仅凭借几部典籍,承载古人生活方方面面的物质材料(典籍也是其中一种)能够更全面、更深入地揭示中国文化。我们可以把中国文化的渊源追溯到史前时代,这是历史典籍所不能的。很可惜,我们的考古学研究在"文心"的承绪与发扬上还有很大的不足。美国大学有专门的古典考古系,不属于人类学,研究正统的西方文明。我们呢?以科学的面目将自己的文明拒之门外。当然,不能将责任归之于科学，科学本来就是要外在于事物进行客观研究的。科学之外，我们还应该有一个人文（艺术）的视角，中国考古学的"文心"应该在这里。没有"文心"的中国考古学，是不可能有真正的传统的，因为它本身就已经抛弃了千百年积累的中国文化传统。

"文心"仍是一个比较模糊的概念，它指示的是中国文化的精神存在。具体到思想方法上来，中国考古学也是可以有所作为的。长期以来，中国思想传统受到众多的诟病，诸如大而化之、尚清谈不务实，以及后来染上的假大空等。不可否认，中国思想的确存在这样的毛病，有些方面甚至还很严重，但是由此认为中国思想一无是处，认为我们必须要尽弃所有、重起炉灶，也很有问题。我的祖父、父亲都是中医，我对中医有一定的了解。中医在现代医学（也就是西医）的冲击下有点举步维艰，但并没有消失。道理非常简单，一者因为它好使；再者它比西医便宜得多。西医秉承的科学分析有很大的优势，但也不是没有问题，中医秉承的是中国思想的整体思维，这种思维方式与21世纪科学新图景很是契合。冯友兰先生讲东西方思想差异，说西方讲矛盾"仇必仇到底"，直到一方把另一方消灭，矛盾才消失；中国讲"仇必和而解"，并非没有矛盾，但矛盾最后要和解，消失。西医的治疗方法、西方的反恐的确是如此的。中国历史上民族反复融合，如今十几亿人都能认同自己属于中华民族，这绝对是一项伟大的成就。每当看到当今世界战火纷飞的时候，这种感觉就更加强烈。

中国文化因为能够融合（"和"），所以成就了绵延不绝的历史。这个过程也是一个相互学习的过程。创建中国考古学的传统必定还要立足于科学，中国不乏玄学，如今繁荣的"民科"似乎很好地说明了这一点。没有务实求真的态度，仅凭一己的感受或是想当然，是不足以让人信服的。科学秉承严格的逻辑、客观的态度、对事实的尊重等，成为我们认识外在世界最有效的思想工具。考古学本身也是广义科学的一部分。海纳百川，有容乃大。学习科学与继承传统本来并不矛盾，我们还希望深入消化，将其融入我们的传统再造之中，这可能是这个时代的使命。

没有传统，就不会有伟大，因为任何伟大的东西都需要长期的积累。这里强调传统，也强调学习与创造。近现代以来，我们反复强调的其实是反思与批判，老实说，与继承、学习、创造相比，批判是最简单易行的。品头论足的事人人都很在行，具体动手去做又有几人能做好呢？

考古学是文化的事业，对中国文化的传承与再造具有重要的意义。学术传统的形成需要一代又一代矢志于学术的人们。中国长期以来就是一个学术大国，前贤有言：为天地立心，为生民立命，为往圣继绝学，为万世开太平。西方近现代学术中有承自古希腊的求真以及基督教的虔敬求极与思辨精神。的确，当代学术商业化大潮中，学者们的书桌很难安稳平静。广告式的忽悠与生产线式的制造，以及GDP式的学术评估，让我们仿佛忘记了前贤的勉励。江山代有才人出，新的学术传统形成需要一批有精气神儿的人。承认现实的困难，但不畏惧困难。这个时代还是有许多前所未有的机遇的，我相信中国考古学的学术传统终将有形成的时候！

中国考古学现代性的再反思

屠呦呦女士获得了诺贝尔生理学或医学奖,这是中国科学界一件具有里程碑意义的事。不少人在热议,为什么她不是中国科学院或工程院的院士。我则注意到一个很有趣的地方,她来自中国中医研究院,而非中国科学院,而且她的研究居然是从传统中医药中得到的启发。这颇让那些崇尚科学的人感到不爽,以至于什么"人海战术""纯属偶然"之类的话都传出来了。对这样的话,我并不觉得奇怪。什么样的土壤长出什么样的花或杂草。单就崇尚科学这一点而言,世界上很少有国家能够达到中国的程度。中国科学院是比较纯洁的,它没有把社会科学考虑进去,更别说人文科学了。但之所以说比较纯洁,是因为它还不够纯洁。纯粹的自然科学恐怕只有物理与化学,数学是符号与逻辑的游戏,算不上科学;地质学也有问题,《生活大爆炸》中的谢耳朵曾经高呼"Geology is not a real science!";生命科学因为融入基因理论终于得到了科学的名分。为什么中国人秉持如此纯洁的科学观呢?我将之归因于现代性的变异。

何为现代性呢?为什么它能影响中国考古学呢?现代性,某种意义上说,它就是现代社会的文化基因。它是近代启蒙主义思想革命、工业革命的产物。相信科学与理性,相信人类进步。这是它阳光的一面。当然,它还有阴暗的一面,现代性诞生的土壤同时是殖民主义、种族主义、帝国主义繁荣的地方。现代性骨子里是一种机械唯物论,人就像机器一样,要符合铁定的规律。它在社会思想中更多表现为一种乌托邦,人类的未来将无比美好,我们现在需要努力向这个方向奋斗,我们现在遭遇的痛苦，正是我们未来获得拯救的基础（现代性的部分基因还应该追溯到基督教天堂的思想）。现代性是一种幻觉，让人们相信绝对的真理、绝对的秩序、绝对的法则和绝对的未来。西方对现代性的反思从19世纪末就已经开始了，不过倚仗船坚炮利的殖民扩张极大地增强了人们的信心，反思也仅限于思想上而已。简言之，现代性中暗含着殖民性、科学主义、单线进化论，以及基督教式终极社会乌托邦思想（天堂）。

作为殖民主义的牺牲品，中国人刻骨铭心地记住了"落后就要挨打"。19世纪末20世纪初的中国人不仅仅对自己的军事实力失去了信心，第一次对自己的文化也失去了信心。从鸦片战争之后，将近一百年的时间里，我们总是打败仗。在这个过程中，中国人不知不觉地也接受了现代性，弱肉强食的丛林法则证明了现代性的有效性。虽然中国没有经历过工业革命，但与之相应的一切都不言而喻地具有了绝对的合理性。我们只有打烂旧世界才能获得新生，所有的过去都是障碍，都是阻碍我们前进的原罪，必须深刻地加以批判。

带着这样的思想基因，中国现代学术开始建立。自然科学自不待言，科学没有国界。然而，科学仍然有语言载体，而语言是历史的、民族的，甚至是阶级的。现代中国科学经历了从西方语言向中国语言的转换。有趣的是，经过一百多年后，居然出现了向西方语言的回潮。如今中国的学术，文章若非用英语写成，似乎都不能称为学术研究了。科学是普世的，但并不绝对，它的背后有深刻的社会与人文基础。于是当我们将科学视为普世价值的同时，我们将它背后的社会与人文观念也普世化了。这也是现代性一个突出的特点。胡适先生提出要"全盘西化",他的立论基础并不错,科学不可能建立在封建的基础上,他错在现实并不允许。王国维先生选择了自杀,为他所认为的无可救药的文化殉葬。陈寅恪先生也表达了对中国文化再造的怀疑。吴稚晖先生则是要烧尽古书。连伟大的鲁迅先生也充满了对中医以及中国人所谓劣根性的鄙视。当时的中国知识精英试图用世界语来取代自己的母语。正是在中国人几乎完全丧失了文化自信的情形下,现代中国考古学诞生了。

现代中国考古学是舶来的,是乘着殖民狂潮的西风由西方科学学者带入中国的。它肇始于西方学者在中国的"探险",发现所谓"未知的"世界。斯坦因"发现"了莫高窟,带走不少珍贵文献,纷沓而至的西方学者与探险家都来分一杯羹。在1926年西阴村正式开始考古发掘之前,中国考古的工作基本都是外国人做的。在这样的背景下,"中国文化西来说""中国人西来说"格外盛行也就顺理成章了。还有什么埃及说、巴比伦说、印度说、中亚说等,倒不是说这样的说法不可以,现在不是也流行说现代人都来自非洲吗?关键不在于这是些什么样的观点,而是为什么会在这个时候提出这样的观点?为什么会有这么多人相信?尤其还是在没有充分证据的情况下,包括国学大师章太炎、刘师培也出来附和(陈星灿先生在《中国史前考古学史研究(1895—1949)》中有详细的归纳,可以参考)。我们现在回头看中国考古学的发展史的时候,仿佛这段历史与当代中国考古学没有关系。实际上,我们不得不承认,在这样的氛围中形成的中国考古学萌芽,其骨子里已经植入了现代性的基因。这里我没有说殖民主义,因为我觉得仅用殖民主义还不足以准确地表达实际情形。比如说,随之而来包括科学的态度与方法、深入进行实地考察、详细记录、准确测量,这些方法很快受到中国知识精英的激赏。包含其中的还有西方的逻辑思维、分析习惯等,都被看作真正正确的方法而被接受了。与之对应的是,中国传统的方法被视为落后的而遭到批判,并认为应该被抛弃。

20世纪20年代,科学范本的中国考古学开始建立。这里还需要提到安特生,这个瑞典人在某种意义上开创了中国史前考古学,尽管日本人更早时已在东北、内蒙古有过一些考古工作。安特生开启了周口店龙骨山的工作,这是中国旧石器考古的开山之作;他开启了仰韶村的发掘(此前还有锦西沙锅屯的工作,但远不如仰韶村著名),这是中国新石器时代考古之始。周口店的工作一直由西方人主持,因为主要经费也是他们出的,最重要的人类化石材料也是由他们研究的,前是步达生,后有魏敦瑞。这些材料保存在美国人开的协和医院里,最后弄丢了。新石器的考古工作有所不同,李济先生从美国学成归来,1926年开始了山西夏县西阴村的发掘,开启了中国人从事田野工作的先河。我一直有个疑问,李济先生在哈佛学的是体质人类学,按说他有实力研究周口店的人类化石,但是自始至终都没有从事过他的专业工作,而是回到了历史考古中——发掘殷墟。现在我们一般这么说,他用学到的科学方法来研究实物材料。这里我们可以看到,旧石器考古领域一开始就是一个非常"国际化"的领域,属于比较"纯粹的科学研究",中国学者真正涉足已经是1949年以后的事了。

现在回过头来看,李济先生的科学方法还只是一般意义上的,他并没有在西方受过系统的考古学训练。真正受过专业训练的是梁思永，后来有吴金鼎、夏鼐等。中国科学考古学的建立是非常艰难的，经历了军阀混战，日寇入侵，随后又是内战，能够稳定发展的时间非常短暂。我不想抹杀前人的功绩，但是回顾考古学史，我又不得不说，建立中国科学考古学的代价相当沉重。在西方近代考古学传入中国之前，中国已经有非常发达的金石学。整个清代，这方面的成绩真是前无古人、后无来者。19世纪末又赶上甲骨文的出土、敦煌文书的发现，经过王国维这样的大师提升，金石学俨然是中国古典考古的雏形。然而非常可惜的是，中国的古典考古没落了，金石学成了不科学的象征。失去了这种物质文化载体，中国文化在传承过程中逐渐虚无化。我们何以称得上是中国人呢？我们没有了自己的服装、建筑、家私、器玩。文化传承仅仅依凭文字是不足的，文字毕竟是符号性的东西，远不如实物直观。我们或许建立了科学的考古学，但是我们失去了其中的人文内涵。需要指出的是，西方的考古学是有其固有的人文内涵的，从古希腊到罗马，一脉相承，更早还可以追溯至古埃及，乃至更早的史前史。

1949年后，中国考古学的现代性并没有减弱。50年代末北京大学曾有过"以论代史"的争论，那个时候中国希望能够建立马克思主义的考古学。从当时的情形来看，这是可以理解的，建立马克思主义考古学是一种合乎当时国内外环境的选择。中国考古学的责任就是在马克思主义的指导下，建立从原始社会到共产主义社会的发展史。马克思是伟大的，对资本主义的批判一针见血，但他是19世纪的思想家，有其时代局限性。其社会演化理论仍然是以西方收集的民族志材料为基础的。自然科学都无法改变其人文基础，更何况社会科学呢！

许多人不理解为什么苏秉琦先生很重要，私下里对他的类型学理论很不服气，甚至认为阻碍了中国当代考古学的发展。我曾经就是其中的一员。而今回顾考古学发展史，我发现自己可能误解了老先生。为什么苏秉琦先生是中国考古学程碑式的人物呢？因为他发现了"以论代史"的空泛，察觉到新的时代精神。1972年中美关系开始走向正常化，也正在此时，苏公的区系类型理论开始成形。提出这个理论的目的何在呢？苏公希望通过它建立起中国古史，也就是探索中国文明的起源，建立中华民族的文化认同。海内外华人都认为自己是炎黄子孙，何以能够如此呢？有什么证据呢？1978年十一届三中全会之后中国走向改革开放，开始全方位融入国际社会，更需要建立自己的民族文化认同。"国之大事，在祀与戎"。培养民族文化认同就是前者，乃是国家大事。海峡两岸交往的前提就是这个，若无此，兵戎相见就没有多远了。近一二十年来中华文明探源等重大研究项目无不有此目的。19世纪西方民族国家刚刚建立时也是如此，如今他们已经过了那个阶段，又开始"惊奇"中国考古学的所作所为。

苏公开创的工作某种意义上说是反现代性的，但是我们也注意到这样的"范式"存在较为严重的问题。根据区系类型理论，我们可以建立中国文明起源的文化历史框架。但是，为什么中国文明会起源？为什么中国会是农业起源中心？新石器时代的人们究竟是如何生活的？为什么他们要这么生活而不是那么生活？当回答这类问题的时候，苏公的理论方法就显得不足了。于是，我们又不得不去学习西方考古学，不得不去寻求一些普遍性的理论，不得不"与国际接轨"。于是我们不得不又回到了现代性的问题。

生活在当代的中国考古学家几乎都面临着在现代性与反现代性之间挣扎的问题。汲取精华，去其糟粕。说来当然非常简单，在实践中往往容易矫枉过正。在考古学的三大领域之中，历史考古面对的问题相对较小，新石器-原史考古次之，旧石器考古最为严重。中国旧石器考古位列自然科学的范畴内，一切需要按照自然科学研究的规范来做。如果人类真的只是如猿猴一般的动物，那么这种研究方式无可厚非，若是真的要把人当成人来研究，那么问题就来了。自然科学是无法接受"精神"这个难以定义的概念的。而没有"精神"，人又怎么能够成其为人呢？不过，在科学的旗号下，这一切又都合理化了。我们何以能够排除这背后的后殖民主义的影响呢？我们觉得自己的头发不够金黄，鼻子不够高，脸不够窄……连我们最天然的东西都受到怀疑，更何况是历史时期形成的东西呢？

我们离不开现代性，为何还要批判现代性呢？现代性相信科学、相信真理、相信理性、相信人类不断进步……这些不都非常合理吗？然而，我们看一个人，不能只看他说了什么，还要看他做了什么；不仅要看他外在的行动，还要看他内在的动机，更要看最终的结果！现代性反历史，认为历史唯一的价值就是教训，而不知道我们今天的选择实际是历史累积性发展的结果；现代性简单、粗糙，有时候表现为天真无邪、理想主义，让人们为了乌托邦而奋斗，而在其他时候却表现为刚愎、狭隘、削足适履。现代性所带来的社会后果我们已经看到了，殖民主义的狂潮、两次世界大战、核战争的威胁、生态灾难……在中国，我们看到历史的虚无化、思想的自我殖民、社会科学的自然科学化……

如何走出现代性呢？许多年来我都在想这个问题，发现答案其实一直没有改变，那就是多元！如果我们承认每个民族文化的价值，怎么会有殖民狂潮与种族灭绝呢？如果我们承认其他民族、其他物种是我们幸福的源泉，何至于有无尽的战争与生态灾难呢？如果我们相信中国文化的精神价值，何至于现在身心都无所依凭呢？如果我们理解科学的道路也是多元的，中国考古学何须唯西方马首是瞻呢？屠呦呦得奖也许有那么一点点启发，民族的才是世界的！我们真正需要做的是踏踏实实立足于中国社会的发展，而非去攀附某一标准。"我劝天公重抖擞，不拘一格降人才"，一百多年前的呐喊言犹在耳。走出现代性，不是说我们要彻底抛弃它，而是要建立多元的话语。

罗素说，丰富多彩即为幸福。于当代中国考古学发展而言，可能也是如此。

二
如何来看考古学理论？

我一直很惊奇自己居然会以考古学理论研究见长，这个方向一开始并不在我的学术发展规划之内。我跟大多数人一样也曾经对理论研究存在偏见，认为考古学的天职就是发现与研究古代的物质遗存。考古学的天地就应该在荒野之中，带着几分浪漫的光环，发掘出神秘的古代王国。我之所以会走入理论的天地，可能是因为我喜欢追问为什么，为什么我们可以这么认为？为什么我们要这么做？考古学家立论的理论前提是什么？考古学家的认识何以区别于爱好者？如此等等的问题最终都会回到理论层面上来。一门学科，没有理论是不可思议的。但理论究竟能够为考古学做什么呢？我一直在思考这一类问题，我知道不会有最终的答案，只是想知道自己应该怎么回答这些问题。

走入理论的天地

从来没想过要做考古学理论研究，进入这个天地倒也并非偶然，而是不知不觉的。在我读本科乃至硕士研究生阶段，并不知考古学理论为何物。或者说我根本就不关注它，尽管它可能就在我眼前。那个时候探讨理论的文章很少，课堂上也没有老师专门讲授理论。我读过张忠培、俞伟超、严文明等先生的文章，一部分讲考古学的任务，还有一部分讲考古地层学与类型学。于前者，我当时认为这是大家的指导，于后者我以为是方法，都跟理论没有什么关系。那个时候三秦出版社出版过一本国外考古学理论与方法的译文集，我也看过。老实说，字是汉字，就是读不懂意思。总之，我似乎跟考古学理论没有缘分。

真正意识到自己是在学习考古学理论的时候已经到了博士阶段，我在 SMU 上过三门理论课：考古学原理、人类学理论、考古学理论。考古学原理课其实更多侧重讲考古学方法，讲方法背后的原理。人类学理论则比较宏观，讨论西方考古学中经典的理论流派，我记得分配给我的课堂报告是讲格尔茨（Clifford Geertz）。老师说格尔茨的英文很优雅，却让我这个外国留学生为难了，觉得实在不好理解。考古学理论是宾福德讲的，他讲自己的理论，回击各种对他的批评，尤其是后过程考古学的批评。由于那个时候我对西方考古学理论还没有一个整体的认识，听起来有时也是云里雾里。我想我应该先上一门能够系统介绍不同层次、不同流派的考古学理论课，这样才能更好地理解那三门理论课。

有鉴于此，当我成为老师，开设"考古学理论"这门课的时候，就有意弥补这个缺陷，希望能够让学生首先对考古学理论的范畴有基本的了解。于是，我按照考古学理论的层次、范式、主要关注点以及中国考古学的创新问题四个方面来组织这门课程。无心插柳，结果发现我的课程组织一定程度上融合了上面所说的三门课。我讲到考古学原理，也讨论考古学理论背后的思想，自然也有自己的理论主张。五个层次的考古学理论就是我的划分，以文化作为概念纲领也是我的认识。这样的综合对于没有其他理论课程的中国考古学教育来说，应该说是合适的。如果将来中国考古学理论有更大的发展，形成若干独立的理论领域，我这门课或可作为入门台阶。到那个时候考古学原理可以单独成课，人类学、历史学或是社会科学理论都有独立的理论领域，高人更可以系统讲自己的理论。如果能够这样，中国考古学也足以媲美西方考古学了。

近年来，不断有学生，尤其是博士生，与我谈到论文时，说论文不好做。他们按照传统思路选择的几个题目发现早已经有人做过，那些研究者，有的手头还有第一手的材料，所以他们即便继续去做，也很难超越前人。但是，他们又不得不推陈出新。在我读硕士研究生的时代，全国每年招收学生不过两万多人，考古学方向的研究生更是屈指可数。那个时候北京大学能够让新石器考古方向的学生去野外做半年到一年的田野工作，让他们负责一个遗址的发掘与材料整理，然后在此基础上完成硕士论文。如今全国每年招生超过五十万，有四十多所高校开设了与考古文博相关的专业，每年招收各类硕士（学术型、专业型、同等学力等）至少五百人，招收的博士恐怕也近百人，不可能再如从前那样让学生都拿第一手材料做论文了。

如今博士生毕业普遍延期，博士培养普遍从三年改为四年，但是延期毕业的情况似乎越来越严重。我说不是老师的要求高了，也不是学校的要求更严格了，而是时代发展所致。说得直白一点，就是同辈之间的竞争加剧了。当然，你可以选择一个没有什么新意的题目，拼凑一些材料，码上十万到二十万字，混一混或许可以毕业。但在同辈中何以立足？如何给自己的理想一个交代？每一个走入研究领域的人，无疑都有一个梦想，希望有所创造。正是在这样的背景下，理论问题开始受到重视，因为理论意味着新的视角，意味着研究的深度，还因为理论能够赋予研究以动力。从前大家重视的是新材料，就像我念研究生的那个时代。之后一段时间很强调新方法，大家对新方法趋之若鹜。记得有年评审李济奖学金的论文，十多篇论文中就有四五篇是用GIS（地理信息系统）做研究的。最近大家开始对考古学理论产生了兴趣，这也是学科发展使然。

长期以来，考古界相信一句话，考古学是研究考古材料的学科，应该让考古材料牵着鼻子走。这句话听起来十分正确！但是，我们需要知道，任何语言判断都是在一定的语境中才有意义的。用这句话来反对主观臆断无疑是正确的，但是如果用它来反对理论研究，则大错特错。我相信大家都有一个体验，即便是在偏远农村没有受过教育的人，他们在谈论的时候，时常以谚语或俗语开头，然后再来说具体的事情。这些谚语或俗语其实代表的就是普遍遵从的道理。不引用这些普遍的道理，论说就没有力量。简言之，我们的交流，包括学术研究在内，都是从一定的道理（理论）出发的，否则无法交流。

我们的行动好像总是由周围的具体情况所决定的，这是在微观与较低的层面上来看的。如果我们放大时间尺度，就会看到人的行动，其实是思想（理论）所引领的。以中国近现代革命为例，太平天国、洋务运动、戊戌变法、辛亥革命，哪一次不是思想先导（包括批判、分析与构想）？哪一次没有思想的鼓动？后来中国共产党人引入了马克思主义，提出了农村包围城市、统一战线、土地革命等一系列思想主张，最后赢得了胜利，每一步都是理论引领的。当然，理论也有很糟糕的，希特勒的纳粹主义、日本的军国主义，给人类带来了深重的灾难。如何避免糟糕的理论也是我们需要深思的问题。科林伍德（Robin George Collingwood）讲一切历史首先是思想史，就是因为理论思想作为普遍遵从的指引，能够集中群体的力量，从而产生惊人的效果。

思想作为广义的理论是人行动的指针，但是我们绝大多数人似乎从未感到需要这些指针，好像没有指针也能行动，跟着大家走，或是跟着感觉走。这里并不是不存在指针，而是指针交给了别人。只是别人的指针就是合理的吗？禁不住想起最近浏览过的《文化的重要作用》一书，亨廷顿和哈里森所主张的文化研究理论看似很合理，亨廷顿本人也是学界"大咖"。不过，经过反思之后，我不得不说，他们所谓的文化研究有个很致命的问题。如果这里文化是指价值观的话，那它必定是某个民族、种族或地域意义上的，按照他们的逻辑，必定会得出文化（或道德、种族）优劣论。文化这个概念背后的民族性、种族性与地域性很值得我们考古学研究者警惕与深思。一些看起来非常合理的研究如果深入思考它所立论的前提，就会发现它只是外表光鲜亮丽而已。

理论的意义不仅仅提供指针，还提供批判反思的能力。因为实践的代价太大，所以必须对行动的理由进行多角度的思考，因此理论的园地应该欢迎"百家争鸣"。这也是避免我们被理论误导的基本策略之一。

我们如何来评判一个考古学理论呢？这里存在两个视角：一个叫作外在的视角，即从社会背景、时代思潮以及相关科学发展的角度来看，比如过程考古，它与20世纪60年代的社会变革、科学哲学、碳-14测年技术与计算机技术的应用等密切相关；另一个是内在的视角，考察考古学理论、方法与实践之间的矛盾关系。过程考古学出现之前，功能主义考古其实已经在英美地区流行。它没有过程考古那样完整的概念体系，但在实践上为过程考古铺平了道路，发展了相关的支撑理论与方法，如文化生态学、文化进化论、聚落考古等，为过程考古的形成奠定了基础。从内外两个视角来分析，我们就比较容易弄清考古学理论发展的背景关联。

不过，真正能够检验理论的还是实践，长期的实践。风物长宜放眼量，经过较长的时间之后，就可能得到较为准确的判断。从另外一个方面来说，检验需要与社会实践结合起来。理论如果只是一个人的空想是没有力量的，只有进入社会实践当中才有价值。对于一个考古学理论来说，需要跟考古学研究实践结合起来。对于学习者而言，这是一个特别关键的问题，如何把学到的理论与考古材料或是问题研究结合起来。遗憾的是，这不是一个完全能从课堂上学习的东西，必须要通过较长时间的实践才能真正掌握。某种意义上，这就使课堂学习考古学理论似乎是纸上谈兵。但是非学无以广才，没有理论学习为基础，谈何与实践相结合？

许多时候，我们可能没有感到考古学理论有什么作用，甚至都没有发现考古学理论的存在。面对这样的问题的时候，我们应该从考古学理论发展史的角度来看。考古学理论并不是从来就有的东西,它是学科发展到一定程度的产物。考察考古学的发展,你会发现考古学的每一点进步似乎都离不开理论的指引。比如我们最熟悉的考古地层学,在田野考古操作中,它就是指叠压打破关系,根本看不出有什么理论内涵。而回到19世纪考古学的形成时期,就会发现它需要立足于地质学的均变论,即作用于古代的各种营力同样作用于现在,也就是古今一致原理。如果古今不一致,我们实际是无法认识地层的,你能看出成因吗?你能确定叠压打破关系吗?在一个神创论主导的世界里,认识到均变论是一个伟大的进步。它为进化论的出现奠定了基础,人类的由来不再需要虚构一个神来解释。

理论仿佛空气,平时你不会感觉到它的存在,但是当你注意呼吸特别是空气稀薄时,马上就会注意到它。我们当前感到研究困难,很大程度上要归因于理论的欠缺。一批考古材料摆在那里,有人已经研究过,比如说做过考古学文化的分析。但是,这一批材料是否有且仅有一个研究视角呢?显然不是,当代考古学理论提出了N个视角,你可以从不同方面来开展研究。走入理论的天地,你会发现原来我们可以这么看待考古材料,世界原来如此丰富多彩;你会发现原来视为理所当然的东西,可能并不像你所想象的那么坚实。走入理论的天地,你不需要抓住某个理论不放,抓住的都是教条,你需要深深地"呼吸"它,也就是体会它,让它融入你的研究中,直到你浑然不觉理论的存在。

理论能为考古学做什么?

就当代考古学而言,科技能够为考古学做什么,就不是一个问题。科技在考古学中的作用是有目共睹的，仅仅一个年代测定工作就足以让考古学家折服，如今还有DNA、同位素考古帮助研究人群的来源，还有动植物考古帮助了解当时的生计、环境等。所以，我们把多学科（主要指科技）的方法视为推动当代考古学发展的主要动力之一。另一个动力就是考古学家带来的考古发现，也就是考古材料。理论能够为考古学做什么呢？现在大家倒是都承认理论的重要性，但不是因为理论能够为考古学做什么，而是因为在其他学科中理论都是极为重要的。

没有人会问理论能够为物理学做什么？没有牛顿三大定律，没有相对论，没有量子力学，物理学就什么都不是。比较接近考古学的地质学，很长时间也没有什么理论，以至于人们笑话地质学不是真正的科学，直到后来有了大陆漂移理论与板块构造学说。同样比较强调经验材料的生物学也是如此，后来有了进化论，更精彩的是，20世纪上半叶基因学说统合了生物学的诸领域。于自然科学而言，没有理论就没有研究，理论是研究的出发点，也是其归宿。社会科学中，理论能够为经济学做什么呢？这也不是一个问题，经济学中充斥着各种各样的理论，用以解释现实，指导经济决策。政治领域就更明显了，从农民起义到新民主主义革命，有没有理论指导差之远矣。即便是稍稍有点规模的农民起义也会弄一个"替天行道"或是"等贵贱，均贫富"的口号，这也就是其行动的理论主张。与考古学关系密切的人类学、社会学、历史学，理论研究层出不穷，一直是考古学理论的源泉，其中历史学理论研究更是上升到历史哲学的高度。

尽管其他学科的理论研究精彩纷呈，但是在考古学中，理论能为考古学做什么仍然是个问题，我们能够理解考古学研究中材料、方法的贡献，而不大能够理解理论能为考古学做什么。绝大多数研究者从来不担心理论问题，因为当下的研究不是开展得很好么？理论与考古学有什么关系？殊不知其研究其实一直都在理论的指导下。跟物理学一样，我们同样可以说，没有理论就没有考古学。

我们从考古学的萌芽金石学说起。金石学提出的宗旨，"观其器，颂其言，形容仿佛，以追三代之遗风，如见其人矣"，其中暗含着一个理论假设，器物即人，看到三代的器物，通过想象，就好像见到了三代时期的人。如果器物与人没有什么关系，或者说，即使面对器物，也无法想象出器物所在时代人们的风尚，那么金石学就不成立。金石学的这个宗旨与当代后过程考古学的主张十分相似，视物如人，物与人之间能够交流，能够相互影响。从这个角度来说，金石学之所以可以称为"学"，是因为它也是有理论基础的。

不过，金石学毕竟只是萌芽状态的考古学，我们今天所说的考古学来自西方，即所谓科学的考古学。何谓"科学的"考古学？它主张研究者依靠理性，运用实验、实地考察等方法研究客观世界，从而获取知识，而不是依赖宗教信仰或是权威认定。科学本身也可以说是一种理论，它立足于主客体二元对立的本体论；其认识论是，通过研究局部的事实，探究事实背后的原理，同时利用这些原理去进一步分析其他的事实。它高度依赖逻辑推理、事实的收集与分析。它假定研究者可以置身物外（这里物也可以指人），人文社会科学家解剖社会、人性，就像医生解剖人体一样,不需要情感,不需要与研究对象有任何关联。作为科学的考古学就立足于这样的理论基础之上。离开了科学,甚至是离开了西方文化(它是滋养科学的土壤)来谈论近现代考古学,都是不可能的。科学作为理论基础为考古学规划了基本的研究逻辑、学术规范与最终目的。

以上是从宏观上说的,从微观上讲,考古学所强调的地层学,其理论基础其实是地质学的均变论,即古今一致原理,作用于古代的营力同样会作用于现在。设若没有这个原理,我们就会像以前的学者一样,每当看到一些与自己的观点相抵触的发现时,就会说这些发现是地层中混入的。的确,地层扰动是存在的,但不是没有规律的,考古地层学的叠压打破关系讨论的就是这个。与均变论相对应的是灾变论,有趣的是,灾变论更多来自对现象的观察——大量的古生物灭绝事件,而均变论则更依赖理论假设。均变论几乎可以称为考古学的第一理论假设。

近代考古学的标志之一是汤姆森的"三代论",石器时代早于青铜时代,青铜时代早于铁器时代。我们现在觉得得出这样一个认识好像非常简单,而宗教思想盛行的时代流行的观点是,人类走向堕落,文化走向衰退。汤姆森受到了启蒙主义人类进步论的熏陶。之后,考古学找到一个更加纯洁的理论基础,达尔文的进化论,它是自然变化的基本原理。考古学中我们习以为常的类型学其实就是立足于进化论的思想之上,器物的特征产生、发展、壮大、扩散、衰落、消失,或是演变成新的特征,开始新的一轮演化,所有的特征都或多或少经历这样的发展过程,一如物种的演化。考古类型学的繁荣出现在进化论形成之后不是偶然的，如有"田野考古之父"之称的皮特-里弗斯（Augustus Lane Fox Pitt-Rivers）将军，也是一位类型学的大师，他笃信进化论。

科学、启蒙主义、进化论、均变论，如此等等的理论思想从不同层面上在影响考古学的发展。还有一些理论就不只是影响了，而是直接构成考古学家认识的途径或框架。这里首先要说"考古学文化"理论，文化这个概念是考古学家从人类学中引入的，然后加以改造，用一定时空范围内的物质遗存特征指代一个社会群体，一个能够共享许多行为规范（采用同样的方式制作器物就是证据）的群体。有了考古学文化理论，考古学家就摆脱了单纯的器物研究，开始研究古代社会群体的分布、交流、融合与扩散。在这个理论提出之前，考古学家能够做的就只有分期断代。有了它，重建史前史成为可能，至少可以重建史前史的框架。中国考古学的区系类型理论、文化因素分析等都扎根于考古学文化理论。假如没有区系类型理论，我们探索中国文明起源的时候，将无法区分不同地区的形态与渊源。

理论为考古学提供了认识的基础与框架，没有理论，我们实际是看不见的。也就是说，那些物质遗存摆在我们面前，我们仍然不知道它们是什么。我们也许知道那是陶片，甚至可以测定其年代，但没有理论，我们不知道它代表什么。在"考古学文化"理论指引下，我们就可以把它与有共存关系的遗存叫作一个文化，代表一个社会群体。理论帮助我们识别了遗存的意义。依考古学的"文化"理论，考古学研究领域形成了三大主流范式：文化历史考古、过程考古与后过程考古。其中"文化"作为核心概念纲领，其含义发生了巨大的变化，过程考古学把文化视为人适应外界环境的手段，后过程考古学把文化看作交流与表达的方式。它们的哲学基础不同，因此所运用的理论方法也不同，当然，它们能够回答的问题也有所差异。范式代表理论指导下考古学研究在一定阶段内所构成的研究形态，它是研究者交流的共同话语体系、共同的目标追求，不同研究者由此分工协作，去努力实现范式所提出的目标。从这个意义上说，理论代表考古学家认识的边界，超过边界的，我们无从认识；反过来说，边界也是一种限制，也是考古学家希望打破的东西。每一次考古学研究的进步，都意味着理论边界的突破。

由此我们可以说，理论可以发挥先导作用，在学科的前沿进行探索，看看考古学研究下一步如何继续发展。当代考古学理论的发展呈现出三个较为明显的趋势：一是多元化，伴随着后现代思想的影响，多元理论视角不断涌现，极大地丰富了考古学的研究路径；二是，尽管多元，还是可以看出一个总体的大趋势来，那就是社会化，考古学研究的目标更多侧重探讨社会问题，无论是古代，还是现代（沟通古今）；三是，多元的背后是两条主要线索，即科学与人文，理论发展还是围绕这两条线索展开的，呈现出螺旋发展、否定之否定的形态。

理论能够为考古学做什么呢？当你一脚踏进考古学领域的时候，你已经处在理论之中了；当你抬起另一只脚前行的时候，你还需要理论，它告诉你应该往哪里安放你的脚。理论还是反思的，回望过去，审视现在，我们以后再来谈这个问题。

重建中国史前史的条件

某日带领学生读苏秉琦先生的论文《关于重建中国史前史的思考》，旨意是希望学生在研究中注意"大处着眼"，注意"格局"，"格局"小了，就没有了发展的余地。文中提及论文的缘起：社科院考古所酝酿十年规划和"八五"计划，徐苹芳先生找苏公咨询，一共提了十个问题，苏公将之归纳为一个问题，即"如何重建中国史前史"这样一个大问题。这个归纳正中中国考古学的要害。文中讲了"中国史前史的性质与任务""中国史前史的内容和时空框架"等，实际上并没有具体讲如何重建中国史前史，这为我等的思考留了一点空间。

苏公认为"考古学的最终任务是复原古代历史的本来面目"，因为史前时代没有文献可依，于是建立信史的任务自然就落在了考古学家的肩上。历史的本来面目肯定是存在的，只是时间无法倒流，我们无法回到过去，去检验我们是否找到了历史的本来面目。即便回到过去，就像生活在当下一样，我们又是否把握了现实的真面目呢？大抵都是不同立场、不同视角的现实而已，那些"绝对真实"的背后往往都有不堪的目的。所以，建立信史是一个不可能完成的任务。不过，话又说回来，我们不追求"绝对真实"，不等于说没有真实，有限度的真实跟胡编乱造还是有本质区别的，尤其是那种把限度与前提公开说明的真实。在这个意义上，苏公所认为的考古学的旨意还是可以成立的。

虽然苏公没有讲如何重建中国史前史，不过他还是指出了一个关键问题，那就是中国考古学中旧石器考古与新石器－原

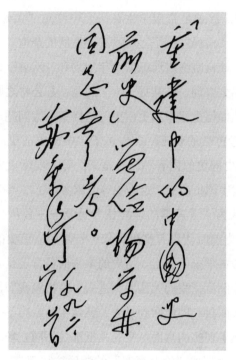

苏秉琦"重建中的中国史前史"题字

史（夏商周）考古之间的断裂或疏离。具体地说，在研究体制上，两者分属不同的系统，旧石器考古被认为属于自然科学的范畴，新石器-原史考古为社会科学。大学之中区分不严格，各个地方研究所也没有严格区分，但在科学组织的最高层区分明显。随着中国考古学研究力量的发展，这样的状况正在改变。最重要的也许是研究者自身需要突破这种局限，主要从事旧石器考古研究的人把研究领域延伸到新石器-原史领域，从事新石器-原史考古的也要深入旧石器考古之中。我自己有一点体会，我的硕士研究阶段从事的就是旧石器考古，一般地说，也认为自己属于旧石器考古的圈子。旧石器考古的石器分析方法是可以应用到新石器-原史考古之中的，过去几年里，我们在这个方面做过尝试，还是很有效的。再比如农业起源这个典型的新石器考古问题，农业起源的根源是在旧石器时代，需要回答为什么旧石器时代的狩猎采集者要放弃习惯的适应方式。结合旧石器考古的研究之后，我们才可以回答这个问题（参考拙著《史前的现代化》）。

的确，若不能打通旧石器与新石器-原史考古，就不可能建立完整的中国史前史。从考古学史来看，两者的确有不同的起源与发展路径，进而形成不同的研究体系，各有自己的研究目标、理论、方法（甚至是发掘规程都不一样）以及相关学科，许多时候两个分支看起来像是两个学科。旧石器考古侧重于研究人类起源与文化演化，与地质学、古生物学等渊源较深，适用进化论、生态学等自然科学理论方法；而新石器-原史考古来自金石、古物之学，更侧重于研究社会关系变化、民族历史渊源等问题。随着学科专业化的加强，两者的分隔并没有缩小,反而有加大的趋势。因此,我们在重建中国史前史时,指望一个人有效完成两个领域的沟通,恐怕不切实际(某个角度的讨论是可能的)。合作,有效的合作,不是拼凑的,不是机械组合的,而是能够真正相互沟通的,才是今后努力的方向。

苏公讲中国文化传统的渊源应该追溯到旧石器时代。这个说法可能是直觉式的,但很有道理,至少追溯到旧石器时代晚期是可以的。中国文化传统不会仅仅始于有文字记载的时代。文字只是文化传统的符号载体,文化传统真实的存在是日常生活实践,包括所有的物质材料在内。如果从这样的理论立场出发的话,我们的确可以把中国文化传统追溯到旧石器时代晚期。重建中国史前史过程中若能贯彻中国文化传统的探索,那么其精神内涵就一脉相通了。要完成这样的贯通,还需要我们从一种较为人文的角度去看待考古遗存。这方面我们似乎可以从后过程考古学得到一些借鉴。

中国史前史并不仅仅是一系列通过时间线索串起来的故事,而是一张纵横交错的网络。横向的关联除了我们习以为常的空间分布之外,更有多学科的视角,如动物、植物、地质、分子、环境考古等分支,它们是构建中国史前史的横向梁架。近些年来,这方面的工作进展较为迅速,可以想见未来重建中国史前史时我们将可以看到一个更充实的史前中国面貌。就关联的深度而言,目前我们还有许多工作要做,整体来说,"两张皮"的格局还没有改变,多学科合作不是简单的鉴定,也不是让自然科学家来代替考古学家研究,而是要各扬所长,利用信息时代的优势实时沟通,从而实现1加1大于2的效果。

推而广之，一个更加普遍的问题是理论、方法、材料之间的疏离。以理论而言，马克思主义是一种非常宏观的理论，它与考古材料之间的鸿沟还需要若干步骤的工作才可能跨越。还有经常遭到诟病的西方考古学理论与中国考古学研究之间的种种不适，如何能够有效地运用西方考古学理论解决中国考古学的问题，至少还需要一个本土化的过程。为什么疏离会成为中国考古学的困难呢？原因无疑很多，学术成熟度不够可能是一个主要原因，考古学只是整个学术体系的一部分，可以有惹眼表现，但无法脱离学术体系而存在。设若中国考古学无法得到哲学的指导，无法获取社会思想的营养，自然科学研究者还只是屈尊到考古学中收集一点数据而非融入其研究中，可以想象理论、方法与材料之间不可能不疏离。我能感受的另一个重要原因是中国的教育，以考试为中心的教育的确伤害了我们的兴趣、知识基础以及能力上的训练。除了课本知识之外，一个学生在未来学术研究之中所需要的研究热情、广博的知识与扎实的能力训练等方面都很欠缺。诚然他或她希望改变现状，也会遇到心有余而力不足的困境。

看苏公的论文，很让人惊奇的是他的直觉，比如他意识到尖底瓶可能是祭祀用的，并不是水器；还意识到中国文化的根源应该追溯到旧石器时代晚期，至少也是两万年之前。我知道他是从大量的材料考察中概括抽象出来这样的认识的，但是他的经历恐怕难以为后人所复制，不是谁都有可能像他那样有机会见到许多材料。我曾经说，一个人要做文化历史考古，一定要人缘好，具有特殊的地位，这样才可能有机会看到许多材料。老一辈考古学家基本都是从田野工作中走出来的，具有丰富的经验，但他们很少分析与论证。而现代考古学研究越来越强调这些，也就是我们通常所说的科学。直觉是难以复制的，也难以验证。分析与论证是西方文化的强项，也是科学的考古学所追求的。重建中国史前史需要解决若干个争论，如夏王朝的有无，虽然中国考古学家都相信夏的存在（我也相信），但我们仍需要按照科学的逻辑分析论证，让人充分信服。有点讽刺的是，中国人笃信科学主义，几乎认为科学是万能的，但是在认识问题的时候，常常又把科学抛到一边，把想当然当成了认识。强调科学，尤其是广义上的科学（狭义的科学通常就是实证主义），仍然是中国考古学研究的重中之重。

重建远古的中国史前史，所依赖的是科学推理，而科学推理的途径不仅包括自下而上的归纳法，而且包括自上而下的演绎法，还有平行的类比法。归纳法就不用说了，我们用的就是这个。演绎法目前还很缺乏，它是从一般到特殊的研究过程。我们目前遇到的主要困难是特别缺乏一般意义上的理论知识。过去几十年中，我们通常都是从马克思主义社会发展史理论出发的，比如说，人类社会的演化是从母系到父系氏族社会，由此就可以推论一系列物质上的表现，如合葬墓中成员的关系，母系社会的话，他们应该是兄弟姐妹，父系社会强调父亲的血统，从空间利用上也会有分化……因为有这样的一般性原理，我们才可能进行演绎推理。然而，我们的一般性原理很少有发展，甚至是被遗忘了。当代西方考古学的进步很大程度上来源于社会思想的发展，能够不断提供有关人类社会演化的一般性认识。社会思想的沉寂将会导致重建中国史前史的失败，我们掌握了许多信息，它们按照什么样的框架构建呢？如果不想重蹈前人轨迹的话,我们该怎么走呢?问题有些严重,没有新的理论指导的话,我们的史前史只会是材料的堆砌。

即便是材料,我们仍然面临一个真实性的问题。考古材料是古人行为的结果,当然,不是所有的古人行为都会产生物质结果,我们得到的实际上是片段的人类行为信息。许多时候,我们仍然缺乏足够的时间精度(年代),把不同地方的遗存联系起来。而我们之所以无法把握准确的年代,除了科技手段的限制之外,还有一个重要的原因,是我们不知道考古材料的形成过程。两件空间上相距很近的东西在年代上并不必然同时,因为它们可能是不同来源的。"巧妇难为无米之炊",重建中国史前史,需要高精度的材料,不仅仅是时间上,也应该是空间上的。

考古材料是静态的遗存,从材料中透见人类行为,也就是"透物见人"。在中国考古学中这是个由来已久的问题,一般的认识就是多学科的方法。多学科合作自然是需要的,但这么说有点简单,就像刑侦破案一样,不是说请许多专家过来就能够破案的。"透物见人"的过程是一个多层次的推理过程,首先需要的是高精度的田野考古。其次,推理过程需要良好的参考框架,即能够为推理提供参考方向的框架,推理有无限可能,但方向需要有所限定。能够提供参考框架主要是两个方面的内容,一是理论原理上的指导(自上而下的);二是民族考古、实验考古等类比研究所提供的指导,也就是平行的推理路径。简言之,"透物见人"是一个微观(田野考古)与宏观(理论研究)相结合、事实研究(考古材料)与实验研究(民族考古是一种高仿真的实验)相结合的推理过程。如果我们不能解决这些问题，就不可能获得较为充分、足够精细的有关史前时代的信息，重建中国史前史也就是空中楼阁，如沙上建塔。

重建中国史前史是我们必须要做的事，也是别人无法替代我们去做的事。就好比写日记，我们所写的中国史前史就是我们自己的"日记"。考古学的叙事是有角度的，我们不能说别人写的就是存心不良，而是说那永远都是一种外在的视角，我们需要一种内在的视角！一个国家、一个民族或一个文化，如果连自己的历史都由别人书就，其存在的生命力就堪忧了。一道菜好不好，必须自己吃才会知道。因此我们需要训练品鉴能力，这样才能体会更精妙的味道。考古学研究类似之，我们的研究能力越强大，也就越有可能从中国史前史中发现神奇之处，才越能体会先辈的文化财富。

重建中国史前史需要的条件很多，从宇宙存在到领导重视，这里所说的考古学研究的若干方面，究竟哪个方面最为重要，就要看各位的法眼了。

What does it mean?

宾福德的著作《追寻人类的过去：解释考古材料》（*In Pursuit of the Past: Decoding Archaeological Materials*）其中有一部分的标题是 What does it mean（"这是什么意思"）。他在此讨论了考古学的一个核心问题，那就是我们应该如何去理解眼前的考古材料。通过调查或是发掘，我们得到一批考古材料，必定会问这个问题：这是什么意思？我们还会去分类、测量、统计、描述，建立一系列的区分变量。就像去医院，我们做了

《追寻人类的过去》封面,上海三联书店,2009年版

一系列检查,很多指标值都在那里,我们不知道它们是什么意思,必须求助于医生来解读。医生之所以能够解读,是因为他们知道这些特征指标背后的组织原理,即它们与身体健康状态的关联性(即生理与病理)。当然,医生也可能误诊,大多是因为他们没有得到或是忽视了某些关键的指标,也有可能是还没有认识到背后的组织原理。对宾福德来说,他就是希望寻找到考古材料背后的组织原理,那个决定考古材料形态特征的东西。

曾经看过一个经济学的视频节目,主持人罗列了许多中美经济指标的统计表,从 GDP 到人均水资源,让人一头雾水。我不是经济学家,不知道为什么要罗列这些指标。作为现实生活中的人,有关中美经济发展会有自己的判断,并不需要依赖这些统计表。我并非完全不了解这些指标,但是这些指标能够说明什么问题呢?跟我的常识判断又有什么不同呢?我们做旧石器考古研究的人,比较偏好自然科学的方法,会对石制品进行大量的测量;新石器考古报告上则是大量关于器物形态特征的文字描述,也有一些测量数据。我们为什么要做这样的工作呢?这些指标能够告诉我们什么呢?说实在话,我们从中得到的有关古人的信息非常有限,所得到的许多认识并不需要测量也能够看出来,因为最后的结论是概括性的,比如说器物组合以砾石工具为主,砍砸器比较多,如此等等。我们对石制品背后的人类行为组织原理了解太少,以至于难以真正回答 What does it mean 这个问题。

回顾一下考古学史,不难发现考古学家认识该问题的发展过程。近代考古学先驱之一汤姆森面对一堆散乱的古物,在整理过程中提出了"三代论"——器物风格会随着时间而变化——时间是材料特征背后的组织原理之一。后来的研究者更进一步把分布在一定区域范围内、一定时间段中具有相似性的考古遗存称为一个考古学文化,由此代表一群人,跟古代的族群相对应。在这里我们可以看到,散乱的材料特征背后在一定的时空范围内似乎存在一系列共同的标准。考古学家假定,只有同一群人才会共同使用这些标准,如果不同人群也共同使用了某些标准的话,那么就是接受了文化上的影响,也就是我们很熟悉的文化历史考古。然而,这个假定是否成立还有不小的争议,把考古遗存与族群、人群对等,这样的做法能否成立,这是考古学的"哥德巴赫猜想"。我个人的认识是,在什么程度上可以运用这种对等才是问题的关键。无论如何,考古学家把一堆堆散乱的材料组织起来了,用它们重建起史前史的框架,把古史传说变成了真正的历史。

20世纪中叶前后,颇有一些研究者对考古学的研究现状不满,他们希望探讨导致考古材料现状的直接原因,即是什么样的人类活动留下了这样的遗存?这些遗存经历了怎样的文化与自然改造过程才成为我们现在看到的样子?相比于此前所问的这些遗存跟"谁"相关(其实这是一个非常难的问题,有趣的是为什么当时的考古学家想解决这么困难的问题),这些问题就非常直截了当。人类活动与物质遗存之间显然是有逻辑上的因果关系的,虽然它可能不是唯一的原因,还会受到改造过程的影响。考古学家开始追问人类行为的模式,即通过物质遗存能够看到的人类行为形态;开始追问物质遗存的改造过程及其与人类行为模式之间的关系。这项任务的困难就在于从静态的物质遗存到动态的人类行为之间存在着很大的距离。考古学家作为生活在现代的人,完全不熟悉史前时代的人类生活,我们也不可能回到史前时代去,因此,要想理解物质遗存背后的组织原理,就必须找到一个类似的、我们更熟悉的、更便于控制的研究对象来进行研究。

宾福德想到的是民族考古,还有一些学者想到了实验考古、历史考古乃至当代物质文化研究,我们把这些统称为中程理论。中程理论研究的成果是非常丰硕的,它提出了一些物质遗存背后重要的组织原理,比如说狩猎采集者空间利用存在两种模式:采食者(forager)与集食者(collector),由此决定不同的遗址功能,以及作为物质遗存得到保留与发现的可能性。再比如发现技术与环境适应风险之间的关系,在高风险地带(或时期),需要预置技术(包括储备、工具上的预制与预置等),需要适合高度流动、适应不同情况的技术等。正是基于这样的理论研究,考古学家可以开始直接讨论古人的文化适应,他们究竟是怎么生存与演化的。而这是以前的考古学研究无法回答的问题。宾福德所努力寻找的是物质遗存背后的组织原理,这种原理不仅适用于民族志,也适用于史前时代,尤其是旧石器时代晚期(都是狩猎采集者)。在宾福德的学术成就中,这方面的成绩无疑是最突出的。也正因为如此,考古学家才可以直接去研究古人的文化适应与社会演化,虽然宾福德是先提出这个研究目标(作为人类学的考古学),后来才找到中程理论的。

有趣的是,后过程考古学也在追问 what does it mean 这个问题,我们甚至可以说,它的渊源也离不开这个问题。后过程的学者受到后现代思想的影响，首先意识到一切都取决于表达（比如语言），其中就包括考古材料。人是一种符号性的动物，人的行动离不开结构与象征。然后还注意到人的能动性，人在运用物改造世界，也因此改变自身。再者又认识到人与物相互渗透，相互依赖，相互纠缠，注意到物本身的属性在一定情境中会对人产生能动性的作用（物质性）。他们面对考古材料的时候，看到的不再是人类活动与材料之间的直接联系，而是它们暗含的东西。就像我们现在看到一张杯盘狼藉的饭桌，知道这是吃饭所致，甚至知道都吃了些什么，但这些信息并没有太多的意义；相反，这个饭局背后的意思才是真正值得琢磨的。它可能反映了文化传统（中式的还是西式的）、地方特色（什么菜系）、社会阶层（这个总是很明显的）、性别关系（女性坐在什么位置），如此等等。这一切都高度依赖情境，需要研究者对此有很好的体验，而不能是毫无经验的旁观者。

后过程考古学把对考古材料的理解上升到更加理论化的高度，我们要把握材料背后的意义，就需要把它放在更广阔的社会、历史、文化与行为背景中来考察。与此同时，后过程考古又极端强调微观的视角，强调研究者的理解需要建立在切身的体验之上，尤其是能够换位思考、将心比心的体验（empathy）。比如说一个人想研究史前游牧社会，那么他最好在所研究的区域过一段游牧的生活，深入体验这种生活的方方面面，还需要收集历史、社会、文化等各方面的信息。所以，某种意义上说，后过程考古学比过程考古学更重视中程理论。考古学是一门行动的学科，文化历史考古非常强调调查与发掘，亲手获取原始资料；过程考古学强调行动主义研究

（actualistic studies），主张研究者要亲身去探索物质遗存背后的组织原理，形式包括民族考古、实验考古等；后过程考古学强调的是切身的体验，也就是所谓现象学的方法，研究者不仅需要知道，还需要用心体会。

What does it mean 是一个具有丰富层次与角度的问题，我们至少可以将其归纳为三个维度。第一个维度是逻辑的维度，也就是关注形成考古材料的行为逻辑过程，究竟是什么样的人类行动、改造过程导致了考古材料以现在的形态出现在我们面前。这里的过程是一个具有因果必然关系的链条，非常适用于科学的推理方法。第二个维度是知识的维度，包括知道（知）与体会（识），也就是我们上面所说的后过程考古学的两个方面。第三个维度是时间的维度，一方面，它与我们的研究过程相关，我们认识这个问题是一个不断深入的过程，是一个从材料到理论、从理论到材料循环往复的过程，这个过程中还需要充分利用考古学者的行动（如上所述）；另一方面，时间维度还指我们所用的不同时间尺度，从极端微观的活动区到中观的遗址、区域，最后到宏观的全世界，我们对考古材料的精细程度要求是不一样的，不同时间尺度中我们所看到的材料与问题都是不同的。正是这三个维度决定了我们对这个问题的回答，它不是一个简单的、只有唯一答案的问题。也许知道自己在问什么，比去寻找答案更加重要！

考古学理论、方法与技术

多年前读到一句话，是有关如何发展中国考古学的，即

"理论多元化，方法系统化，技术国际化"。如果我没有记错的话，张光直和严文明先生都主张过（孰先孰后暂不计较了）。学生也在引用这句话，但这句话究竟是什么意思呢？有什么意义呢？有什么局限呢？我想还是值得深入思考一番的。

"理论多元化"比较好理解，即不同考古学理论可以同时合理并存。20世纪80年代在欧美地区，考古学（archaeology）开始出现复数（archaeologies）的形式，同时承认不同的范式与流派。后过程考古学主张多元话语，提出要从性别、阶级、地方等不同视角来阐释考古材料。当然，"理论多元化"跟后过程考古学的主张关系并不大，它更多来自中国传统的"百家争鸣"以及西方社会的民主表达。对于习惯于集中统一的中国学术来说，理论多元化无疑是一个非常合理的主张，也是一个我们多年来一直在追求却没有实现的主张。也许更有必要思考一下，为什么我们无法实现理论多元化，或者说怎么才能实现理论多元化。

当然，审视当代中国考古学的理论现状，不能说没有多元化的苗头，而一个主要的问题是，这些多元的苗头并没有上升到理论的高度。我们可能有相关的考古学研究实践，但是没有相应的考古学理论提炼或发展。这又是为什么呢？是我们的学科发展没有达到这样的程度？还是因为思维习惯的阻碍？抑或是我们的研究者缺乏相应的训练？还是因为我们缺乏思想来源？也许兼而有之。看来"理论多元化"，主张归主张，并不那么容易实现。

"方法系统化"是什么意思呢？初看起来，有点让人费解，我们不妨分析一下。简单地说，所谓系统就是要有1加1大于2的效果,即不同方法之间相互依存,不可或缺。但是,考古学中存在所谓系统化的方法么?是不是把所有能找到的方法都加起来就是系统的方法?这不成了方法的堆砌了么?系统化的方法重要之处在于方法之间高度相关性。我们并不能就整个考古学说系统化的方法,但是就某一范式来说,还是比较合理的。比如说文化历史考古的考古地层学与类型学,是"鸟之双翼、车之两轮",缺一不可。考古地层学与类型学分别来自地质学与生物分类学,并不是同一渊源的,而在实际工作中,它们相互依赖。没有考古地层的辅助,弄不清楚叠压打破关系,就很难区分是否有共存关系,考古类型的早晚也就很难确定;我们在做发掘之前,都会先认识当地的陶器类型与装饰风格,这样发掘时才心里有底,不容易犯错误。

过程考古学更是如此,它以文化适应研究为中心,以文化生态、文化进化、文化系统、文化认知、文化科学为支撑理论(也可称为方法)。它还特别强调辅助的推理框架,也就是中程理论,主要包括民族考古与实验考古。与从考古材料到人类行为这种自下而上的推理平行,它还特别强调从理论出发向考古材料自上而下的推理。过程考古学由此形成一个完整的方法论系统。在过程考古学中,研究文化适应而不采用文化系统论,就把文化适应研究纯粹变成了生计方式研究;如果没有文化进化论,就不能跨文化的比较,也就无法实现揭示人类文化发展规律……在过程考古学的范式框架内,我们比较容易发现这些理论方法之间的相互依赖性。但是你不能把考古类型学也放在这里面,它与文化适应的观念不能兼容,前者的概念核心是作为规范标准的文化,后者是作为功能的文化。这种不兼容让我们看到,所谓系统化的方法是在一定范式之中存在的,而不是说考古学中存在一个统一的系统化方法。

后过程考古学的方法目前还不系统,有所谓反身的方法、整体-关联的方法、现象学的方法,但这些方法之间还看不出明显的相互依赖性。究其原因,可能与后过程考古学本来就不是一种系统的理论有关,它是一系列有类似主张的理论的集合体,比如都反对把考古材料当成纯粹客观的物质材料,强调人类活动与物质材料的相互渗透;都强调认知的情境性与关联性,没有一个绝对普适真理等着我们去发现;都强调考古学应该回到人本身,回到人能够感知的真实,而不是一个外在于人的、实际上又是通过知识建构所形成的真实……

后过程考古学本身可能也反对产生一套系统化的考古学方法,因为这意味着考古学知识的生产单一化,这与后过程考古学的主张相悖。过程考古学的方法很系统,它所生产的考古学知识并不是后过程考古学所要的;文化历史考古的方法也是系统的,但是后过程考古学对建立时空框架并不感兴趣,虽然它承认这是考古学工作的一个重要步骤。从这里来说,或许我们应该注意,所谓系统化的方法是科学范畴内的事,并不必定适合人文的范畴。后过程考古学是属于人文范畴的,它不支持或是反对系统化的方法,是不足为奇的。

"技术国际化"是很好理解的,尤其是那些自然科学技术,如碳-14测年、同位素食谱、DNA分析、动植物分析等,这些方法在哪里使用都是一样的,技术国际通用。但其中并非没有问题,一方面考古学家长期研究一个区域,他的经验是逐渐积累的,具有不可替代性;另一方面,考古学家研究的是古人活动的遗留，这些活动也可能只在特定时期、特定区域才存在。尤其值得注意的是，这两者又是相互关联的。比如中国考古学家长期在黄土地带从事发掘工作，已经积累了非常丰富的工作经验，他们可以清理出车马坑中已经腐朽的木质车轮的印模，对这里的叠压打破关系了然于胸，甚至可以清理出新石器时代道路。这套方法需要长期的实践，需要对该地古人生活遗留高度熟悉，否则很容易错过。但是这套方法不要说拿到国际上去，就是拿到南方或是黑土地带的东北，也会出问题。

技术国际化是有限度的，纯粹物质层次上比较容易实现，只要涉及历史、文化、经验等与人相关的因素，就会受到限制。就拿玉器研究来说，你当然可以采用地球化学的方法，对"玉"做一个严格的限定。但对古人而言，他们并不具备这样的知识，他们所谓的玉是历史、文化与个人经验（某些号称能够识玉的人）的产物，而且不同时代对不同的玉的价值观可能差别甚大，那些真正的玉可能还不如假玉受重视。因此，即便有国际化的技术，实际上也解决不了这些问题。

"理论多元化，方法系统化，技术国际化"，其中最大的问题不是上面所说的，而是理论、方法与技术之间存在辩证的关系，它们之间的关联性至关重要。简单地说，一定的理论对应一定的考古材料，也对应一定的方法与技术，三者并非不相干。在文化历史考古的范式中，你侧重收集的信息是要揭示"文化面貌"——那些可见的标志性特征，可以想见你需要的方法与技术了。在这样的理论指导下，即便你有DNA技术，所关心的还是族群一类的问题。

方法与技术是为了服务于一定的目的而产生的，而目的是与理论相关的。值得注意的是，目的的来源是复杂的，它与历史、文化背景关系密切。比如对夏朝的研究，西方学者出生在长期分裂的历史环境中，又处在后现代的解构文化中，分析中国时，直观的做法就是认为"中国"是构建的概念，需要解构。而中国正处在现代化时期，非常需要建构文化认同，而且中国学者一直生活在统一的文化传统之中，很反感不知背后有什么目的的解构。

当然，技术、方法的进步有可能推动理论的发展，比如碳-14测年以及计算机技术的出现对过程考古学的发展是有帮助的。没有碳-14提供绝对年代框架，不同地区是很难进行比较的，比如欧洲的巨石建筑，原以为也是从近东传播而来的，后来发现西欧的其实更早。后过程考古学非常依赖现在的网络技术，若没有它，要实现所谓的反身的方法以及平权对话、多元叙事就有些困难了。还有一个方面可能很少有人注意，就是人之于技术控制的逆反互动。过程考古学高度强调技术，几乎把考古学家变成了技术工具，考古学家由此很反感，产生逆反的互动，走向后过程考古学。过程考古学也被学者视为20世纪60年代逆反潮流的产物，其实一个原因就是考古学家已经实在受不了那种高度形式化的分期排队了。

还有一点值得注意的是言说的对象。当我们说考古学理论、方法与技术的时候，可以围绕考古材料来说，也可以围绕文化系统来说，还可以围绕考古学研究推理过程来说。文化历史考古是围绕考古材料进行的，而过程考古偏重于文化系统。我在这里更强调围绕考古学研究的推理过程来说，它可以分成五个层次来进行（参见拙文《考古学研究的"透物见人"问题》,刊于《考古》2014年第10期)。如果从这个角度来说,方法系统化还是可以成立的。所谓合理或不合理,都是范围的问题。

有关空间考古

无事时愿意上谷歌地球与百度地图闲逛,尤其是进入街景模式,仿佛身临其境,走街串巷,四处张望。这一会儿在新加坡海滨欣赏高楼大厦,下一分钟可能就到了南非的开普敦看富人区与贫民窟的对比,足不出户,但周游全球。看得多了,经过多种多样的比较,也有了一点体会。不同地区的空间形态差别明显,从中可以看到自然环境、文化传统、社会发展、经济水平、社会矛盾、管理水平等的影响。从街景模式浸入式的观看,到距地面几十公里高空的鸟瞰,进行了不同空间尺度的观察之后,我几乎形成了一种直觉。如今给我一个不知名的地方,经过不同空间尺度的观察,我大体就能对其特征做出较为准确的判断。这有点类似"管中窥豹",因为我的心中已经有了世界城市空间的基本模式,所以给我一个角落,给我一些不同尺度比较的可能,我就可以建立自己的认识。

考古学研究似乎也是这样,我们得到的也就是过去生活的一个角落。不足之处是,我们得到的是过去生活角落的物质遗留,而不是过去生活本身;更糟糕的是,我们看到的不是如卫星照片那样高精度的时间片段,而是时间的累加,不同时段的物质遗存可能叠加在一起。仿佛这些困难还不足以考验考古学家一般,我们还要面临时间距离所造成的隔阂,我们对史前时代的人类生活相当陌生，不仅不大清楚史前生活的基本模式，也不清楚史前生活与物质遗存的关系模式……考古学研究空间无疑困难重重，但是这是考古学家所剩下的为数不多的专门研究领域了。

考古学诞生之初的主要任务是鉴定真伪，确定时代，以时间作为主要研究对象。这个阶段主要的开创者如汤姆森、蒙特留斯都是分期的大师，后来的皮特-里弗斯将军、皮特里在这方面也非常在行。不过，后者多掌握一项本事，就是考古发掘。也正因为发掘，考古学研究开始注意到空间，于是在时间之外多了一个维度，即遗存的空间分布特征。时间与空间的结合，催生了"考古学文化"这个概念，考古学终于有了属于自己的理论，进而在世纪之交形成了文化历史考古。考古学研究者通过遗存特征的早晚分布研究文化传统的形成、消失、扩散与交流。20世纪中叶，碳-14测年技术提供了另一种可能，通过科技方法可以获取遗存的绝对年代，这一直是考古学家梦寐以求的目标。当然，它的出现也让考古学家丧失了一部分话语权，这块本来属于考古学家的领域为年代学家占领了。尽管考古学家还可以从事时间方面的研究，不过更多是为了确定相对年代，其意义有些式微了。于是，考古学家主动（也带有一些不得不的味道）转向以空间为中心的研究。

考古学文化的空间研究毕竟更多依赖于想象，文化特征在族群之间传递，因为人口的迁徙、物品的交换、婚姻的缔结或是社会冲突，究竟是什么原因（这倒是真的很值得研究）暂且不管它，我们看到了一个个大大小小的文化圈，它们合并成更大的文化体系。20世纪中叶前后，新一代的考古学家反对这种想象,他们更愿意直面考古材料,更愿意了解直接的因果关系,他们想知道究竟是什么导致了现在所见到的物质遗存。他们希望做理性的科学家,而不是浪漫的人文学者。在两个阶段之间还存在一个过渡阶段,我们称为"功能主义考古",它就像蝙蝠一样,跟前后两个阶段都很相似。其中特别有代表性的考古学方法就是聚落考古,它是考古学文化研究的扩展,探讨古代社会空间的结构与层次。"新考古学"的态度要鲜明得多,它直接抛弃了考古学文化的概念,反对任何想象,强调要"更科学,更人类学",即通过科学的手段,实现人类学的目标。就目标而言,与前人的差别其实并不大,差别大的是手段。他们努力用各种科学手段去研究古代的环境,研究遗址的形成过程,研究古今空间组织原理上的一致性……

用科学替代想象肯定是一种进步,但是科学还是离不开想象,毕竟考古学家无法回到过去,直接观察古代社会生活。更重要的是,人在行动中并不只囿于眼前简单的因果关系,而是为各种看不见但又能体会到的关系所左右。生活在当代的人是有很清晰的这种体会的。空间不仅仅是功能性的,还是表达的;空间不仅仅反映人类活动,还参与人类活动,更重要的是,它已经为人类文化所渗透。就好比风水一样,它已经不是简单的外在环境,而是"人"化或是"文"化的环境。这种观念源自德国的景观学思想,始于 19 世纪,一直在德语学术圈发展却鲜为人知,直到 20 世纪 80 年代相关著作翻译成英文之后才为世界知晓,迅速在考古学研究中产生了重要影响。空间与人的辩证关系成了景观考古、家户考古(household archaeology)等考古学方向研究的主要内容。

简单回顾了一下有关空间的考古学史，似乎可以发现相关的考古学思潮从想象又回到了想象，当然，这不是简单的重复，而是一种螺旋式的上升，反映的是考古学中科学与人文两股思潮的交锋。说完这些宏观的方面，我们需要回到空间本身，对于考古学家来说，它究竟是什么呢？通过它，考古学家可以研究什么？空间无疑是物质遗存界定的一个范围，微观的空间可以是一个火塘、一个加工活动区，最典型的空间是一栋房屋、一座墓葬，扩大一点就成了一排房屋或一个聚落、一块墓地，还可以再扩展成一片区域、一个具有连续传统的文化圈……这些是我们能够看到的，旧石器时代考古更多关注的是火塘、不同功能的遗址，以及由此构成的空间使用体系；新石器时代考古以房屋为基本单位，上下延伸，从室内活动到聚落结构，再到地区形态；历史考古中的空间就更复杂了，房屋、墓葬、城址等都可以独立成为研究单位，而在微观上，物质、空间、装饰等一切都有意义。相比而言，历史考古中的空间具有最好的精度，这也是新石器时代考古的目标，旧石器考古距离这个目标太远，目前还不敢奢谈文化意义。

由此我们可以看到空间的考古是多层次的，有不同的空间尺度、不同的理论角度、不同的研究目标。思考一番之后，似乎可以总结出来当前空间考古的几个目标，或者说是我感兴趣的问题。

第一，空间的识别，这是所有空间考古研究的基础。考古学的研究材料大多是零碎的，就像一开始我们说到的，要识别出可以研究的空间并不是一件容易的事情。新石器考古中出现的"家户考古"，某种意义上说，就是这种无奈的产物。我们发掘出一个房址，它是否能够代表一个家庭呢？这是一个很难回答的问题，不同地区的情况千差万别。为了避免歧义，我们将之定义为一个家户，也就是一个社会行动的单位。可以是一个家庭，也可以不是，无论如何都是一个社会空间单位，这是考古学家能够给出的定义，一个可以操作的定义。有了可以操作的对象，我们就可以开始下一步的空间关系重建。旧石器考古中目前可以操作的空间单位还是"活动区"，最为明确的活动区是以火塘为中心的，火塘的大小决定了它能够辐射的范围，与之相关的各种物质遗存可以帮助识别在火塘边开展的活动。

第二，空间关系的重建。这是一个很泛泛的说法，空间关系多种多样，一项最基本的研究是功能关系，即了解古人在这里究竟做了什么。这里有个前提，即我们所见到的物质遗留能够代表当时的活动；而事实是，我们所见到的物质遗留是过去所有过程的总和，包括各种文化与自然的改造过程在内。排除各种改造之后，所剩下的才可能是原初活动的遗留。功能关系的好处在于它的逻辑推理是直接的，有什么样的活动必定会有什么样的结果。当前，有关空间关系的识别方面，空间的分化是个重点，如空间的专业化。新石器时代聚落中有些能够看到制陶、石器或是其他物品生产上的专业化分工现象，内蒙古通辽哈民忙哈遗址的某些房屋中发现了储存的陶土，说明这里可能存在专业化的陶器生产（不要把这种专业化跟更晚时期以交换为目的的专业化相混淆，它只是表明不是人人或是户户自己制陶）；赵宝沟遗址有的房屋中存在大量的打制石片，显示的也是空间的分化（社会公共空间意义上的）。

第三，空间的关联与结构。了解空间的基本功能关系之后，我们就有可能探讨更加复杂的问题，接着上面的问题来说，空间的分化是社会关系发展的产物。再进一步，我们或可以把这种分工现象与性别分工联系起来。假如男性开始从事专业性的制陶，那么女性去做什么了呢？男性为什么要参与这项通常由女性从事的工作呢？这种改变对于整个社会的其他关系有什么样的影响呢？如果沿着这样的关联性一步一步地推导，我们就有可能了解更多的社会状况。

不幸的是，许多时候，作为考古学研究者，我们看到的空间都是碎片化的，或者说是非常局部的。就像刚开始所说的，我之所以能够在观察当代空间时"管中窥豹"，是因为我心中已有了当代空间组织结构基本模式的认识。那么我们怎么才能了解古代的空间组织结构模式呢？这是问题的关键！这就需要发展社会空间理论，理论的材料基础可能是当代社会、历史社会还有民族志中的社会。有人可能会说，这不是将今论古么？古今能够一致么？如果时代或地域不同的社会之间真的彼此无法沟通、无法理解，那么社会科学的理论研究就是不成立的。社会科学的理论具有时空的弹性，并不能由此就认为社会科学不可能发展理论。基于此，我们有必要了解与发展社会空间理论，把这种理论用于考古材料的研究，在研究实践中去检验，同时进一步完善社会空间理论。当代考古学家借鉴布迪厄（Pierre Bourdieu）的惯习理论、吉登斯（Anthony Giddens）的结构化理论，就是很好的尝试。

第四，空间的能动性。空间的结构化其实就已经涉及能动性问题，人作用于空间，空间反过来作用于人，尤其是空间经过文化意义的渗透之后，成为类似于人一样的存在，这个时候，我们就说空间具有了能动性。常说"一方水土养一方人"，这也是我们在现实中能够体验到的，一个地方的水土（自然的特殊性）与其文化上的特殊性居然是相通的。我们可以说农业起源塑造了农业社会，农业塑造了新的空间，新的空间又塑造了新的社会关系。从微观上说，空间的能动性更加微妙，结构、色彩、声音等都是可能存在的影响因素，历史考古中可能在这些方面有更多的作为。最小的空间莫过于一个人的身体，身体是一个浓缩的世界，同时又是能动性的源泉，因此身体本身也是一个很好的研究对象。

有种说法，所有的历史都是地理。用在这里，那就是，所有的时间都是空间。时间无法留住，空间还会有些踪迹。当代考古学家就是通过空间去探讨时间的人。被动的与主动的、不同尺度的、不同功能的、不同关联的，如此等等的空间交织在一起，构成一个多维的世界。

应从遗址废弃过程考察遗物的集中保存现象

2019年8月中，台风"利奇马"（Le kima）肆虐浙江，50多名考古学者克服重重困难，齐聚义乌的桥头村遗址。这是个有八千多年历史的环壕聚落，据称是这个时期最早、最完整的聚落遗址。遗址中发现了十多个"一窝一窝的器物坑"，里面有大量完整的陶器。这种现象引起学者们的关注，纷纷做出解释，并进行了讨论筛选。首先排除的是集中埋垃圾的可能，因为器物很完整；其次排除的是陶器工厂，因为这并不能解释集中埋藏现象。与会学者的观点最后落在了仪式祭祀与灾变这两种可能性上。从报道来看,研究者也注意到这并不是一种孤立存在的现象,上山文化早期的遗址同样存在,类似的情况也见于下汤遗址,不过桥头村遗址显得更突出、更专门化,尤其是集中出土陶器。仪式祭祀或是灾变都是可行的解释,不过,在肯定这些之前,我们需要先分析遗址的废弃过程。如果有更简单、更合理的解释,就无须提出更复杂、更难以验证的可能。

桥头村遗址属于上山文化晚期,距今八千年左右。在此时段,华北与长江中下游地区出现了一系列考古学文化,从北往南、从西到东,有兴隆洼文化、磁山文化、大地湾一期文化、老官台/李家村文化、裴李岗文化、后李文化、彭头山文化等。有学者把这个阶段称为新石器时代中期,这里遵从更早的划分方案,仍称之为新石器时代早期。无独有偶,同属这个时期的河北武安磁山遗址,在灰坑中不仅发现成套的石磨盘、磨棒,甚至还有粮食,有学者认为它也与祭祀相关。20世纪90年代初,我作为学生参加过内蒙古林西白音长汗遗址的发掘,部分房址内遗物十分丰富,陶罐仿佛都留在了原位,有的还倒扣过来放置。这些房址属于兴隆洼文化时期(距今七八千年),同一时期的遗址如阜新查海、敖汉旗的兴隆洼与兴隆沟都存在类似的现象。在后来的研究中我们发现,这不是某一个遗址的孤立现象,而是新石器时代早期聚落遗址中普遍存在的现象。要理解这种现象,离不开当代考古学的一个分支领域——遗址废弃过程研究。

20世纪70年代,考古学家迈克尔·谢弗(Michael Schiffer)

的博士毕业论文首先开启遗址废弃过程研究这一领域；80年代进入高峰，有一批学者参与其中。谢弗的代表作就是他在1987年出版的《考古材料的形成过程》（Formation Processes of Archaeological Record）一书。谢弗注意到不是所有的人类遗存都原封不动地保存下来，物质材料从人类的行为状态（systemic context，简称S）到考古材料状态（archaeological context，简称A）会经历一系列的改造过程：S→S（反复利用的过程）、S→A（废弃过程）、A→S（再生利用的过程）、A→A（扰动过程）。80年代斯蒂文森（Marc G. Stevenson）曾利用阿拉斯加废弃的淘金者营地系统探讨遗址废弃过程的影响因素，他注意到是否预期返回与废弃的速度是两个重要的变量。淘金者如果只是短时间离开营地，如几天时间，去新的地点了解一下情况，那么他离开营地的时候，会把营地稍稍收拾一下。他原定是要返回的，后来因为其他原因没有返回，那么我们看到的废弃状态就是收拾整理之后的。如果他考虑离开的时间是一年，即明年再回来，那么他收拾整理的强度会高得多。还存在突然离开的情况，淘金者曾经听到传言说哪里又发现了金子，要急忙赶过去，于是什么都没有收拾就离开了，所有的东西基本都留在原位。如果淘金者不准备再回来，那么他在废弃阶段就像我们现在搬家一样，留下来的都是一些没用的东西，绝大多数东西都不会在使用原位了，还可能存在破坏性使用（反正以后也不用了）。简言之，是否预期返回、废弃的速度将会深刻影响遗存的空间位置与保存状况。斯蒂文森之后的研究者还注意到更多的影响因素，比如迁徙的距离、搬运的工具等，但这些因素都不如上述两个变量影响大。

运用遗址废弃过程理论分析新石器时代早期遗址的废弃是非常合适的，我的博士生李彬森曾对中国北方新石器时代早期文化的代表性遗址进行过系统分析。他注意到新石器时代早期的农业群体还没有建立稳定的居址，需要周期性迁徙。那时他们能够耕种的土壤非常具有选择性，不可能都分布在居址附近，于是他们在较远的耕地附近可能有农舍，农忙季节会搬到农舍去住。民族考古中也有类似的案例，如墨西哥高原有一部分印第安人，其农业水平比较低，这些群体有中心营地、农舍，还有冬季居址，往往是山洞。于是，物质材料就在中心营地、农舍、冬季营地之间流动。当需要搬到冬季营地居住的时候，离开时间比较长，他们就会对中心营地房屋内的东西收拾整理。把陶罐倒扣过来，部分物品打包储存，这些都是常见的处理策略，以备返回后使用。

义乌桥头村遗址所见的十几个遗物集中出土的地方，反映的正是这种预期返回的整理策略。更进一步推断，就是那个时期农业生产水平还不够高，人们还不能达到稳定的定居，需要保持一定的居址流动性。桥头村遗址如此，其他华北与长江中下游地区新石器时代早期的遗址同样如此。史前农业群体定居能力的形成有一个发展过程，不是突然实现的。早期流动性比较高，存在不同季节的营地；后来随着定居能力的发展，迁居频率下降，人群离开不同季节居址的时间间隔延长；再后来，人们能够长期定居，没有了居址的季节性之分。从上山到桥头村，遗物整理处置策略更加专门化，反映的正是迁居时间间隔的延长。我们在白音长汗遗址赵宝沟文化阶段的房址中也看到类似的状况。有座赵宝沟文化的房子里发现一溜儿数件使用过并可以继续使用的石铲，显然是有意存放的，但是房内的其他物品较之兴隆洼文化阶段明显要少。而到了红山文化阶段，房子里除了一些破碎、用坏的物品之外，很少看到可以继续使用的完整物件。白音长汗遗址红山文化阶段的房子不多，可能说服力还不够强。赤峰魏家窝铺遗址是一处更大的红山文化聚落，这里所体现出来的废弃特征跟白音长汗是一致的，除了少数可能因为火灾焚毁的房子内保存的东西较多之外，其他房子的出土物极少有还可以继续使用的完整物品。

当然，新石器时代早期遗址并不都是遗物保存丰富的。李彬森的博士论文中提到，山东后李文化的遗址存在明显的两分现象：一类分布近河的遗址很少有丰富的遗物，而另一类位于山区的遗址则保存遗物丰富。为什么会出现这样的差异呢？狩猎采集者的文化生态学告诉我们，能够利用水生资源尤其是海洋资源的群体往往有更强的定居能力。道理不复杂，因为水生资源的资源域很广，资源量也大，获取地点相对固定，所以狩猎采集者可以实现定居。如西欧的中石器时代、日本的绳文时代、北美的西北海岸、南美的秘鲁沿海等，这些地方都曾经有过定居的狩猎采集群体。生活在近水的后李文化遗址的群体因为能够利用水生资源，所以定居能力更强，这些群体无须依赖周期性的流动来保障生存。遗址废弃的过程比较缓慢，更像是新石器时代中晚期的遗址，人们预期不返回，所以没有什么有用的东西留下来。后李文化遗址废弃特征的差异更进一步证实，遗址中器物的集中留存现象与古人的流动性密切相关。

因为预期返回而整理存储器物并不仅见于新石器时代早期。只要是在一年中采用流动居址组织策略的群体都会出现这样的情况，如游牧群体有夏季与冬季牧场，定期转场，他们离开一个季节营地的时候，同样会收拾整理。属于新石器时代晚期屈家岭文化的湖北宜昌中堡岛遗址也曾发现过储物坑，出土器物分层、分类摆放，有的储物坑还有台阶，显然是为了方便取物而设计的。屈家岭文化时期（距今四五千年）的古人已经有了很好的定居能力，可能是由于某种原因比如洪水而不得不暂时离开，因为预期会返回，所以对器物进行了整理。我曾在内蒙古宁城参与清理一处夏家店上层文化的灰坑，其形制类似房子，坑中密密麻麻摆满了陶器，破碎之后形成厚厚的一层陶片，显然是有意储存在这里的。夏家店上层文化时期的农业相对夏家店下层文化时期水平下降，人们的流动性明显提高，陶器的制作质量下降。因为流动迁居，就产生了这种预期返回的器物处置策略。

我们在较晚阶段的确看到过祭祀坑这样的遗存如四川广汉的三星堆，火烧、毁器是祭祀时常见的现象。祭祀在史前时代的确是日常生活中重要的事情，古人缺乏科学知识，如生病之类的事，通常只能求助于巫师或萨满。不过，祭祀真正发挥重大社会作用还是社会复杂化之后，它是凝聚社会成员认同、构建社会等级秩序的重要手段。而这样的需求在新石器时代早期并不迫切，当时聚落规模有限，人们彼此熟悉，并不需要借助祭祀这样的手段就能够解决许多社会问题。如果新石器时代早期就存在如此普遍的祭祀，废弃大量实用的器物（许多器物上还有使用的痕迹），而中晚期人们不再这么做，的确是难以理解的。按照奥卡姆剃刀原理，能够用简单原因解释的现象就无须去寻找更复杂的原因，那么用遗址废弃过程来解释远比用祭祀来解释简单得多，也要合理得多。

至于说灾变，因突如其来的灾难导致废弃的遗址，其废弃特征有鲜明的可识别性。比较明显的灾难如地震、火山爆发、泥石流、洪水等，都会留下特殊的沉积特征，比较好判断。沉积物特征不明显的可能是瘟疫，但它具有其他清楚的废弃特征，我们现在就有这样的遗址发现，如内蒙古通辽的哈民忙哈与乌兰察布的庙子沟遗址。哈民忙哈遗址以房屋中集中出土大量人骨遗存而闻名，房址中同时出土大量完整的陶器。我曾经研究过该遗址的石器材料，完整的石器工具极少，不过死者身上的玉器并没有被带走。庙子沟遗址的居住利用可以分期，其中有一期为灾难性废弃。跟哈民忙哈遗址不同的是，这里除了出有大量完整陶器之外，石器工具也留了下来。也就是说，哈民忙哈遗址废弃时，速度并不快（相对于庙子沟而言），人们还有时间整理行李，把日常要用的工具带走。这里是沙地环境，石料奇缺，磨制石器工具费时费力，必须要带走。陶器易碎，不适合长距离搬运，只能放弃。玉器属于死者的个人物品，这些死者又是他们的亲人，所以没有拿走。比较而言，庙子沟的人群似乎是受到了惊吓，连石器工具都没要，迅速地离开了。

遗址的废弃过程涉及的因素很多，不仅有文化过程，还有自然过程，以上谈及的是文化过程中的废弃过程。在我们分析考古材料、提出解释之前，需要考察考古材料的形成过程。不同的废弃过程会形成不同的废弃物分布形态，这些形态是可以识别的，同时反映了当时社会的发展水平。

哈民忙哈遗址 F40 的人骨堆（引自《2011 中国重要考古发现》）

三

如何应对学科发展的挑战？

考古学是门冷僻的学科，但理论方法的发展日新月异，让人目不暇接。学科的新发展，总会带来许多困惑，更会带来一些启迪。考古学或许可以做得更好，新的理论方法总会让人产生这样的联想。考古学研究也许就是在这样的联想或者说是梦想中，不断开辟新的研究领域，建立更充分的推理链条，探索更有趣的问题。当代考古学的发展已经进入后现代时期，理论的多元化是不争的发展趋势，新的理论发展带来一系列新的问题，对考古学方法与实践都提出了前所未有的挑战。也许有人会说，理论的世界很丰满，现实却很骨感。面对学科的发展，我是个乐观主义者，不仅仅因为理论探索会带来更多的可能，而且实践过程中还会发现新的可能。就这后者而言，也是我研究的切身体会，我相信绝大多数研究者会同意我这个看法，而这正是研究的魅力所在。

如何理解考古材料：当代考古学的方法

考古学的目的，也是它的魅力，就是能够理解古代遗留下来的实物遗存,我们称之为考古材料。这些材料包括遗迹与遗物,由于保存条件的原因(如有机材料可能会腐烂)以及后期的各种扰动过程,能够保存下来的材料总是有限的。许多时候,保留到今天本身就是奇迹,是非常珍贵的,我们称之为文化遗产。它们是有关人类过去的信息片段,时常是零散的、杂乱的,而考古学就是要在这些蛛丝马迹之中了解人类过去。一百多年以来,考古学所努力不懈的就是希望尽可能充分地理解这些有限的实物遗存。这里我想从理论方法的层面上简要地梳理一下当代考古学的工作,尤其是理清其中的逻辑关系,可能会有助于我们理解当前不同考古学理论方法之间的关系,有助于把握今后的研究方向。

我们的第一步是获取考古材料,通常包括调查与发掘,考古学家给公众的印象主要来自这个过程。这也是考古学的独门秘籍之一,它的基础就在于科学。在考古学诞生之前,研究者只能研究一些传世文物或是通过盗掘所获得的材料,大量的原始信息丧失。科学的调查发掘工作不仅仅关注遗物,还有遗迹,更加关注它们所处的状态,如叠压打破关系、共存关系、外部的基质、内部的包含物等。田野考古工作不仅仅抢救正在遭受破坏的古代遗存,而且会根据研究问题的需要主动去寻找古代遗存。由此,当代考古学不断获得新的研究资料。

下一步就是分析整理,比如动物研究者帮助鉴定动物化石、植物研究者帮助鉴定植物遗存,如此等等。考古学家自己则研究最常见的陶器、石器、青铜器等器物以及遗址本身,最后把所有信息汇总起来,按照时间阶段加以区分。随着类似的材料增多,可以按照空间分布来汇总,考古学家发明了"考古学文化"这个概念加以概括(在旧石器考古中称为"工业"或"技术"),代表一定时间与空间范围内生活过一个具有群体认同的社群,它也是考古学家通过物质遗存研究构建起来的古代社会。

以上工作是我们都非常熟悉的,也是中国考古学经常实践的,通常又称为"文化历史考古"。它依赖的基本逻辑是归纳,然而,从古代遗存特征到考古学文化,这是一个理论的概括、抽象化的提升过程。这个理论的构建是存在一定问题的,迄今为止,考古学界仍然难以确定考古学文化与古代社会单位,尤其是族群之间的联系,这就使得我们在进行大范围的古代社会研究时遭遇到难以克服的困难。逻辑上说,归纳考古材料特征,无论有多少考古材料,我们都是无法从中归纳出一个古代社会来的,只能归纳材料特征本身。考古学之所以有"考古学文化"这个概念,是因为受到人类学的启发,借鉴了人类学的"文化"研究成果。人类学研究现生群体,跟考古学研究的已经消失的人类群体可能完全不同。

我们无法归纳出古人行为或古代社会,最终还是需要提升到理论概括层面上来(这超越了归纳逻辑的范畴),概念的形成或是构建的,或是借鉴的。从20世纪60年代开始,过程考古学(新考古学)提出一种新的途径。它强调,如果我们想通过考古材料了解人类过去,首先需要理解考古材料是如何形成的。由于无法直接观察古人的行为,所以解决这个关键问题,就要依赖理论研究。它分为两个部分或阶段:前一部分是要理解人类行为、社会、文化或历史的一般规律,这通常是社会科学研究的范畴,人类学与历史学涉及最多,考古学家需要借鉴这些理论；后一部分是要去理解它们与考古材料形成之间的关系，这是中程理论研究的范畴，通常包括民族考古、实验考古等，这是考古学家可以直接观察到的。如宾福德对努那缪提人（Nunamiut）进行了研究，从中提炼出冰缘环境以狩猎为生群体居址组织的一般模型，这对后来的研究有很多的启示。

在过程考古看来，考古学研究就像管中窥豹。我们之所以能够窥一斑而知全豹，是因为我们对豹的一般属性已经有所了解。考古学家得到的信息通常是十分有限的，不可能每个遗址都像庞贝古城那样完整，考古遗存大都是片段性的，就像豹之一斑。我们要了解过去，自然需要把握那个时段与空间范围内人类的一般属性，然后把两者结合起来，去理解特定范围的人类过去。

过程考古学家从事民族考古、实验考古研究，比较极端的如谢弗、威廉·拉什杰（William Rathje，垃圾考古的开创者）等研究的是现代物质文化。如果仅从类比的角度来看，他们的研究是非常不合理的，毕竟时代背景相差太大。现在的爱斯基摩人已经骑上雪地摩托，用上了带瞄准镜的狙击步枪，怎么能跟史前爱斯基摩人相比呢？我们现在是个工商业社会，跟史前时代有霄壤之别，研究现代社会对复原史前人类生活能有什么帮助呢？过程考古学并不是简单地寻求类比，而是从中探索与构建理论模型，然后用来理解考古材料。无论是古人还是今人，原理上总有些方面是相通的。比如宾福德在爱斯基摩人研究中提炼出采食者-集食者（forager-collector）模型，我们可以用这个模型去解释农业起源的发生机制。拉什杰的垃圾考古为我们提供了一个新的视角，垃圾比文献记录更能真实地反映一个社会，而考古学家在研究那些完整器物、典型遗迹之外，还可以利用这个新的视角。

然而，就像我们去了解一个人一样，仅仅知道这一类人的普遍特性以及这个人的详细特征并不足以让我们充分了解这个人。我们需要了解背景关联，此人的家庭、成长经历、朋友圈等，这样我们才可能对这个人进行判断。这也就是说，我们要理解考古材料，重要的不仅是在场的器物与遗迹，更在于不在场的背景关联。如果考古材料能够说话，那么除了说的内容，能够决定说话意义的就是说话的情境。同一句话在不同情境之中的意义可能迥异。20世纪80年代开始兴起的后过程考古学强调研究的就是背景关联。需要注意的是，当我们去了解一个人的时候，不同的立场可能导致所看到的东西差异巨大，因此研究者本身既是背景关联，也是需要反思的。

关联是普遍的，也是意义巨大的，却不像器物、遗迹那样是在场的存在，它们并不在场。这就给我们的研究带来了很大的麻烦。不在场，但是有意义，我们由此需要研究意味或意涵，它是间接的，所以后过程考古中有了象征考古。因为不在场，需要研究者的阐释，发挥材料的意义，所以后过程考古还有"阐释考古"的名称。这就像人文学者在理解某个文本（后过程考古学就把考古材料视为文本），如我们理解《论语》，孔夫子的原意并不是研究最重要的目标，重要的是结合现实的情境阐发其意义，在当代情境中加以理解。这也就意味着考古材料研究是古代与现代的对话，是人与物的对话，它们相互渗透、相互影响，是同等重要的，于是后过程中有了对等性考古、物质性研究、能动性考古等。

在如何了解背景关联方面，历史考古有先天的优势，也正因为如此，后过程考古在历史考古中得到更多的应用。背景关联是历史进程的产物，历史本身是构建背景关联网络的主干。而在史前考古领域，为了获得更多的背景关联，后过程考古尝试现象学的方法，研究者切身体验考古遗存，一定程度上还原个体体验。后过程考古还倡导反身的方法，让尽可能多的人参与到考古材料的阐释中去，就像我们这个网络自媒体时代，结论某种意义上是自动形成的。结论相对于古代遗存不一定完全真实，但是对我们这个时代来说是真实的，在这个过程中，考古学也发挥了其社会意义。

不难看出，从文化历史、过程考古到后过程考古，考古学一步一步走向对考古材料更深入、更完善的理解。如果从如何理解考古材料这个角度来看，当代考古学的诸范式其实都在服务于这个目标，只不过每个范式所强调的方面不一样。它们之间的矛盾则反映出考古学研究的不断深入，后者发现前者存在的不足。文化历史考古之所以形成，是因为考古学家发现仅仅归纳材料特征本身（分期分区）无法真正触及古代社会，于是借鉴人类学的文化概念，提出"考古学文化"的概念，用以指代一个特定时空范围的社会群体。过程考古学发现的是，文化历史考古注重从考古材料中去探讨古代社会，但是不理解古代社会如何形成考古材料，于是去发展中程理论建构。而后过程考古学发现，仅靠这些还不够，要理解考古材料，需要真正把握那些不在场的背景关联，由此考古学从走向科学又回到了人文。

考古学是不完美的，当我们真正面对考古学研究实践的时候，常常会发现材料非常零碎、分析手段昂贵，还有大量的信息难以获取，我们能够归纳的范围其实很有限。与之相应的理论建设也存在不小的难题，社会科学的理论许多来自对当代或晚近历史社会的观察，并不适合直接用于史前社会的解释；而中程理论的建设也有类似的问题。背景关联的获取则更加困难，历史考古稍好，史前考古目前还在探索真正系统有效的方法。无论如何，考古学试图充分理解考古材料的目标并没有改变，一代代考古学家孜孜以求，每一代人前进一步，而随着了解的扩充，未知的范围变得更大。我们正是在种种不完美中去探索、创造，去实现考古学充分理解考古材料的梦想，这或许正是考古学的魅力所在。

社会导向的考古学研究

没敢说"社会考古学"，不仅因为已有这样的称呼，国际上还有个学术刊物就叫作 *Journal of Social Archaeology*（《社会考古学杂志》）；还因为这么说过于"高大上"，不适合这么一篇小文；更可能因为自己并不是很了解"Social Archaeology"，也不愿意被既有的思想所束缚。于是就叫"社会导向的考古学研究"了，也算是一点自知之明吧。

拙文《考古学研究的"透物见人"问题》（《考古》2014年第10期），讲到如何去透物见人，但是没有讲到究竟要见到人的什么。有关人的东西非常多，我们想见到什么呢？能够见到什么呢？中国考古学发展到今天，也到了转型期。前人开创的事业无论多么伟大毕竟是前人的功绩，有出息的后人需要"长江后浪推前浪",开创自己这个时代的事业。中国考古学下一步应该怎么做呢?原地打转的可能性排除之后,另一个可能就是沿袭西方考古学的发展道路。这其实不是我们想不想学的问题,而是能不能够做到的问题。读一点考古学史,不难发现西方考古学是西方社会发展、思潮、科学进步与考古学的理论、方法、实践共同作用的结果。所以,这个道路只能学习借鉴,并不具有真正复制的可行性。自己的路还得靠自己走,于是,思考这个问题有那么一点探路的意思。

考古学研究"透物见人"跟社会有什么关系呢?这里说"社会导向的考古学研究"就暗含着社会是考古学透物见人的主要方面。为什么呢?因为所有人都生活在社会之中,我们当前面临的所有问题都与社会密切相关。考古学家研究早已消失的过去,但考古学家本人却是生活在当代的,其研究不可能也不应该脱离自己的时代。考古学研究的成果也正在贡献当代社会,不仅仅有如秦始皇陵兵马俑的旅游价值;更是对华夏文明的正本清源,增强民族文化认同;还通过代表性物质文化遗存的发现与研究,与经典文献载体一起传承中国文明,促进当代中国文化建设……当代的需求一定程度上决定了考古学研究的方向(当然,考古学的发展还有自身的逻辑)。正如克罗齐所言,所有的历史都是当代史。正是我们这个时代使得考古学研究可能要以社会为导向。当代社会组织(民族的、宗教的、地域的、阶级的、种族的,如此等等)的无数纷争,如此残酷血腥,让人禁不住要怀疑人性的有无;人类社会无穷的资源索取也让人怀疑我们还有没有明天。我们还知道,个人一旦离开社会,要么回到禽兽状态,要么自杀(涂尔干《自杀论》所强调的，社会维系人的生存，包括物质上的、情感上的、精神上的）。当代社会遇到的种种困难以及人本身强烈的社会属性使得我们不能不关注人类社会研究。

经典的说法把考古学视为历史学科的分支，都是研究人类过去的学科。殊不知，我们研究过去的人类社会，是为了当代人类社会而去研究的。从这个角度上说，考古学从诞生之时，实际上就是关注古代社会的，只不过限于认识水平，所关注的方面不同时期有所差别而已。

考古学史上早期的社会研究大致可以分为两个方面：一个是社会历史的重建，这主要发生在考古学领域，也就是我们经常所说的文化历史考古；另一个是利用考古学研究的成果，加上民族志的材料，把社会/文化进化论贯彻其中，从而构建人类演化的一般框架，比如卢博克、恩格斯所做的工作。当时的考古材料很有限，不得不大量借鉴民族志和历史资料。这个时期的工作现在看来可能有点幼稚，但是不能说没有成效，比如第一次知道了史前时代，第一次把人类社会演化通过材料划分为几个发展阶段，而不是像从前那样（如罗马的卢克莱修、东汉的袁康都曾提出过类似"三代论"式的观点）依赖于传说与想象。我们知道史前时代是一个原始的时代，社会发展还很简单。19世纪后半叶也是社会科学兴起的时代，社会思想家逐渐弄清楚了人类社会是如何组织的，经济学、社会学、政治学相继诞生。不过对考古学的影响还十分有限，因为此时考古学也才刚刚形成。

"考古学的社会研究1.5版"应该是柴尔德的古经济学方法，但是他所依凭的材料十分有限，而且缺乏从考古材料中获取相关信息的方法。他不善于借鉴民族志（或者更广泛一点说，就是中程理论）的成果，更没有利用多学科的方法（在他的时代还不成熟），不过他已经开始关注古代社会的经济发展，提出了新石器革命与城市革命这样的概念。

"考古学的社会研究2.0版"要归于过程考古，它关注古人如何适应环境，非常注重中程理论的建设与多学科的方法。碳-14测年此时已开始应用，考古学家可以进行跨地区的比较，还可以研究文化变化的快慢。一般地说，考古学界认为过程考古学研究的更多是人类社会的经济基础部分，在这个方面可谓成绩斐然，如对农业起源的研究，我们现在可以解释农业发生的机制、过程与地区差异等。但是，我们对于当时的社会组织、意识形态等领域仍然知之甚少。

20世纪70年代开始，考古学的发展发生了新的转型，开始关注社会组织、意识形态领域。读西方考古学此时期的著作，有一个特别明显的感觉：考古学家的关注重心似乎改变了，也许可以称为"社会研究转向"。也许应该说这是狭义的社会研究，因为上面所说的其实也是社会研究。最近在翻译克利夫·甘布尔（Clive Gamble）的《欧洲旧石器时代社会》（*Palaeolithic Societies Europe*），按说旧石器时代材料稀少，所有的材料不过是一些石器、化石什么的；看中国旧石器考古研究，从来没觉得旧石器考古研究跟社会研究有什么关系。然而，甘布尔用的就是社会研究的概念，比如讲人际关系网络分为亲密关系、效用关系、扩展关系等。哺乳动物都是社会性动物，都有社会关系网络，但基本以亲密关系为主，维系这样的关系需要花费大量时间陪伴左右。只有人类有扩展关系，它以象征符号为基础，简言之，就是"不在如在"，人不需要在场，见物如见人。他就是利用这么一套概念体系来分析欧洲旧石器时代社会的发展变化，让人大开眼界。我没想到旧石器时代社会还可以这么研究。其他经典的研究如伦福儒之于巨石纪念物的研究，他将之视为土地所有的地标。不过，这些研究基本属于过程考古学范畴，或可以称为"考古学的社会研究2.5版"。

真正的"考古学的社会研究3.0版"属于后过程考古学。后过程考古学一个重大的突破就是不再把物质材料（考古材料）视为客观外在的东西，而是将其视为渗透了人的历史认识与劳动的、具有能动性的对象。什么意思呢？就好比中国人与西方人看松、竹、梅，西方人看到的是三种植物，中国人看到的是一种气节、一种激励人的精神。这三种植物频频作为中国画的题材出现。广而言之，中国的山山水水都已经渗透了中国文化，就像抗战先烈站在长城上抵抗日本侵略者一样，那里每一块砖都铭刻着祖国河山的名字，如果仅仅将之视为一块"客观的砖"，它的伟大意义就完全丧失了，它当时激励中国先烈的社会历史作用也就完全被忽视了，与此同时，我们也就忘却了真正的历史。后过程考古学家换了一个角度来看，考古材料的对象一下子扩展了许多，不仅是遗址中发现的器物、遗迹，还包括遗址所存在的地理环境——那一方水土。每一样东西都渗透了社会关系。当考古学家面临的每一样东西都仿佛充满了灵性一样，我们也就进入了社会文化建设的时代——考古学在悄悄地贡献当代文化建设。考古学家就像把远古的"长城"翻检出来，让我们感到历史厚重的存在。

与考古学的社会研究变化趋势相应的是考古材料与分析方法的进步。考古材料的增加包括一般遗址数量的众多发现以及少量原地埋藏遗址的高精度考古。前者可能是一些受过扰动的次生遗存，但是其分布也能提供古人的活动环境、原料获取以及器物类型等方面的信息。而那些保存良好的遗址通过细致的田野发掘能够提供非常珍贵的人类活动细节。后过程考古学的领军人物霍德对土耳其的恰塔尔胡尤克遗址的社会解释很大程度上立足于精细的田野工作。多学科的方法也为空间关系（如火塘的分布、人的栖居地变化等）分析提供有效的途径，从而使得社会研究成为可能。理论、方法、材料之间相互促进，从而推动考古学不断深入人类社会更深层、更复杂的领域。

马克思主义考古

最近翻译一篇有关马克思主义考古的论文，感觉有些奇特，似乎每个词在中文中都能找到对应的表达。而此前翻译一篇有关物质性的论文时，真是非常痛苦，仿佛我学的英文是假英文，整个句子都精神错乱了。这种反差不禁促使人思考一个问题，为什么我们能够相对容易理解有关马克思主义的文章？这自然要归因于长期的学习，那些基本概念已经深入思想深处，生产力、生产关系、经济基础、上层建筑，如此等等。还有一些耳熟能详的论断，如经济基础决定上层建筑；生产力决定生产关系；世界是物质的，物质是运动的，运动是有规律的⋯⋯仅从英语理解的角度来看，马克思主义可能是我们理解最为深入的西方哲学。我们在学习马克思主义的过程中，不知不觉地适应了西方的语言结构。几乎是第一次，我读英文就像是在读中文。

不过，在准备写一篇有关马克思主义考古的思考文章时，我却很踌躇。马克思主义的存在分两种：一种是意识形态，另一种是学术研究。由于极左运动的影响，许多人不愿意再提及，连带学术研究也受到影响。于是，尽管马克思主义是意识形态，但是学术研究中鲜有触及。某种意义上说，学术上的马克思主义并不在中国。得出这个结论让我自己都感到很惊奇。不过，这个认识并不准确，马克思主义对中国考古学的影响从1949年之前就已经开始了，20世纪50年代达到了一个高峰，建立中国的马克思主义考古学曾经是一代中国考古学家的梦想。经过极左运动之后，这样的探索也就停止了。改革开放之后，中国考古学界忙于学习西方考古学新理论新方法，勉强跟随尚且困难，遑论探索理论新领域。

我踌躇的是我们应该如何面对马克思主义考古。中国是现代主义的重灾区。在现代主义看来，历史的唯一价值就是教训，没有什么价值；人类掌握科学之后，将会开创全新的未来。近现代以来，我们做的工作一直都是批判历史、烧掉古书、打倒"孔家店"、破"四旧"、横扫一切牛鬼蛇神……渐渐地，我们发现自己什么都没有了，全新的未来不过是乌托邦，我们赖以生活的文化体系消失了，没有秩序、没有规范、没有价值标准、没有意义内涵，我们似乎又回到了动物状态，除了生产就是再生产。我不希望再看到这样的情况。我希望做增量的历史。我们不能说马克思主义考古是唯一正确的考古学，但是没有马克思主义考古，中国考古学将会失去一份重要的财富,中国考古学的理论来源将失去一种多样性。更何况,如我开头的体会,马克思主义可能是我们最能深刻体会的西方哲学思想。与其生吞活剥一些难以消化的思想,为什么不认真利用既有的资源呢?

我们应该继续发展中国的马克思主义考古。当然,这里首先要解决一个问题,我们要利用马克思主义的什么呢?一般来说,马克思主义可以分为两个流派:一个是经典的马克思主义,另一个是所谓新马克思主义。也可以说前者是唯物主义的马克思主义,后者是唯心主义的马克思主义。一说到唯心主义,我们的脑海中马上就会产生一种刻板的认识——这是错误的思想,实际情况并非如此。经典马克思主义是我们学习过的内容,毋庸多言。新马克思主义我们了解不多,这里也不可能进行全面的比较,而是就某些关键的内容,尤其是与考古学研究相关的地方,展开一些讨论。

两者之间一个关键的区别在于辩证法。经典马克思主义提出经济基础决定上层建筑,上层建筑反过来会影响经济基础,两者之间相互关联,但存在主次关系。而新马克思主义不认为存在主次关系,或者说主次关系是情境性的。究竟哪一种观点更有道理呢?不妨做一下历史的检验,斯波切克最早注意到,苏联政权的基础是公有制,但是这种经济基础实际是布尔什维克获取政权之后通过没收、改造而创立的,而不是相反。同样的情况也见于中国。可能有人会说解放战争时期解放区已经在搞土改,调动了农民的积极性,这对于推翻蒋介石政权意义巨大。其实老蒋后来在台湾也搞了土改,但是并没有产生新的上层建筑。土改政策本身就是一种上层建筑塑造经济基础的活动。所以，仅从辩证法这个角度来看，新马克思主义还是有其合理性的。

表面上看，两者这一点差别算不上重大，但对于我们理解人类社会的演进还是有很重要的意义的。最近读到后过程考古大家霍德的一项研究，他在研究农业起源时指出，农业之所以起源并不是为了依赖植物，而是为了更好地狩猎。他之所以这么认为，是因为他发现土耳其的恰塔尔胡尤克遗址，人们在各种表现中所极力追求的还是猎物而不是农产品。这不仅让我想起西方的文艺复兴运动，当时打的旗号是要恢复古制，即古希腊罗马文化。实际上是什么呢？五六百年之后，我们回过头看，这明明就是一场翻天覆地的革命！西方文明由此强势崛起，改变了整个人类文明的轨迹与版图。

农业起源过程是否可能是一个上层建筑改造经济基础的案例呢？抑或是符合经典马克思主义的解释：经济基础决定上层建筑，生产力决定生产关系。按照我们现在最经常的理解，技术进步、人口增长、环境变化、生态关联等相互作用最终导致农业起源不得不发生。旧石器时代晚期，人类狩猎能力大幅度提高，尤其偏好大动物；与之相应，人口稳步增长；随着末次盛冰期到来与消退，许多大动物灭绝；于是，人类开始广谱适应，寻找可替代资源，从中发现了少数物种可以强化利用，比如某些农作物与家畜的祖先，进而发展出栽培、照料等行为；最后，驯化形成。全新世稳定的气候则是农业得以成功进行的环境条件保证。这个过程中，人类的定居程度越来越高，于是以流动的采食为基础的狩猎采集者社会瓦解，新的社会关系形成，意识形态也随之发生了重大变化，万物有灵的观念让位于祖先、土地崇拜或宗教。简言之，经济基础的改变带动了上层建筑的变化。

而从上层建筑出发的话，马歇尔·萨林斯（Marshall Sahlins）在《石器时代的经济学》中提到狩猎采集者社会通常是采取"见者有份"式的平均主义，能干的人并没有产生剩余生产的动力，除非社会关系变化，打破这种平均主义。以往我们习惯性假定狩猎采集者社会进行"原始共产主义"生产，没有阶级剥削与压迫，没有战争，没有侵略……人类仿佛生活在"伊甸园"中。现在人类学家以及其他社会科学家越来越认识到，这是一种我们自己塑造的幻觉。战争从来就有，旧石器时代晚期更加激烈，偷袭、仇杀、地盘争夺等会导致大比例人口的死亡，一般为十分之一，据说甚至可以达到五分之一；而从1820—1949年，战祸频频的世界死于冲突的人口不过占总人口的1.6%［伊恩·莫里斯（Ian Morris）《战争：从类人猿到机器人，文明的冲突与演变》引述理查德森的研究］。

在这样的背景下再来看宴飨理论，就不难看出这种行为的重要意义。它一方面可以让某些人在群体内脱颖而出；另一方面，通过与相邻群体的宴飨完成结盟，形成更大的社会群体。宴飨产生强大的生产动力——为更多的人提供更多的食物，尤其是"高端"食物，就像我们这个时代的山珍海味。宴飨本身可能并不依赖农业产品，更不会去展示这些产品，但是为了宴飨就需要农业，为宴飨服务的人群需要农业产品。因此，在考古遗存中，我们看到的可能仍然是极度强调狩猎，在艺术图像上仍然是强烈地表现狩猎（它还是勇气与力量的展示）。正是在这个意义上，人们利用农业来构建新的社会关系，伊恩·霍德所谓农业是为了更好地狩猎也正是在这个意义上才可以成立。

中国考古学中,我们研究农业起源还是比较习惯"自下而上",从经济基础到上层建筑,符合经典的马克思主义。而从新马克思主义来看,研究过程可以反过来,农业是人们能动性的手段与结果,人们利用农业去塑造新的社会关系;或者说,新的社会关系需要利用农业来解决问题。就像我们看到的当下历史进程,改革开放是大势所趋,也是以邓小平为首的领导层推动所致,它解决了中国的发展难题,甚至可以说重构了现代中国的面貌。经典马克思主义与新马克思主义不是谁对谁错的问题,而是看问题的视角不同。换一个视角来看,研究也就产生了新意。

物质文化史 *vs* 考古

物质文化史是一个很有趣的概念,苏联考古学界有一段时间不大喜欢"考古学"这个概念,可能因为它太西方了,于是换了一个新词"物质文化史"。原来以为不过是名词的玩弄,后来有一次去俄罗斯开会,比较切实地感受了一番什么是物质文化史。同时,也注意到这个名词的文化根源以及它所存在的问题,尤其在把它与当代考古学发展的整体框架相比的时候。物质文化史的概念在中国考古学与历史学研究中也有提及,但很少受到专门的检验,而那次俄罗斯之行让我有了这样的体验。

会议期间参观了若干个博物馆,大的如克拉斯诺亚尔斯克的历史博物馆,小的如叶尼塞河边的一艘炮艇;老的有几万年前旧石器时代的陈列,近的有沙俄时期的庄园博物馆,以及最近十多年才有的作家阿斯塔耶夫斯基的故居博物馆。虽然俄罗斯博物馆的大小、时代、性质各不一样,但是展览都有一个共同的特点,那就是每个展示单位,无论是一个展柜还是一间房子,里面的展品都是琳琅满目。比如那个炮艇博物馆,尼古拉二世、列宁等名人都曾经光顾过,所以展览以时代为线索,展品从那个时代的海报、文具、生活用具乃至于生产工具都有展示。展览者似乎是想把那个时代所有的物质材料都摆在观众面前,让观众自己切身去体验那个时代。除此之外,其他如文字的说明似乎都是多余的。实物材料高于一切!

从这些展览中,我们可以发现似乎暗含着一个预设,即物质材料记录与反映了历史;更进一步说,它们是记录历史最直接、最真实也是最具体的材料。物质材料充分地反映了历史文化的发展面貌。也许正是基于这样的认识,物质文化史的概念形成了。对于中国考古学界,这是一个很容易得到认同的预设,因为它非常符合唯物主义思想。唯物主义是苏联考古学的指导思想,强调物质文化史,便于与带有唯心主义色彩的西方考古学区别开来。俄罗斯考古秉承了苏联的传统,至今仍有一些称为物质文化史研究所的考古机构。

会议期间与一位乌克兰学者交流,他认为西方考古学界对苏联考古学的了解并不充分,忽视了苏联考古学所取得的重大成就,当代西方考古学的某些概念如物质文化在苏联考古学中早就出现了。很有趣的是,他的报告因为采用了西方考古学的视角受到与会同行的质疑。苏联考古学曾经有一些引领世界的理论与方法。20世纪二三十年代,当西方考古学还在材料的泥

琳琅满目的展品

淖中挣扎的时候，苏联考古学率先开启了马克思主义考古，以理论引导研究，用考古材料去重建史前社会，这深刻影响了作为西方考古学旗帜的柴尔德，也影响到美国人类学大家怀特[*]。怀特对新考古学的宗师宾福德影响巨大。宾福德还是密歇根大学博士生的时候，经常给怀特教授当司机。苏联考古学还利用强有力的中央政权开展全面揭露式的考古发掘与广泛的区域调查，后来的聚落考古与之相似。最没有争议的可能要数30年代谢苗诺夫开启的石器工具的微痕研究，二十年后引入西方考古学，成为一时风尚。所以，乌克兰学者的认识也并非空穴来风，苏联考古学在五六十年代之前无疑是很有活力的。

不过，要说苏联考古学所讲的物质文化引领西方考古学的物质文化研究可能有点言过其实。20世纪80年代兴起的后过程考古学开始运用"物质文化"这个概念，其中暗含的思想是，所有人类世界的物质材料为人类意义所渗透，比如蒙古草原的人们所见到的辽阔天空，已经不再是简单的蓝色天空，而是用长调、呼麦以及众多故事和礼仪乃至精神信仰转化的天空，物质都处在特殊的文化历史情境中；再比如竹子，它在中国不仅仅是一种植物，更是气节的象征，"宁可食无肉，不可居无竹"，无数的绘画、雕刻、园林等把竹的意义扩散到中国人生活空间的各个角落。对于后过程考古学而言，更为重要的是，渗透了意义的物质反过来会影响到人，中国传统士大夫居住在竹影婆娑的园林中，不知不觉地为竹子所同化。这里我们

---

[*] 莱斯利·怀特（Leslie Alvin White，1900—1975），美国人类学家，新进化论学派代表人物，代表作有《象征：人类行为的起源和基础》（1940）、《文化的进化》（1959）。

需要知道，竹子是人所种植的，所以，于其中我们看到人可以运用物质来构建自己的文化。这样的含义构成了西方考古学的物质文化观，物就是人，人就是物，人与物通过意义相互沟通。

后过程考古学强调研究社会关系、意识形态等比较形而上的东西，它的理论基础正是一种能动的物质文化观，反对割裂物质与意识、主观与客观，强调它们的统一性。本质上说，后过程考古学是唯心主义的，它跟物质文化史所立足的唯物主义是完全不同的，虽然两者都采用"物质文化"这一概念。这种表面的相似性的确很有迷惑性，让人相信后过程考古是受到苏联考古学启发而产生的。追溯哲学根源的话，就会发现这种说法站不住脚，因为后过程考古的哲学思想来源是欧洲的后现代哲学，它们比强调意识与物质并重的新马克思主义走得更远（某种程度上说，新马克思主义也受到了后现代哲学的影响）。我想乌克兰学者可能被两者表面的相似性吸引了，所以相信苏联考古学的"先进性"。从苏联最强大的军事技术来看，20世纪60年代以后已是强弩之末，不复有卫国战争以来的独特创造力。其社会与人文学科发展远逊于军事技术，遑论影响到二十年之后的后过程考古学。

以唯物主义为基础的物质文化史研究深刻影响到中国考古学，秉持这种观念的研究，极其强调考古材料的发现与展示。于是，人力与物力集中投入这两个方面，而非考古材料的解释上面。其中似乎暗含着一个假设，考古材料本身就是解释，或者说考古材料无须进一步解释。考古学变成了一门高度强调田野工作的学科，目的就是要去获取材料、保护与展示考古材料。观念的影响是巨大的。长期以来，中国考古学处在文化历史考古的范式中，而且很难改变。我找过很多原因来解释这种现象，比如说学术传统的差异（中国是历史学传统，不像美国考古学属于人类学传统）；中国还有寻找民族国家认同的需要，文化历史考古能够很大程度地满足这种需要。重新思考"物质文化史"概念之后，我注意到这种观念可能是一个更深层次的原因，能够很好地解释中国与俄罗斯考古当前存在的共性。

物质文化史研究存在什么问题呢？它的前提存在较大的缺陷，它认为物质材料能够反映古代历史，但是我们发现考古材料是一系列文化与自然过程的结果。我们看到的考古材料只是过去行为过程的一部分，基于材料的特殊性质如经久耐腐蚀和一些运气（及时被掩埋了），考古材料才得以留存下来。换句话说，同样是人类行为的结果，材料留存下来的概率并不一样，比如石器比有机物更容易留存下来；与此同时，考古材料还会经历改造过程，本来没有关联的东西在一起被发现，本来有关联的东西分散在不同层位。因此，我们要理解考古材料，毫无疑问不能忽视这些过程。然而不幸的是，有关的研究十分缺乏。物质文化史研究认为留存下来的材料十分珍贵，至于改造过程不是当代考古学能够控制的，无须进一步研究。然而，没有这方面的研究，考古材料的科学性就会大打折扣，在残缺扭曲材料基础上得到的推论是难以令人信服的。

再进一步说，考古材料本身不会说话，材料本身与人有什么关系需要科学分析，需要考古学家解释。从考古材料中透视人类行为，俗称"透物见人"，是考古学家的核心任务。"物质文化史"的研究似乎假定物质材料不需要解释，或者说材料本身就是解释。实际上，这是不可能的。考古学家的解释深受主观与客观因素的影响，解释什么，不解释什么，考古学家身处的时代与条件无疑是重要的影响因素。考古学家所依赖的知识体系是他们解释考古材料的前提，拿中国考古学家来说，很少具有民族学、人类学的背景，对于狩猎采集者的生活不熟悉，我们很容易用农业甚至工商业时代的标准去衡量旧石器时代的狩猎采集者，比如说以为他们也像我们一样有个固定的"家"，周口店就是中国猿人之家。如何去解释考古材料是决定不同考古学范式意义的关键所在！考古学史上的"以论代史"之所以难以为继，就是因为它忽视了考古材料的科学解释。物质文化史显然在这方面有所忽视。

我们现在知道物质文化的意义取决于情境，就好像点头不一定表示同意一样，不同文化背景中的意义是有差别的。意义的差别不仅仅来自当时的情境，也受到观察者所处情境的影响。物质文化史是从唯物主义来观察物质遗存的，物是客观的存在，是出发点；而以唯心主义为基础的后过程考古学强调能动性、人与物的纠结、人与物相互渗透，这里人才是出发点。因此，要了解物质文化的意义，考古学家有两个方面的工作要做，一是要尽可能重建古代的情境，由此导致对考古材料时空关系精度的需要，也就是"高精度考古"，还需要尽可能拓展对考古材料的文化、社会等关联的把握，简言之，就是从历史情境中去把握考古材料。二是要反思当代的情境，避免垄断霸权式的认识途径，在多元话语中阐释物质文化的意义，让古代文化更好地为现实服务。

无论是哪一种考古学主张，最终都要回到现实材料与研究者所在的现实环境中来。许多时候恐怕只是理想很丰满。考古学尤其是一门理想与现实差别巨大的学科。考古材料总是那么零碎，越古老的材料越稀有，要从有限的物质中把握文化内涵是考古学面临的艰难任务。而以为把物质材料摆在那里就是物质文化的想法有点过于简单了，那样的话，考古学就不成其为"学"，而是一门发掘技术了。

物性的力量

刚到人民大学工作时，住的是学校提供的周转房——一种在北京很常见的筒子楼。大人上班、孩子上学倒是方便，不过总会有一种时空错乱的感觉，筒子楼是如此破败，好像没有被改革开放的春风吹到似的。有时候会想，为什么会有许多这样的建筑？当物质条件匮乏的时候，又想让尽可能多的人住上房子，就只好降低标准。如今已经很少有在职老师住在这里，住户多为买不起房的老职工或不想离开校园的退休教师，新的住宿区多叫作某某小区，有很多洋气的名字。

一片楼建起来后，往往就会持续几十年乃至更长的时间。单位盖了筒子楼，筒子楼也构建了单位。曾几何时，大家都穿着蓝、绿、灰等几种简单颜色的衣服忙忙碌碌地生活在这里，就像蚂蚁一样。如今这样的蚂蚁社会虽已远去，我们仍可以看到一些倔强的残留。还记得小时候，大家都渴望有一顶绿色的军帽；偶尔穿一件新衣服，会感到特别的别扭，似乎不如穿着带补丁的衣服合群。现在回想起来，很是觉得不可思议。这样的蚂蚁社会是怎么建立起来的？显然跟自然环境变化没有什么关系，恐怕更多跟某种意义的平均主义理念相关。筒子楼不过是一种物质存在形式，当它与这样的理念结合之后，也就成了一种物质符号（时时都在人们面前）、一种无法摆脱的物质结构（人们不得不生活其中），或者说它是这种理念的物质表现形式——人们运用这种理念在构建社会。筒子楼绝不仅仅是一栋住人的建筑（纯粹功能的认识），虽然它看不出任何文化的形式。

这个发生在我们身边、大家耳熟能详的例子或许有助于我们理解物质材料的性质。物质材料作为自然的存在，在人类社会中可以发挥一些功能，如某些动植物成为人们的食物。人类驯化动植物，发展它们的某些特性，水牛不再那么桀骜不驯，水稻不再容易从穗柄上自然脱落，李子不再那么酸涩。人类创造性的劳动是导致这些改变的原因，原因与结果之间存在必然的联系。没有人类的干涉，就不会有动植物的变化。这种符合因果律的考古材料是当代考古学进行科学推理的基础前提。然而，物质材料并不仅仅是一种自然的存在，一种被动的客观之物。物是活的、有意义的，就像上面我们说的一个典型社会的构建。

我们还可以想一想，当代社会是如何构建的。我们何以在一个国家生活？何以维持一个社会组织（公司、单位等）的存在？我们运用权力（包括武力如警察）、仪式（升旗、唱歌、开会、吃饭等）、经济符号（万能的钱，从黄金到纸钞）等形式成功构建一个个具有认同感的社会群体，当然也经常失败。在这个意义上，我们很难说，人是因为外在物质条件不得不形成形式多样的群体的。如果真的可以这么理解，我们就不能成其为人了，那样的话，我们跟机器或者动物没有什么区别，一切都是既有的规律决定的。在人生之中，我们称之为"宿命论"。无疑，人不是这样生活的，宿命论是一种人竭力避免的生存状态，人生最美好的一点是每个人创造自己的生活，每个人都在运用自己周围的物质资源创造生活，从具体的物质到符号。

是人创造了国家与政府，而不是相反；是人创造了金钱或是其他形式的财富，而不是相反；是人创造了各式各样的技术，而不是相反……现在，我们担忧未来社会是否可能为人所创造的电脑系统控制，尤其是在人与机器智能实现一体化之后。实际上，我们一直都这么担心。人创造事物，反过来又为事物所制约，可以称之为结构化，我们陷入了某种自己创造的结构之中。实际上，历史之中并没有什么新鲜事物，人类的历史似乎一直都在这个循环中发展。

考古学作为一门研究实物材料的学科，考古学家的工作一直是努力去"透物见人"，从实物材料中发现人类行为的踪迹。然而，如今考古学家发现自己的角度太单一，物并不是人类行为的被动反映；人作为能动者，在运用物创造历史。于是，我们拥有了另一条研究路径，除了从前的从物到人之外，还应该从人到物。

曾听过郑岩先生的一场讲座，讲铁袈裟的。他很早就发现所谓铁袈裟（一件无头的铁像疙瘩）上的纹路可能是铸造时的接缝，并不是什么袈裟。又过了些年，郑先生发现自己的研究可能过于简单，古人其实也知道是这么回事，但是经过一个特定的历史阶段，这个东西就有了神性，成了从天而降的铁袈裟,这个寺庙也有了神性,这个教宗也有了更多的合法性……到了清末,随着科学进入中国,铁袈裟的神性又被剔除了,回到了铁疙瘩。我们好像"进步"了,但是好像又失去了什么——文化意义。很有意思的一个研究,人通过赋予物意义,进而形成文化的象征,构建社会。一个铁疙瘩,从铁神像到被破坏,再到重新被发现,产生新的神性,最后神性被消解……历史考古以其清晰的背景关联让我们看到一件物品意义的变迁轨迹。

这样的意义,我们称为"物性",它不同于物品的自然属性——铁质;然而,它并不能完全脱离物品的自然属性——铁疙瘩上面的铸造接缝、类似袈裟的形态以及埋藏在地下所受到的侵蚀,这些属性让它具备使人联想到铁袈裟的条件。类似地,可能更典型的例子就是玉器。玉作为一种石料具有纤维状的结构而不能形成贝壳状的剥片,只能通过琢制加工,所谓"玉不琢不成器"。玉因此具有一种特殊的属性,坚韧,还有一种温润的光泽。中国古人赋予它以君子之德,外圆内方,温柔敦厚,如此等等。玉由此成为中国文化的象征物之一。物性的产生离不开文化,是一群处在特定文化环境中的人在赋予、传承它的意义。

物由此与人融合到了一起,并由此反映文化与社会的变迁。例如中国的青铜时代,也就是夏商周时期,包括春秋、战国在内。这是一个以青铜礼器为代表的时代。与礼器相关的是礼仪制度,周礼是孔夫子最为羡慕的,"郁郁乎文哉",春秋战国时"礼崩乐坏",新的礼仪制度取而代之。这个变迁几乎是全方位的,不仅仅是王权制度为皇权制度所取代,还涉及整个

红山文化的玉龙

经济基础、社会结构的变化。

中国青铜时代的终结，也就是铁器时代的开始，是一个有趣的问题。青铜绝大多数时候都与祭祀、战争联系在一起，而铁器却不是，至少在祭祀上不是。目前考古学上大多认为铁器冶炼技术来自于西亚，最早的非陨铁铁制品首先出现于西北地区。这些发现当然有意思，不过更有意思的是，谁或是哪个阶层首先采用冶铁技术？为什么是春秋晚期到战国时铁器才开始较大规模的适用？青铜礼制是如何被终结的？就像互联网技术进入中国一般，迅速与中国经济发展、文化变迁以及政治构建等结合起来，尤其是与移动通信技术结合起来之后，一个庞大的社会新兴阶层有了表达的平台，不仅是舆论上的，而且是经济、文化上的。于是我们这个时代就称为"互联网时代"或者"互联网＋时代"。铁器时代的来临类似之，它与土地私有化，也就是新兴的地主阶层崛起相关（这里我倒是更赞成郭沫若的古史分期）。这里很值得思考的是，铁器并不直接在礼制层面上取代青铜，而是一种更彻底的改变，铁器融入更基本的日常生活中。就好像互联网时代才真正让工业化深入中国民众生活一样（此前的工业化可能更多与国家力量尤其是军事发展相关）。铁制农具以及土地的私有化极大地提高了农业生产力，家族社会随之形成……一个新的时代开始了。

物性与人结合的层面是多元的，这一点有些出人意料。不过，青铜时代所替代的是一个与之结构甚为相似的时代，我称之为"玉石时代"。郭大顺先生曾提到"玉兵时代"的概念，青铜时代之前是否用玉制作兵器是难以界定的，因为玉本身就是一个模糊的概念。另外，许多人相信青铜时代之前战争是相对罕见的。不过，越来越多的研究表明，战争几乎是人的本性，而且早期的战争（狩猎采集阶段）会导致人口更严重的损失，农业时代次之，工业化时代虽然有"一战""二战"这样大规模的战争，但实际上导致的死亡比例相对于总人口来说较低。也就是说，青铜时代之前战争无疑是存在的，甚至可以说比较频繁，对当时社会发展有重要的影响。"玉兵"更多是一种象征，真正使用的武器还是石制的，玉更多用于祭祀礼仪之中，就像我们在红山、良渚等文化中看到的。

玉石时代是一个全新的认识，它有别于我们一般所言的旧石器或新石器时代。其实，从物性的视角，整个石器时代应该划分为"非物性时代"（类似于旧石器时代早中期）、"物性时代早期"（类似于旧石器时代晚期）、"物性时代晚期"（类似于新石器时代早中期）与"玉石时代"。因为没有想到很合适的名称，暂且先这么说。物性的诞生与人类行为的符号化密切相关，一般说来相当于旧石器时代晚期，在非洲大陆的年代可以早到七八万年前。有鉴于此，我曾经提出一个观点，所谓旧石器时代晚期革命，不能靠文化特征罗列，也不能从文化适应方式上来看，而需要从人与物关系的改变角度来理解。从此实用的功能关系上升到物质具有了象征意义——物就是人，人也是物。这种等同极大地提高了社会交往与交流的效率，也有利于智力的发展与知识的存储、传承，人类从此进入了智慧时代。之前的时代，尽管人类有技术，制造复杂的石器，仍然是一个技术时代，只是比更早的纯粹依赖身体的时代要高明一些。

从旧石器时代晚期到新石器时代，人们从狩猎采集到定居农业，物性的变化与人们的生活方式密切相关。狩猎采集者是流动采食的群体，其居址是流动的，其社会群体也是流动的，成员在不同群体之间流动，亲属关系、社会组织也是流动的，它的神灵也是无所不在。相比而言，定居农业群体以驯化动植物为生，有固定的居址、明确的社会关系乃至于固定的神灵。不过最大的差别可能是农业社会改变了传统狩猎采集社会的平等观念，不平等大大加强，某些人控制了大量的资源。不平等参与到物质中形成相应的物性，于是我们看到许多象征地位、权力的东西，小到装饰品，大到空间。我们前面所说的"玉石时代"是不平等上升到复杂社会的产物。

换一个视角的话，我们可以按照物性的表现把史前史进行新的划分，会看到一些很有趣的变化。就像我们观察当代社会一样，可以采用不同的维度，如政治、经济、文化、军事等传统的维度，也可以采用空间、时间乃至于物性的维度。正是各种纵横交错的考察，我们之于人类社会的理解才更加丰富、更加透彻。

纠结的考古学

在去长春的火车上看了篇伊恩·霍德的文章，是学生翻译的。霍德是后过程考古的大家，听学生讲，这篇文章是他自己推荐的，自然是值得深究的。文章讲的是人与物的关系，他用了一个词——entangle。什么意思呢？按照词典大抵可以译为"纠缠""纠葛"。不过，后过程考古学强调人的主体性，包括人的主观性、能动性、体验、个体意识等，似乎译为"纠结"更合适一些。他还就此写过一本书，上过一门课。

人与物的关系，基本属于又恨又爱的，随着时间的积累，关系如同蜘蛛结网一般，越来越稠密，最后有点不堪重负了。霍德将之分为人与人、人与物、物与人、物与物四种关系。在我看来，这已经囊括了整个世界的存在，所有的学科可以归入其中。这篇文章是写给《新文学史》(New Literary History)的，已经超出了考古学的范畴。我猜想他可能考虑如同列维－施特劳斯一样，把专业上的思考上升到哲学的高度，进而希望影响整个知识领域。考古学的发展势头如此之猛，不免让人油然而生几分自豪感，考古不只是挖挖土，还相当地"形而上"了。

其实，在霍德之前，行为考古学也提出类似的体系。据说是在1972年（那一年我刚出生）某一天，里德（Reid J. Jefferson）突然参悟了人类行为与物之间的关系，于是提出了一个四层关系的分类框架：古代的行为与古代的物（考古学），古代的行为与现代的物（实验考古、民族考古），现代的行为与古代的物（文化遗产），现代的行为与现代的物（当代物质文化研究）。行为考古学希望建立起一门有关人类行为与物之间关系的学科。

考古学从诞生乃至诞生之前（考古学的前身）就是以实物为研究对象的，通过研究物来研究人。后来意识到两者之间有不小的鸿沟，于是去发展中程理论（或者更广泛一点说，中间理论）。再后，后过程考古意识到人与物的关系更加复杂，人会渗透到物中。物就是人，人就是物。人与物不能分离就产生了一种纠结，表现在当代，就是我们需要的物越来越多，带来的问题也越来越多，于是需要更多的物来解决问题……表现在古代,是一种时间上的承继,但是古物在迅速离我们而去。于是,想舍弃又难以舍弃,想保留又难以保留。

当代文化遗产的保护深切地体现今人与古物之间的纠结。经济的飞速发展,大规模的建设会破坏古代遗存,文化遗产的开发利用也可能破坏古代遗存,总之,只要行动,就会带来问题。当然,经济发展能够为文化遗产保护提供物质条件,开发利用能够让民众了解文化遗产的意义。问题不在于经济建设,不在于开发利用,而在于不当的建设与利用。何为"恰当",何为"不当"呢?这是难以分辨的。拿旧石器考古来说,从前去野外调查,找砖厂是十分合适的。然而,现在砖厂也不让动土了,要保护土地资源。农民进城,大量土地退耕还林或是荒芜,以及农民不再砍柴(改烧煤气了),从前裸露的土地如今都被旺盛的草木覆盖。旧石器考古调查的难度大大增加。从这个角度来说,我们似乎更希望有那么一些"破坏"。没有"破坏",也难有发现。一旦发现之后,我们就希望古迹能够得到保护。目前说到保护,就是要去盖房子建工作站、管理所或博物馆。这样的做法实际上是难以为继的,谁能够始终有钱维护呢?建成博物馆之后,运行维护成本更高,负担会更重。

古物或曰文化遗产只有渗入当代生活之中才能真正拥有更长久的生命力,这样的"纠结"则是正面的。霍德的理论其深远意义就在于,物不可能外在于人,只有把物的"人性"揭露出来,才可能为人们所接受。他极力反对二元对立的立场,而二元对立也正是负面纠结的来源。

如今大众或公众考古甚是引人注目,其兴盛无疑是有社会土壤的。最早唯有社会上层才能够欣赏古物，在中国就是士大夫，按现在的表达，是社会的精英阶层。那个时代大众基本不识字，忙于生计尚且不及，哪有工夫去欣赏古物？因此，布鲁斯·特里格（Bruce G. Trigger）在写《考古学思想史》时将近代考古学的兴起归功于中产阶级的成长。当代西方社会的结构呈橄榄形，中产阶级占主体。这部分人大多是职业人士，受过良好的教育，有闲钱，也有闲时，参与意识好。也因为数量大，也就需要有博物馆来容纳。这部分人也是西方社会选民的中坚力量，社会稳定的基石。如果从阶级性的角度来说，"公众"的说法要比"大众"更合适。精英是大众的对立面，如果考古学家把自己当成精英人士，总想给大众施舍或教导点什么，恐怕就会非常纠结。部分大众（社会底层）毫无兴趣，部分大众又非常不听话（有自己的看法）。中国的中产阶层成长迅速，但还不够强大，所以中国考古学家就在"大众"与"公众"之间徘徊。不过趋势还是明显的，唯有民众（这个词是不是更亲切一点呢？）既不汲汲于生计又都受过较好教育之时，考古学家也许才无须纠结于精英与大众的关系。

　　后过程考古学很关注"地方"，因为考古遗存离开其背景关联（情境）越远，其意义的丧失就越大。长期以来，古物作为"国之重器"是属于国家中央机构的，跟地方没有什么关系。随着后现代社会的到来或是受了后现代思潮的影响，地方意识觉醒，纷纷开始关注属于本地的考古遗存，于是代表中央或是省级考古机构进行工作的考古工作者感到自己越来越不受欢迎。这实在太可以理解了，为什么要给那些已经拥挤不堪的仓库再添负担？为什么地方那些空空如也的博物馆就不能增加一些属于本地的展品呢？尤其是那些财力雄厚的地方，开始纷纷建立自己的考古机构。很难说在这方面中国考古学与西方的后过程考古学有什么交流，不过我们的确可以看到一些类似性的发展，也许可以叫作殊途同归吧！毕竟中国社会发展有些部分是与西方能够同步的。

对于中国考古学来说，可能还有一个特别让人纠结的地方，那就是中国与西方。这是一个需要进一步分析的关系，按照前人的说法，这层关系相当于传统与现代的关系，或者说农业社会与工商业社会的关系。当然，中国与西方绝不仅仅是落后与先进的区别，中国有自己的历史、文化传统、社会现实以及梦想，这些跟先进落后关系不大，都是需要尊重和认真考虑的。这也构成了两种观念，与当前中国社会普遍存在的两种观念相对应：一种是现代主义式的，中国是落后，需要改革，需要跟西方接轨；另一种是后现代式的，强调尊重文化传统、历史与社会现实等。实际上绝大多数人是在这两者之间纠结，大体要具体到某个问题时才会显示倾向性。就中国考古学而言，无疑有需要与西方接轨的地方，也需要注意有自己的任务。

我们为什么会纠结呢？能否超越纠结呢？如果采取二元对立的思维，就不会有纠结的问题，一方把另一方消灭了，问题就不存在了。后过程考古反对二元对立，认为这根本就不是实际的存在，于是就必定要纠结了。这么说，纠结不是什么坏事，纠结是人存在的状态，考古学自然也不例外。因此，超越纠结是不可能的；不过，解决纠结倒是有可能的，那就是回到具体情况中，发挥人的能动性，由此纠结就有可能升华为文化遗产和精神财富。

物与人的关系：疏离与牵绊

寒假回老家过年，我的老家是一个位于长江南岸的小镇，现在以种植蔬菜为主，经济条件与周边相比，算是较好的。我是看着小镇成长起来的，大约五六岁的时候，我搭了个顺道马车第一次来到小镇。那个时候的小镇是个村子，镇中心还是水田。后来因为父亲在小镇医院工作的缘故，我到小镇上初中，这里的教育质量好歹比山区强一些。小镇临江，又处在县城通往省会与地区首府的分岔路口上，因此有地理区位优势。1954年长江大水，就在小镇决堤，这里也因此成了地委堤防处所在，所以行政级别不低。这里还有一个油库，十几个银色的大罐子。一个高压变电站，一大堆稀奇古怪的设备，这些就是我对那个时候小镇的印象。后来我到县城念高中，住校，再后来到外地上大学、工作，回家的次数就少了。但每年必定是要回的，对小镇的印象就像一张张不同时期的照片，在对比中更容易看到变化。

初中时我上学的路有两条，都是细沙路，长江泛滥后留下的，细沙软软的，通常是潮润的，不黏；这里风小且没有车子，所以也不易起灰尘。那条沿着长渠的小路边长满了高高的水杉，夏天也晒不到太阳，渠水是从大湖里抽上来的，非常清亮，水流湍急，我们总在那里游泳。后来，渠道似乎成了小镇野蛮生长的牺牲品，污水垃圾到处都是。最近几年，似乎有了好转的迹象，小镇开放的下水道封闭了，部分长渠上修了广场，大妈们迅速占领了这里。街边有了大垃圾箱，每天有洒水车洒水压尘。今年回来，更让人惊奇的是，家边上开了一家规

小镇的广场,广场下面是长渠

模不小的"大润发"超市，里面的商品几乎跟大城市一样，应有尽有。超市后面还在修商业街以及五六栋十多层高的电梯楼房。小镇上居然也有小区了！镇中心还要建一座三十层高的"摩天大楼"……

我并不怀疑小镇未来雄心勃勃的发展计划。在我看来，小镇跟无数中国其他小镇、城乡接合部一样，是无数假冒伪劣产品的重灾区，大抵是生活质量最差的环境之一，甚至不如农村。我很怀念路边的书摊，那是我小时候经常光顾的地方，我所有的零花钱都花在了那里。我怀念那条清亮的长渠、细软的小路、荫翳蔽日的水杉……而今看到超市里琳琅满目的商品，看到市场里堆满的鸡鸭鱼肉、来自四面八方的蔬菜水果，我居然没有一点购买的欲望。我在想，这里究竟出了什么问题，每家每户似乎都堆满了东西，有用的、没用的，许多都是我们小时候梦寐以求的，如今居然成了负担。我们并没有因为拥有了更多的东西而变得更加快乐，我们似乎做错了什么。

我幻想，如果我们不生产那么多垃圾产品，不去占有许多我们并不需要的东西，把那些资源用来做一些更重要更有意义的事情，我们应该过得比现在更好！比如说，更干净卫生的环境，有公园、绿地，有茶馆、书店、电影院（小镇曾经的电影院早已经歇业了）。我们的物质需求是有限的，还有许多其他方面的需求，这些需求不是仅靠更多的物质就能满足的。房子、车子、票子……许多人都已经实现了，然后呢？前些年看到这里开始流行嗑药，典型物质过度之后无聊所致。

近来在读有关物质性方面的内容，我也在思考物质与物质性究竟有什么区别。在二元论的框架下，很容易理解物质。我们都是在唯物主义、科学的教育中长大的。我们知道物质外在于人，不以人的意志为转移。我们无法理解宗教、意识形态的意义，这些东西都是虚假的，唯一的目的就是欺骗或自我欺骗——让人匪夷所思的是人类居然在这些方面投入了无比巨大的资源——人类的本质似乎就是疯狂。从物质性的角度来看，物质是为人所渗透的东西，不仅仅是劳动、认知，而且还有意识形态等，简单地说，人就是物，物也是人。按照霍德的说法，人与物纠缠在一起，互相牵绊。人是能动者，物为人所渗透之后，也成了人能动性的化身。就好比一件传家宝，它并不值钱，但世代相传，影响了一代一代的人。有形的可以大到山水，小到装饰品；无形的如语言、文化、传统等。中国人走到哪里，都无法忘记春节，都无法忘记中国的古典诗词。这些都属于物质性的范畴。

很可惜，随着现代主义的狂飙，我们似乎失去了物质性，把人与物剥离开来，只留下了纯粹的物质，只留下了孤独的人。于是我们开始疯狂地占有物质、浪费物质，无所牵挂、无所纠结。就像我在小镇看到的，盖房子，盖更多的房子；买东西，买更多的东西；推倒从前的一切，破坏从前的一切，建设新的，但是这些东西不会让人留念、让人咏怀。这里没有历史，没有地方特色，没有人文景观，简言之，只有物质，没有精神。

我很想到1954年长江缺口处去看看，为了抗洪，曾有人牺牲，烈士葬在了县城的烈士陵园，小镇的江堤上没有任何遗迹或标志显示这件重大的往事。1998年长江大洪水，抗洪抢险的解放军牺牲了十余人，小镇的高中以英雄的名字命名，如今这所高中倒闭了，高中的位置正在开发一个大型的商住项目。物质面前似乎不再有伟大，只剩下世俗。红包、彩礼，人情债的轻重，人际关系的亲疏都可以量化，通过纸币符号的多少来衡量。

实际上我们可以用比现在少得多的物质，过上比现在品质高得多的生活。为什么我们做不到呢？是因为教育么？从前乡村比现在的教育程度要低得多，但并不像现在这样几乎是一片文化的沙漠。我想起童年老家的山村，祠堂、祖坟林、土地庙……一山一水、一草一木似乎都有许多典故，人们生活在充满牵绊的物质之中。许多年之后，头脑发热的村干部要把天然林换成经济林，但是最终还是没敢砍掉祖坟林。因为有所敬畏，物质的欲望也就有所控制。离开了传统的约束，城市（小镇是一个微型的城市）的发展几乎是为所欲为。长渠岸边的水杉全部被砍掉了，商铺居然盖到了渠道上。渠道成了小镇的排污沟。如今似乎是为了遮羞，也可能是为了展示，穿过小镇的渠道被三个广场覆盖了，每天晚上大妈们有了跳舞的地方，喧闹异常。

回家过年，带了本王澍的《造房子》，可惜没有多少时间看。在已经看过的内容中，我特别欣赏王澍的态度，回到简单和朴实，回到历史与乡土。他在开篇说他这些年反复跟学生讲的也就三句话："在作为一个建筑师之前，我首先是一个文人；不要先想什么是重要的事情，而要先想什么是有情趣的事情；造房子，就是造一个小世界。"从考古学的角度来看，王澍的想法非常后过程，强调人文、关联以及个体的感受（现象学的）。后过程考古学来自后现代哲学的启迪，而后现代哲学也正是基于现代主义所导致的种种问题而产生的。中国的现代主义还是那种极其粗野的，就像我从小镇的建筑中所看到的。

从物质回到物质性（或称物性），这样的物蕴含着历史、文化、环境以及个人的情趣（按当代的说法也许应该叫作情怀）。怀着这样的想法，我们就会有许多的牵绊，但是我们可能不再面对的是灰扑扑的、冰冷的水泥，不再是垃圾布满水面的渠道，不再是让人没有一丝留念的建造；我们会看到那些历史的遗留，可能只是一栋土坯房，但是掩映在绿树修竹之间，我们会运用现代技术进行改造，延续它的历史。我怀念的那条林荫小路、清亮的渠水融入现代的城市景观中。这些其实是西方国家走过的路，新兴的发达经济体正在走的路，也将是中国必然会走的路。这里，也许我提前把故事的结局讲出来了。

可以预见的未来将是一个文化回归的时代。对考古学而言，它有两个方面的影响：一个是研究范式上的，我们将会学习后过程考古学；另一个是有关考古学的意义的，作为人文科学考古学将助力文化的回归。而从更广阔的领域来看，我们的生活将从粗放走向精致。过程可能是漫长而痛苦的，巨大的文化赤字需要弥补。当前，文化研究者也许有许多"研究"，但是少有深切的体会；科技工作者对文化大多有几分鄙弃，相信（迷信）科技可以解决我们面临的所有问题，人文纯粹是多余的；一般民众纠结于社会关系，家庭、同事、领导等，文化远不如物质占有更能展现或体现（embody）他们的社会关系。然而，如果我们沿着当前物与人的关系发展，看到的将只是对环境、历史甚至对人性的巨大破坏，无论我们拥有多少物质，以怎样的技术拥有。

我想到一个可能有助于理解的比喻：性与爱情。性是人的本能，是人类繁衍的需要。然而，人类为什么会有爱情呢？爱情只是一种社会关系么？物质就好比性，物质性或物性就好比爱情。物质的泛滥就如同性的泛滥，人似乎得到了肉体的快乐，但是失去了精神内涵。人的身体并非一种纯粹的物质，而是人之存在的集合，同样我们也可以这样来理解人周围的其他物质，这可能就是考古学中物质性概念的基础。

四
如何定位中国考古学？

如何定位中国考古学一直是一个非常吸引我的问题，对此我很好奇，就像当代中国人非常想知道自己在这个世界上的位置一样。当然，我也知道，要回答这个问题恐怕还是像后面这个问题一样，参考的坐标系是至关重要的。在当今时代，当我们说到世界的时候，它通常有两层含义：一层是以西方为中心与标准的体系，另一层是没有确定中心的多元体系。如果运用前者来定位中国考古学，我们需要知道中国考古学在这个体系的哪个角落；如果运用后者，我们似乎又有点标准迷失的味道，但是，我相信这是发展趋势。现实的中国考古学，就处在两者的矛盾之中，所以，我们要定位中国考古学，首先可能要解决坐标系的问题。然而，这不是一件容易做到的事情，它几乎关乎信仰。我没有改变人信仰的愿望与能力，但是我还是要在这里做一些讨论，希望能够提供一些启发性的思考。

范式的根源

当代考古学研究中有许多范式，甚至有新旧大小主次之分，比如主流的范式有三个：文化历史考古、过程考古、后过程考古。它们的出现有先后，以至于让人以为后来者是对前者的颠覆，即前者已经过时了。2009年出版的《考古学理论手册》(Handbook of Archaeological Theories)一书划分了八大范式，在三大范式之外另加了生态、进化论、马克思主义、能动性、历史考古与艺术史这几个范式。实际上，考古学研究的范式可能更多，比如说你可以加上性别考古。怎么会有如此之多的范式呢？范式之间的关系如何呢，竞争还是互补？我们应该如何看待如此众多的范式？择其善者而从之，还是吾道一以贯之？所有这些问题其实都立足于一个问题，即需要了解范式的根源。知其所以然，也就不难处理后续的问题了。

在回到这个问题之前，有必要简单梳理一下"范式"这个概念。显然，我们现在用的这个概念与它原初在自然科学中的概念有很大的变化。起初它是替代性的，所以有"范式变迁"一说，特别强调新的范式对旧的范式的替代。这个概念引入人文社会科学研究中后，研究者发现许多时候范式是并存的，一定时期内各领风骚。范式本身成了一个时期一套概念体系、方法与相应实践的综合体。有些范式差别大，研究者所秉持的本体论、认识论与价值论均不同，如过程考古与后过程考古；还有些范式只是特别强调某种概念体系，由此衍生出相应的方法与实践，进而也形成了范式，如进化论、马克思主义等；还有的如历史考古，甚至可以说没有什么明确的理论主张，只是在长期的考古学研究实践中形成了一套独特的研究体系，我们也称之为一种范式。但无论是什么形态的范式，它们都是特定时期的产物。

克罗齐有个经典的说法，所有的历史都是当代史，反映历史研究深受当代社会的影响。考古学研究一般意义上也是一种历史研究，虽然我们探索的是远古时代，但毫无疑问都在为现实服务，我们的研究反映的是现实社会的问题。现实社会如何影响考古学研究呢？如果从学科外在关联的角度来说，至少可以包括时代背景、时代思潮、科学发展三个方面。这是我以前教授"考古学思想史"时的归纳。看起来很全面，但总是觉得不够直接，跟我们的直接感受有点距离。这里我想用"时代精神"这个词，它有些模糊，但是似乎更容易接受一些，它就是一个时代暗含的种种结构，可以指导与组织学术研究，其呈现出来的形态就是所谓的范式。

就拿最具有科学色彩的进化论的范式来说，研究者主张进化论适合所有的生物（我们都应该承认人是一种生物）。进化论既然是关于所有生物的理论，就不能把人排除在外；文化是人的一部分，并非是人之外的部分，它也是进化的产物。因此，无论是人的体质还是文化都应该统一到科学的进化论中来——也就是达尔文的进化论，而不是形形色色的伪进化论。我不想对进化论的范式做什么评判，只是想了解为什么会存在这个范式。从时代精神的角度来看，进化论非常符合我们这个市场经济时代的特点。"优胜劣汰，适者生存"。市场竞争有点残酷，大家都想赚钱，必定存在竞争，必定只有优者或适应者才能在市场上获利。别有用心的人将之上升到民族、文化乃至于人群的高度，将某个方面的优势泛化为生存的权利，这就是种族主义。这种思想曾经怙恶不悛，其流毒至今没有消散。

范式产生的另一特点是对现实问题的批判——研究本来

就是要解决问题的。如性别的范式，它一方面通过考古学研究探索与性别相关的古代社会问题，另一方面反思当代考古学知识构建中的性别问题，从工作机会到文字表述，如此等等。所谓马克思主义的范式，以马克思的思想为基础，本身就强调批判。马克思是资本主义最深刻的批判者，以他的思想形成一个范式也就不足为奇了。同样，能动性的范式是对机械时代的反动，在大工业生产以及日益复杂的工业化社会中，个人蜕变为一部精密复杂机器上的零部件。甚至如生态这种非常强调科学的范式，同样反映了我们这个时代深刻的人与自然的矛盾。时代是批判思想的源泉，脱离现实，或是缺乏对现实的反思，也就无从产生批判性思考。

还有一个有趣的现象就是如历史考古（包括部分艺术史研究）这样的范式，好像没有什么理论，或者说没有什么自己的理论，借鉴许多不同的理论，如性别、后过程考古等。如果这么说的话，历史考古应不应该成为一个范式，但是它忝列其中，并没产生违和感，这又是为什么呢？在我看来，历史考古似乎是通过对历史时期遗存的研究实践在传承我们自身的文化传统。它的根源就是我们的文化传统！可能有人会说，没有感到历史考古对我们当代的文化产生什么影响，没有体会到发掘研究出来的文化传统与我们今天的现实生活有什么联系。这种认识也许在中国考古中是成立的，但并不是在任何地方都成立，比如在意大利，罗马的遗存融入现代都市生活中，大量古老的建筑还在日常使用。设若中国人还居住在传统园林中，还有着诗歌唱和往来的习惯，还保留有传统的礼仪与生活习惯，我们就会对考古遗存的研究产生巨大的共鸣。就像热爱书法的人看到魏碑的出土、看到颜真卿早年书法碑刻的发现，真有见到绝世奇珍的感觉，这是因为我们的书法艺术传统还没有根绝。历史考古就是在这种传承中不知不觉地奠定了自己不可替代的地位。

当然，我们不要忘了范式与范式变迁的初心，主流范式之间是存在着矛盾的，存在着一个时期的研究者对前一个时期的批评，他们试图在新的范式中超越传统的范式。这种批评与超越深刻地表现在文化历史考古、过程考古与后过程考古的关系中。过程考古学不满传统文化历史考古的若干方面，如推理过程的想当然（科学性不足、预设前提不明确），忽视古人的生活，不解释文化为什么以及如何变化，等等。需要指出的是，这些批评并不是过程考古的专利，文化历史考古中不少研究者也有相应的批评，比如中国学者抱怨我们的研究中"透物见人"方面做得不好。但是，抱怨归抱怨，过程考古学提出的一套解决方案，至少在北美考古学的研究中应用比较成功，成为新的主流范式。之后，后过程考古学崛起，批评科学神话，强调文化背景关联，强调历史发展过程，注意人的能动性，尤其是人之于物的意义渗透，如此等等。一个侧重于人文的范式由此诞生。

我们大体厘清了范式的诞生机制，回过头来看中国考古学的范式，应该说我们拥有不少范式的苗头，比如马克思主义的范式、过程与后过程的范式，甚至还有在性别范式上的探索，然而真正形成了范式的只有文化历史考古，而且这个范式占绝对领导地位。我曾经思考过这个问题，原因有许多，但是有一个值得说一说。我们知道范式是由概念体系、方法论、实践乃至研究利益共同体一起构成的，一旦形成，若非有特别合理的理由，很难撼动，尤其是利益共同体形成之后。中国文化历史考古是在西方近代考古学基础上结合了自身的实际情况发展起来的，不仅在方法上，而且在理论、实践等方面都有自身的独创性。仅从考古地层学与类型学而论，中国新石器－夏商周考古领域的学者根据中国黄土土质、陶器形态形成了本地适用的方法；理论上，苏秉琦先生在区系类型理论基础上，找到了通过它探索中华文明渊源的大课题；实践上，与之相应，形成了中国的文物考古行业，大家沿用同一套话语体系在进行交流。

相反，其他的范式苗头都没有发展起来，连自身的概念体系都还缺乏，更别说适合自己需要的方法与实践了。没有找到取得有力支持的大课题也是原因之一，这样的课题显然得跟中国社会发展需要结合在一起。当然，从科学探索的角度来讲，我们没有多元的课题资金，基本都是国家资助，如果项目不符合国家的紧急需要，自然不易获得资助。

不过，我不认为钱是根本原因，社会与人文科学发展整体薄弱才是根本原因，考古学不过是其中一个部分而已，其他学科并没有比考古学表现得更好。而社会与人文科学是相互支撑的，考古学研究需要从考古材料中透视更深层的东西，材料就摆在那里，没有视角是看不见的；没有知识构架，就不可能把远古的信息碎片拼合起来，成为一个可以让人理解的片段。视野与知识构架都不是从考古学本身可以获得的，需要来自社会与人文科学。如果相关学科不能提供这些资源，考古学的范式必定只能限定在考古材料层面上。

考古学范式的根源在哪里呢？如果扎根足够深的话，就会发现它们并不在考古学中。根深才能叶茂，未来中国考古学要蓬勃发展，还需要在根本上下功夫。

范式与前范式

1964年美国科学哲学家托马斯·库恩出版了《科学革命的结构》一书，据称这部著作是影响20世纪的一百部著作之一，其中提出了后来影响众多学科的"范式"与"范式变迁"概念。库恩是个"哈佛人"，本硕博都是在哈佛读的，学的是理论物理。本来他应该成为物理学家的，不料超越了学科边界，成了科学哲学家、历史学家。库恩在学校成绩优秀，是哈佛学会的成员。哈佛学会有点类似于我们的优秀学生奖励计划（希望我们真的有这么个计划，而不只是给点钱），加入其中的学生可以得到稳定的资助，毕业时间很宽松，没有硬性的要求，学生可以自由探索。此间，库恩学习了哲学与历史学。由此一发不可收拾，成了杰出的科学哲学家。

库恩提出范式的概念自然不是心血来潮，他开创了科学哲学的历史主义流派，此前通常称为逻辑主义或理性主义——要把哲学发展成为科学的哲学（scientific philosophy），库恩开始强调历史的视角，把研究对象变成了科学哲学（philosophy of science）。怎么去定义一个时期科学发展的动态呢？库恩采用范式与范式变迁的概念。范式一词的原义是语法中词形的变化，后来引申为一种思考或做事的方式。库恩说：

选择这个术语，我的意思是指某些普遍接受的科学实践既有范例——这些范例包括定律、理论、应用、仪器设备等在内——它们为特定统一的科学研究传统提供基础模型。

这是《科学革命的结构》第三版的说法（我的翻译），也是他最后的说法了（他于1996年过世）。之前的说法有所不同，国内引用的说法通常指"科学共同体的一切共有信念，这种共有信念建立在某种公认的并成为传统的重大科学成就基础上，为共同体成员提供一种把握研究对象的概念框架，一套理论和方法论信条，一个可供效仿的解题范例。它规定了一个时期中这门科学的发展方向和研究途径，同时也决定了共同体成员的某种形而上学的信念和价值观标准"（《现代西方哲学辞典》，第450页）。正是因为这个定义，库恩被认为是继波普尔之后，再一次重创科学真理性（神圣性）的研究者。波普尔只是说真理无法证实，库恩将其归为信念，这对许多人来说是不可接受的。正是因为一系列的论争，库恩退回了上面所说的定义，在我看来，有点不痛不痒。看起来更正确，其实已经失去了学术反思能力。

花这么些篇幅掉书袋，很大程度上是因为"范式"这个概念很值得琢磨，它对于我们分析中国考古学研究的发展很有意义，甚至说有一种无法摆脱的约束魔力，重新检验它的原初定义是不得不做出的选择。

值得注意的是，库恩所说的范式是针对自然科学而言，更准确地说是针对物理学而言。物理学是最标准的自然科学，

《生活大爆炸》的主角谢耳朵最推崇物理学,同属自然科学的地质学被他斥为不是真正的科学。我们一般把考古学视为人文科学,最大胆的也不过是将其视为跨越自然、社会、人文的边缘学科。路易斯·宾福德希望将考古学发展成为如地质学一样的科学,虽然地质学的科学血统并不那么纯正。因此,非自然科学的学科采用范式与范式变迁概念时更像是一种比喻,意思似乎是说本学科的发展进入了一个新的阶段;或者说,是因为实在找不到更合适的概念来定义学科发展的状态,所以不得不借用这个概念,借此也可以沾上一点科学的"神圣气息"——我们也是探究真理的学问。

  以上是我从前的想法,现在我的看法有点变化。范式的说法也许不那么适合自然科学,但是用在考古学上是比较切合的,尤其是按照库恩最早对范式的定义来说。采用范式的视角审视考古学研究无疑跟自然科学有所不同,不能那么严格或拘泥。考古学研究中范式可以同时合理并存,甚至有深浅大小之分,有些范式深入到本体论、认识论与价值论的层次,如过程考古学与后过程考古学;有的更像是范式内的一个"子集"——科学哲学中称之为"范例",如所谓进化的范式、生态的范式;范式之间还可以交叉重叠,如马克思主义的范式,它与过程与后过程考古学都有交叉。

  这么说的话,我们是否泛化了范式呢?这要取决于范式是否可以定义特定的考古学研究的形态。范式作为理论框架——概念纲领,引导且约束研究材料的获取、分析与组织,进而回答研究者所希望解决的问题。范式存在的前提是必须存在这样的概念纲领,如果没有的话,我们只能将其视为"前范式状态"。而从另一方面看，一旦形成了这样的概念纲领，就应该看到它的引导与约束作用，这是范式存在的事实证明。一旦范式变迁出现，必定是概念纲领发生了重大的变化。否则，我们就不能说范式与范式变迁的概念有什么学术意义。

我们用范式的视角来衡量中国考古学的发展，能够看到什么呢？一方面我们需要看到中国考古学研究历时性的发展；另一方面需要看到中国考古学研究共时性的差异。也就是说，我们既需要注意发展水平的差距，还需要注意视角的多样性。我们先来看中国考古学研究历史发展方面的问题。中国不是近代科学革命的发生地，从鸦片战争开始到抗日战争胜利，中国经历了超过百年的半殖民地时期，其后的学术发展也是一波三折，直到改革开放后，开始有较为稳定与迅速的发展。当我们审视当代中国考古学研究时，就会发现它有很强的"前范式"特征。这主要表现在三个方面。

一是科学方法与训练严重不足。科学作为技术被普遍接受，但科学作为一般意义上的认识论并不是人人都能理解。某种意义上说，我们还在学习基本的科学学术规范阶段。科学研究需要严格、系统的资料，近代考古学的形成也正是立足于此，也就是考古地层学与类型学。然而，由于学术发展的历史曲折，这样的资料并不是中国考古学研究所能提供的。"巧妇难为无米之炊"，20世纪80年代中，宾福德到中国来研究周口店遗址的材料，注意到不同研究机构中都有周口店材料的收藏。抗日战争时期，部分材料丢失；1949年后，中科院古脊椎动物与古人类研究所的组织结构几经更迭，办公地点也是搬来搬去，研究工作一度停顿，资料散佚也在情理之中。面对这样的资料状况，宾福德也无能为力，他的统计技术无法发挥作用。

二是理论思考能力的问题，不习惯抽象提炼、概念追问以及逻辑思考。逻辑问题可以追溯到古希腊时期，西方科学传统的一个源头就是古希腊"理论化"的科学（古希腊的弊端就是不愿意动手做实验）。中国式思维是偏向文学形象化，好玄想，多感悟，不擅于严密的逻辑系统推导（比较一下中西的小说结构不难看出这一点）。有意思的是，这样的影响至今存在。我也是最近才注意到它的影响，照说我们都是经过较为系统的科学教育的，但是显然我们还没有掌握科学的这个思想精髓。当然，原因也可能与我们缺乏哲学教育有关，从小到大，从来就没有真正上过一门哲学课，政治课偶尔提到一点，但也不系统。除非感兴趣去自修，否则非专业的研究者很少能够弥补这方面的缺陷。如果绝大部分研究者都是如此的话，可以想见，中国考古学研究会缺乏理论建构能力。

三是知识资源的不足。最近读约翰·基根（John Keegan）的《战争史》（*A History of Warfare*），有个体会，西方学者可以研究全世界的材料，不同学科之间的藩篱很少，他能够很好地理解人种学、人类学、考古学以及其他众多学科的研究，由此构建抽象的概念或模型。近代考古学的理论渊源很大程度上来自人类学，如文化的概念、传播论的观点，后来马林诺夫斯基的结构功能主义、列维-施特劳斯的结构主义、莱斯利·怀特的新进化论、朱利安·斯图尔特的文化生态学等无不是由人类学而来。而人类学以前是一门基本只有帝国主义（或曰殖民主义）国家才能搞的学科，研究者需要到世界各地去实地研究，系统收集资料。我们没有这样的条件，20世纪50年代进行的民族学调查更多是出于社会管理的目的，学术目的不强，后来也没有持续的工作。这仅仅就人类学领域而言，没有足够的知识资源，研究中常常遇到参考框架的缺乏。狭义的考古学研究"透物见人"，即从考古材料中获取人类行为信息，其基本途径有二：一是借助多学科的分析，二是利用中程理论如民族考古、实验考古等作为参考的框架。两者都需要借助大量的相关学科知识资源。所谓"巧妇难为无米之炊"的另一层含义就在此。

基于以上三个方面的原因，中国考古学研究表现出很强的"前范式"特征，即缺少概念体系、系统的资料以及相关知识的相互渗透，因此阻碍了研究范式的形成。

中国考古学理论背后的反思

许多人认为中国考古学根本就没有理论，即便有，也不过是考古类型学与地层学，它们实际上都是方法，算不上理论；而所谓马克思主义理论指导，也是形式大于内容……是否真的如此呢？我不能说这些表象都是假的，只是想表象的背后是否还有更深入的东西存在。千百年来，人们看到苹果从树上落下，而牛顿发现了背后的万有引力；万千生命千姿百态，达尔文从中看出了进化论；一个大城市每天需要的物品多到难以想象，但是每天似乎都能够得到满足，亚当·斯密找到了一双看不见的手——市场；在人世间的悲欢离合背后，佛陀找到了空，孔夫子找到了仁，耶稣找到了爱，东西方社会于是有了自己的价值观。我对于中国考古学实践背后的理念很好奇。

按照康德的观点，自然界中一切事物都遵循某种规律，但人是理性的生物，能够有意或无意地按照规律的理念而行动（自由意志）。这也就是说，人是不可能摆脱理念的！有意地追求或者无意地遵循，人的行动受到理念的指引或是约束。就像风筝在风中四处飘荡，离不开那根牵引的绳索。那么，牵引中国考古学的线又是由哪些东西编成的呢？

还记得自己读《论语》的感觉，说来惭愧，我第一次认真读完《论语》已经是读硕士的时候。还记得是个暑假，每天上午到未名湖边的树林里去看书，拿一本植物学的书、一本《论语》，还有一本已经不记得名字的专业书，三本书交替着看。我第一次意识到《论语》这部书是如此熟悉，好像许久以前就已经读过了。我才意识到它早已是深植于我们的意识与行动之中的价值观体系。我们从小到大，耳濡目染，潜移默化，不知不觉地在日常生活实践中接受了它。作为七零后，经过一系列的"革命"，我原以为自己早已远离传统。实际上，它就像文化基因一样，已经融入了我的血脉。这次读书的印象是如此深刻，以至于许多年后仍旧记忆犹新。

的确，许多时候我们都能感觉到，传统文化已经衰落了，影响日渐式微，但仍有许多东西留存下来，其中最能影响我们思维的是语言。语言是在长期历史过程中积淀下来的。跟英语相比，汉语是一种非常文学化的语言，是一种为诗经汉赋、唐诗宋词等渗透的语言。传统中国人周围的一切事物几乎都为语言的主要记录者——文人赋予了文化的意义。"大漠孤烟直，长河落日圆"，我们自此学会了欣赏大漠；"疏影横斜水清浅，暗香浮动月黄昏"，自此我们学会了欣赏阴影。由语言所带来的习惯深刻地影响我们的思维，主客体交融（不习惯客观的立场），形象化表达（不喜欢抽象），片段式的体验性的印象（不喜欢逻辑思辨）……当然也有比较正面一点的，中国文化是比较世俗的，"敬鬼神而远之"，我们没有宗教的狂热以及对教条的执迷，也没有那种为了摆脱宗教而刻意追求的客观。我们奉行中庸之道，既不同于科学（冷静客观），也不同于宗教沉湎式的体验，它是一种历史文化式的，更接近当代考古学中的后过程主义。不过，按照中国文化的态度，我们不会把"物"当成人，去直接体验，我们有所保留，也就是中庸的。

我们还习惯整体性的、系统式的思维，就像中医那样。有时不比还真不知道，看西方考古学论文，总是惊奇于他们的分析能力，芝麻大的小事，居然可以分出那么多环节来。而他们总有点奇怪于我们的综合能力，似乎天生就能掌控得更好似的。这是宾福德对我的印象，我自己也觉得有点不可思议。我们的考古论文非常喜欢搞各种各样的综合，在西方学者看来，我们是在堆砌材料；而他们偏好分析解释，总显得小题大做。当然，中西方的对立没有这么绝对，各有偏重而已。

千百年来的传统，即便没有专门的教育，我们还是不知不觉继承了。类似之，还有从小到大反复学习的马克思主义。表面上看似乎什么也没有学到，因为我们几乎没有认真读过一部马克思主义的原典，甚至有时带着逆反的态度在学习，但是现在回想起来，还是受了很大的影响的。我们的思维方式、概念工具许多都来自马克思主义。比如说唯物与唯心对立的二元论思想，我们基本都会预设唯物主义似乎更合理一些，我们并不了解20世纪马克思主义的发展，可以用实践把唯物与唯心统一起来——这成为后过程考古学的本体论思想基础。再比如社会进步观，虽然现在已经没有多少人相信人类社会就必然地经历了从母系到父系社会的发展过程，但是我们还是接受了原始社会、奴隶社会、封建社会等概念。类似之，我们几乎都笃信经济基础决定上层建筑，生产力（技术）决定生产关系，内因是事物发展的根本动力，劳动创造人等观念；我们很少反过来想，上层建筑也可能创造经济基础，生产关系创造生产力，人创造劳动……

不过，21世纪最强大的理念还是科学。有时我们会争论中国考古学与西方考古学区别的问题，我们的思想与一百年前的中国人其实已有很大的区别，是已经为科学改造过的思想。比如，被视为圭臬、视为中国考古学传统的考古类型学与地层学，其实是西方一百多年前的东西。我们都已经被"科学"洗脑了，都相信世界是客观的，是有规律的，而规律又是可知的。我们还相信某些人能够掌握真理（自然某些人掌握的只是谬误），掌握规律就是掌握了历史前进的方向，违背规律终将为历史的车轮碾碎。我们相信科学是人最好、最有效的认知方式，其他的认知方式自然不那么好，也没有那么有效，比如人文的方式——终将为科学的方式所代替。科学与正确是同义词，不科学是不可能正确的，不正确的一定是不科学的。而至于究竟什么是科学，我们并不是真的很关心。我们的观念中，科学研究似乎就是一堆堆"客观的"材料、一张张分析图表、一排排高级仪器……我们很少关心究竟是什么导致了科学研究，我们很少关注"客观的"材料是怎么来的，以及为什么要做这样的分析——我们为什么想知道这个而不是那个呢，为什么营养学就要比烹调艺术更有价值呢。

在这个科学具有绝对话语权的时代，考古学研究自然要符合"科学化"的大趋势。而所谓科学化，基本等同于自然科学化，就是以自然科学的标准来要求其他学科，这也算是中国学术研究的一大特色。社会科学研究者为了让自己的研究尽可能显得科学，于是开始大规模地运用数据量化、统计分析、技术分析等，各种高端的仪器能用的都用上。考古学因为有点交叉学科的性质，这方面的表现也就尤为突出。如今写文章时若是没有一点这方面的内容，简直不好意思叫作论文。

最后，决定我们行动的观念还有一个极少会提及却分明极有影响的，那就是物质利益，所谓"天下熙熙，皆为利来；天下攘攘，皆为利往"。我们生活在一个工商业主导的时代，所有的东西都可以用"钱"这种通用的东西来衡量和交换。于是，所有活动都是为了它，无论表面上的理由多么高级。当前科技考古的发展迅猛，让人感觉这才是考古学的生长点，当然其中也暗含着科技考古能够获得更多经费支持的原因。想当年中国考古学最大的研究项目"夏商周断代工程"，绝大部分预算都用在科技手段上了。如今各大高校与研究机构在发展考古学的时候，都把科技考古作为重中之重。与之相应的是，科技考古更能在西方获得认同，能够出现在国际刊物上。当然，考古学研究受利益的驱使并非始于现在，而且"利益"的界定也是非常多样的，有经济的，也有政治的，还有可能是其他方面的。趋利避害乃人之常情，也没有什么好指责的。有趣的是，我们这个时代"利"的界定开始转以个人为中心，"天下大利"已经成了笑话，所谓的"大利"经常只是某个阶层的利益。

也许我们无法改变理念,至少我们可以反思理念。

当前中国考古学所研究的问题

当代中国考古学在研究什么问题呢?看看当代研究者在做什么,就不难回答。难点在于归纳,并在整体上把握研究形态,理解背后的原因与内在的发展逻辑。

当代中国考古学的一项重要工作仍是建立地区的文化历史编年。虽说经过几十年的努力,中国新石器-原史时代文化历史的时空框架基本建立起来了,但是地区差异明显,仍有空白,比如新疆,还有的地区可以进一步细化。更进一步的研究是要探讨文化谱系、文化因素、文化结构等。需要注意的是,这些研究都是以考古学文化概念为基础的,考古学文化是文化历史考古的特定术语,目的是探讨一定时空范围内考古学文化的源流、相互关系,以及这些关系的构成特点(也就是文化结构)。苏秉琦先生提出"区系类型"学说,形成了有中国特色的文化历史考古理论基础。他在此基础上进一步提出"古文化-古城-古国"三部曲,探索中华文明的发展进程。

苏先生的三部曲理论似乎不能完全看作文化历史编年研究,这就开始探讨到古代社会演化的问题,也就是国家或文明的起源问题。他提出一个三部曲的路径,并提出了"古国"的概念,而没有采用"酋邦"这个来自民族学的概念。我很欣赏这样的提法,唯一的不足是对其内涵的界定还有些模糊。除了文化历史编年研究,古代社会研究也是中国考古学研究的一个非常有特色的方面。可惜的是，这个方面的研究很多时候被忽视了，推广的范围较为有限。中国考古学之所以会强调古代社会研究，很大程度上要归因于马克思主义。甚至在文化历史编年工作广泛开展之前，古代社会研究就已经开始了。比如郭沫若的古史分期研究，他认为中国封建时代开始于春秋战国之际。不过，郭氏的研究利用考古材料还不是很多，也许还算不上典型的考古学研究。

更有代表性的可能是张忠培先生的研究。他最早对元君庙仰韶墓地所代表的社会性质展开讨论，之后探讨良渚社会性质以及中华文明形成过程中社会复杂性的演变等问题。他自己也曾表示，对考古学进行社会学剖析可能是还原真实历史的必由之路。他把自己的研究大致分成两个阶段或部分：侧重文化历史谱系的研究与侧重重建古代社会的研究。也许我们可以把后者叫作社会考古。我曾经注意到，某种意义上说，这种研究是功能主义的，它所研究的遗存成分（聚落、墓葬、城址、手工业等）之间是一种相互作用的关系。这些成分都是社会系统的组成部分与表现形式。在西方考古学中，功能主义考古是处在文化历史考古与过程考古之间的一种过渡形态，代表人物有聚落考古的戈登·威利（Gordon R. Willey）、生态考古的格拉汉姆·克拉克（Grahame Clark），以及晚年的柴尔德等。

张忠培先生的研究性质最接近柴尔德，他们都是在马克思主义指导下进行研究的。不过张先生利用马克思主义的方式有所不同，柴尔德更多是一种宏观指导哲学的借鉴，比如强调经济基础的重要性；张先生在此之外，更把马克思主义社会演化框架借鉴而来，如从母系到父系社会的一般规律。这个演化框架是马克思、恩格斯从19世纪的民族学材料中得到的，后来的研究并不支持存在这样的普遍演化路径。20世纪90年代后，张先生似乎也意识到这个问题，基本不再提这些东西，而是侧重去研究早期文明的社会组织变化。与张先生同时的严文明先生，也存在同样的转变，从文化历史编年逐步转向古代社会研究，严先生更关注的是聚落与生产方式。

重建古代社会是一个非常困难的问题。广泛地说，当代中西考古学的目的都是如此，只不过利用的理论、方法与材料各有不同。另外，重建古代社会的目的也有差异。比如后过程考古学中的性别考古是为了争取女性权益，土著考古是为了保护土著的文化地位，现象学的考古学是要去发现人类体验的价值；强调科学的过程考古学，目的却是人类学的。中国考古学重建古代社会的目的曾经是证明中国古代社会的演化路径符合马克思主义规律，后来转向了探讨中华文明多元一体的形成过程。

文明探源问题是新石器-原史考古领域的核心，旧石器考古其实也想重建古代社会，只是更加困难。中国旧石器考古的主要工作有两个，一个是石器技术类型的文化历史编年，旧石器考古学家以新石器时代考古为楷模，希望用石器建立起旧石器时代的时空框架，就像新石器时代考古用陶器所做到的。另一项工作是受过程考古学的影响，把石器技术与人类适应方式或生存策略结合起来。后一项工作是近十多年来发展起来的，把石器技术（文化系统的组成部分）看作人适应外界环境的手段，这正是过程考古学的理论基础，自然也是功能主义的。

历史考古领域也存在类似的转型，受到历史理论导向的影响，比如年鉴学派强调的多角度、多层面研究历史，历史考古从金石学的"范式"走向社会研究，历史学在改变，历史考古也跟着改变。历史时期考古因为背景清晰、有文献帮助以及材料更丰富，进行古代社会研究更有可能。只是长期受到金石学的影响，以考据为中心的研究更加流行，侧重考订年代、地望、形式演变、典章制度等。历史考古有一项比较特殊之处，即关注文化艺术。这里所谓的文化更接近我们日常生活中理解的文化，其中包括中华文化传统的传承问题。

更具体一点，中国考古学研究的三个大问题：人类起源（包括现代人的起源）、农业起源、文明起源，都属于考古学研究的关键节点，由此生发出无数小的问题来。目前三个大问题之外，似乎还有一个新的大问题，那就是中西文化交流考古。这个方向似乎从旧石器时代一直持续到历史时期，随着当前"一带一路"发展倡议的展开，逐渐成为热点方向。

总结起来说，上面的这些研究都可以说是重建过去的努力，只不过研究阶段、具体研究对象有所差别。文化历史时空编年工作是研究的基础，不可能连时空范围都没有弄清楚，就开始古代社会研究。受制于材料，旧石器考古以石器技术为中心，研究古人的生存方式。历史考古较为奢侈，可以研究到意识形态领域。

近些年来，中国考古学取得进步最明显的地方在技术方法上，如何去发现、分析和保护考古遗存导致一系列新的学科领域产生，我们有时统称为考古科学或科技考古。自然科学与考古学的结合也赋予考古学研究更高的科学性。

当代考古学解决得最好的一个问题可能是如何用好考古学。长期以来，考古学是看不出有什么明显用途的。金石学号称要"追三代之遗风"，最终也限制在士大夫的文化追求上，跟现实没有联系。现在我们回顾历史，发掘出金石学在保存中国文化传统上的意义，这种意义是跟现在相关而非跟过去相关的。现代中国考古学的形成并非金石学演化的结果，而是西方考古学引入的结果。首先在中国从事现代考古学研究的是一帮殖民者，中国第一代考古学家是受了他们的影响而出现的。这种影响包括向他们学习、为他们工作、受他们激励。这一代中国考古学家是含着一种愤懑在努力的，希望建立自己的民族学术。至于考古学与现实的关系仍然不明显。

当代中国考古学比较好地解决了这个问题。最近二三十年中，随着中国经济的腾飞，社会结构迅速改变，对考古学的成果的利用有了切实的经济与社会基础。简单说就是国家有钱了，人民有闲了。首先是大量博物馆的建立，博物馆作为知识教育基地，在青少年的教育中发挥着重要的作用，也是公众平时休闲、旅游的好去处。如今各大省市级博物馆都是免费开放的，产生的社会效果非常可观，考古学研究者可能第一次感觉到自己的工作离公众生活如此之近。其次，文化遗产概念被引入与利用，博物馆已不足以进行展示，一些重要的遗址开始发展成考古遗址公园，成为世界文化遗产，成为一个地方重要的经济增长点和名片。围绕遗址公园开展了一系列生态、文化建设，当然其中的商业目的是不言而喻的。地方政府突然意识到，这是老祖宗留下的不断增值的宝贝，是既可以解决大量就业、发展地方经济，还不会破坏环境的绝佳发展策略。考古学家发现自己第一次作为重要专家参与到当代社会经济建设中。最后，考古学作为一个富矿，继续为中国、社会发展身份认同（群体凝聚力）提供资源。

这里我们不妨再做一下回顾，当代考古学跟以前相比，解决了哪些问题呢？在重建古史的路上应该说，我们比以前的认识进步了许多，比如中华文明起源问题，现在我们彻底地打破了中原中心论，知道由由外而内经过的三个阶段（良渚－石家河、红山－石峁－陶寺、二里头）逐渐汇聚而成。有关农业起源，我们知道存在南北两个起源地带，北方有东西分化，南方有长江中下游与华南的分化，同时存在不同文化适应选择。有关人类起源，曾经是单线的夏娃假说，如今更流行混血杂交。在重建古史的过程中，中国考古学所运用的证据比以前广泛了许多，这都与考古科学（科技考古）的进步密不可分。考古学除了在基础理论方法上的进步，还在应用考古学成果上取得了更大的进步。考古学还带给我们不少观念上的冲击，"天下一家""四海之内皆兄弟"，不是仅仅套感情的话，而是科学的论断；三皇五帝时代逐渐成为历史事实，而不再仅仅是传说，中华文明上下五千年并非谰言。

有关"中国学派"的思考

这是一个有趣的话题，苏秉琦先生提出这个话题的基础是，他认为中国考古学研究基于马克思主义以及包括区系类型理论在内的中国考古学的独特实践，有可能发展出考古学上的"中国学派"。不过到目前为止，中国考古学界很少有人提及中国学派。这似乎是大家心照不宣的默契，某种意义上说，也是一种回答。时代在改变，我们现在的认识自然不能停留在苏公的时代，现在应该如何看待中国学派这个问题呢？

很自然地存在两种观点。一种认为学派是学科发展自然而然的产物，功到自然成，而没成的时候提中国学派，有空喊口号之嫌，对学科发展并没有特别的助益。与其空喊口号，不如埋头苦干。另一种观点认为学科发展需要有目标，即使现在还没有成形的中国学派，只要我们向这个方向努力，形成中国学派的目标还是有可能实现的。这里我不想就谁对谁错妄加评论，而是希望梳理一下这个问题，究竟什么是学派？为什么要建设中国学派？如果需要的话，我们该怎么建设？如果不需要的话，我们又该怎么走？

从学术的范畴来看，所谓学派通常指的是一种独特的学术体系，应该包括理论、方法与实践等不同层次的内容，其外在表现形式就是一种独特的学术话语体系。自然科学领域不怎么提及学派，偶尔有学派之谓，也大多因为研究中还存在分歧。分歧解决之后，学派也就没有存在的必要了。学派这个称呼更多见于人文社会科学领域。自然科学研究者常常惊奇于人文社会科学的研究，解释同一个问题，居然可以同时合理地存在若干理论，可以同时合理地存在若干个话语体系，似乎永远也不能达成一致，因此总给人不大科学的感觉。但是，如果真要理解人文社会科学，就必定要接受这种状况，这是由其研究对象决定的。

人文社会科学研究的是人的世界，这是一个历史的世界，一个有地域性的世界，一个带有人的主观能动性的世界，一个已经被人赋予了意义的世界。在这种多维的关联中，不可能找到一个放之四海而皆准的真理。即便偶尔有人提出了，最终也会很轻易被人否定掉。即便强行推行这样的理论，也会发现它漏洞百出，最终还是会无人问津。所以，从这个角度来说，学派对于考古学这样的人文社会科学来说是非常正常的事。即使不主动追求，也可能自然而然地形成；当然，它也应该是我们追求的目标。

其实，我说的是一句完全多余的话，2019年新成立的中国历史研究院提出要建立中国历史学的三大体系：学科体系、学术体系和话语体系。三大体系说法要比"学派"的说法正式得多，但意思相差不多。这有点类似科技发展领域的产业政策，经济学界就此也有两种观点：一种认为应该遵循经济发展自身的规律，不要搞什么产业政策，人为推动是画蛇添足；另一种观点认为现实，包括市场在内，并不完美，需要产业政策助力发展。有段时间，争论似乎还有点难解难分。不过，自从美国恶意制裁华为事件以来，答案就不言而喻了。相信经济规律没有错，但迷信它就有点儿幼稚了，产业政策不是要取代市场，而是要解决现实环境不完美的问题。人文社会科学的发展有自身的规律，中国学派不是靠设定就能形成的，但是类似"产业政策"之类的助力还是需要的。中国学派就是这种助力寻求实现的目标。

我们为什么需要中国学派呢？这里我觉得还是用话语体系来理解更合适一点，虽然学派的含义比话语体系更宽泛，不过其核心就是指话语体系。首先，我想说的是，话语体系中包含有价值判断，采用一种话语就会不知不觉地移植其中的价值观。过去一百多年,我们都是在用西方的话语体系解读中国,不知不觉中价值观被移植了。解读的对象不仅包括中国文化、社会现实,甚至包括我们的身体。以前我们觉得高鼻深目难看,现在觉得这样的脸型更有立体感,相比而言,中国人的脸型有些扁平,似乎不如人家的好看。我们的体型似乎也不如人家标准,下身不够长,上肢也不够长,穿衬衣穿不出那种气质与风度。这种价值移植的影响是惊人的,我们基本失去了民族服装,每天都在用自己的弱点去比较人家的长处,比高度、比白皙程度、比身材……如果我们有自己的服装的话,也许我们就有可能把自己的优点发挥出来,比如优雅、含蓄。

单一地用西方的体系解读中国,不仅效果不理想,而且不少时候是破坏性的。这一点在建筑领域的表现最明显,如今只有在一些欠发达地区,才可能找到中国传统建筑。本来向西方学习是件好事,但是由此认为中国历史、中国传统都是垃圾,这就是一个严重的问题了。表面上说,我想没有人会同意真有人这么认为,然而看到现实的时候,又会发现现实比我们说的还要严重。这个问题与现代性相关,我们把西方当成了现代,把中国视为传统(落后的另一种表述方式)。先进对落后,文明对愚昧……传统里似乎除了教训之外,没有什么值得保留的。用西医(又称现代医学)去解读中医,那么中医就不科学。最近世界医学高校机构,一个民间组织,把七所中国中医高校剔除了。其中不乏有政治原因作梗,不过这不一定是坏事,中医要发展必须有决心走自己的路。与其生硬地用西医来解读中医,路越走越窄,还不如自己闯出一条路来。我们曾经用"科学的考古学"来衡量金石学,结果可以想象。金石学不科学，但我们忘了金石学研究的金石古物承载着传统文化意义。后来，我们倒是学会了科学的考古学，但考古材料的文化意义很大程度上被剥夺了。如今我们说复兴中华文化传统，它的物质载体是什么呢？我们研究考古学，一个重要的目的，就是意义重建！找回那曾经失去的文化意义。

一个话语体系的形成往往与时代背景、社会思潮密切相关。不少时候，我们甚至都搞不清楚，一种理论或是观点究竟是古代的客观存在，还是现实的映射。在一个技术主导的时代，生活在其中的研究者不可能不关注技术的重要性，比如旧石器考古的一个研究重心就是石器技术，我们把一定时期分布在一个区域的石器技术叫作"工业"（industry），完全借鉴了工业革命以来的概念。自从马尔萨斯注意到人口与生产力之间不同的增长曲线之后，人口也就成了我们研究社会问题的重要变量，马克思告诉我们要关注阶级斗争，韦伯告诉我们要关注意识形态……他们都是研究当时社会的重要思想家，如今不同地区的考古学家基于自身社会所在的背景选择不同的理论。话语体系是属于时代的，它必然也是历史的产物，必然也是一个地方社会发展的产物。一套话语体系无疑有普适的一面，但是我们往往忘记了它特殊的一面。社会是一种复杂性的存在，这种复杂性镶嵌在历史与文化意义中，因此，一个社会的内涵适合用这种话语体系解读，而不适合用那种话语体系解读，这样的情况是完全可能的。在现代性的癫狂岁月，人们不承认复杂性，认为社会可以还原成某些因素或变量；不相信历史，认为历史都是教训，未来将可以摆脱历史；不相信文化意义，认为这些东西无关本质……结果发现自己还是处在一个时代之中，不过是因为时代的各种矛盾太过于纠结，以至于产生了激进的冲动，以为通过切割、破坏就能解决所有的问题。

我想肯定有人会说，如果没有共同的话语体系，人们怎么交流呢？所谓共同的话语体系，许多时候是一种幻觉，尤其是在本不可能却硬要设定的时候，必定是把某一体系强加给另一体系。其实，我们根本不需要担心这个问题，民族的才是世界的！当中国建筑师认真地发扬传统的时候，他们的建筑往往能够打动别人；倒是他们急切地与西方接轨，粗制滥造一栋栋塔楼的时候，他们才没有什么有价值的东西可以拿出去交流。再者，当别人想跟你交流的时候，他自然会找到合适的话语体系。就像学习西方科学与文化的时候，我们很自觉地不用自己的话语体系去解读西方，不会把苏格拉底叫作西方的孔子。这也就是说，我们其实是可以理解彼此的话语体系的，只要你真的愿意。我相信一点，当两个体系貌似不能相融的时候，不妨各自发展，不合适的解读还不如不去解读，就像用西方艺术史的话语解读中国书法与绘画一样，不伦不类，抓不住内核。保持两个话语体系的独立性，并不会影响我们彼此欣赏。中国有不少西方古典音乐的发烧友，他们没有因为这种音乐话语体系不同于中国传统就不能欣赏。

为什么大家必须用同一种话语体系呢？我看不出这种必要性，我看到的是殖民主义、霸权、洗脑，被动的或主动的，因为这不是两种话语体系的沟通，而是一种体系对另一种体系的替代。我们看到的只有野蛮与武力，而不是所谓的文明。中国传统讲"和而不同"，这应该是发展的方向。回过头来看中国学派，它有什么问题呢？这个要求很低，只是希望保留一点特殊性，为什么不可以呢？我们应该可以走得更远，那就是要构建自己的话语体系！一套能够最好地理解我们自身的话语体系，一套需要相互尊重、相互学习的话语体系。我们不想取代谁，只是不想忘了自己是谁。

中国考古学的学术定位

2019年10月，北京大学考古文博学院举办了"苏秉琦与中国考古学：反思与展望"学术研讨会，一方面纪念苏秉琦先生诞辰110周年，另一方面回顾苏秉琦先生的学术思想产生的学术影响。苏公是中国考古学理论发展史上里程碑式的人物之一，他深刻影响了中国改革开放以来的考古学实践。国内少有考古学理论与学术史的专题会议，因此这样的一个会议就提供了难得的反思机会。又恰逢中华人民共和国成立70周年，夏天在郑州举办了以"中国考古学70年"为主题的学术论坛。这样的契机也让人情不自禁想到，如何把握中国考古学研究现状与未来发展的问题，也就是中国考古学的学术定位问题。所谓定位就是知道自己是什么、在哪里、要去哪里。学术定位则是要了解学术的性质、发展阶段和将来的方向。中国考古学的性质是什么？目前处于什么发展阶段？将来的发展方向如何？我想这些问题应该是所有研究与学习考古学的人都非常关心的。我就此也曾经写过论文（发表于《中国社会科学》2019年第2期），最近又有了一些新的想法，或可以拿出来与大家分享一下。随笔的自由写作方式可能更适合传达某些想法与体验，更能引起大家的共鸣。

北京大学会议上有个花絮，13日上午的下半场由复旦大学的王辉先生主持，我是最后一名报告人，我讲完之后，王辉先生说他要动用一下主持人的特权，邀请北京大学退休教授张辛老师即席发言。张老师做了一番非常有激情的演说，他质疑考古学的性质，认为考古学不是科学，不应该把考古学发展成为科学（类似自然科学那样的科学），应该走向人文，与中国的历史、文化与传统结合起来。就基本立场而言，我与张老师的观点大体一致。所不同的是，我更倾向采用的是广义的科学定义，从这个角度说，人文其实也可以包括在科学之中。

广义的科学具有怎样的特征呢？回顾一下科学发展史，可以发现科学有三个明显的来源。第一个是古希腊的形而上学，古希腊人与其他民族不同，他们不热衷积累经验事实，更愿意进行抽象的思考，提出理论的解释。比如，就天文现象而言，古巴比伦人（中国古人也是如此）经过几个世纪的观察，发现存在一些规律性的特征，就此可以安排农作的时间，经过检验，是很有效的。但是，古希腊抽象出一个天球模型，后来托勒密发展为本轮模型，非常笨拙，效率并不比古巴比伦人高。然而，正是因为有这个抽象的理论模型，后来经过哥白尼、伽利略的发展，形成了近代天文学。科学的第二个源泉是16、17世纪兴起的实验方法，研究者直接观察自然与社会，与古希腊人的理论抽象思维结合起来，形成了近代科学的基础。科学史就此说得很多了，无须多言。倒是科学的第三个源泉关注者不多，那就是西方地理大发现之后，研究者由此可以开展全球范围的考察。设若达尔文没有参加环球航行，他的进化论的思想恐怕不会比他的祖父高明多少，老达尔文先生早就是一位进化论者；没有全球范围的工作，恐怕也不会有人类学，也不会有其他许多支撑考古学的知识与理论。

从广义角度来说，考古学无疑还是科学，需要用到近代科学的这三项神技。中国考古学的前身金石学，按照一般的说法，就是没有切实地开展田野工作。金石学家没有去发掘，即便做发掘，如果没有考古地层学的知识，还是不能根据遗迹之间的叠压打破关系来区分早晚，也不能根据地层去判断绝对年代。考古地层学原理来自地质学，没有地质学的均变论原理，也不可能有地层学。如此环环相扣，也说明考古学不可能脱离科学而单独存在。与考古地层学并列的考古类型学，涉及的自然科学原理并不明显，但离不开人类文化不断进步的观念，否则分类排序的方向都无法确定。五四运动之后，科学考古学传入中国，它的代表就是田野考古，通过调查、发掘获取考古材料，然后进行整理分析，提取有关过去的信息。这方面的工作持续发展，并成为中国考古学工作的主体，取得了很大的成绩。

相比而言，第一项神技的运用不那么突出，但并非没有运用。1959年，夏鼐先生著文提出规范运用"考古学文化"来定义考古遗存。"考古学文化"就是一个理论概念，它把人类学中的"文化"概念与考古学的物质遗存结合起来，用以指代古代族群，进而可以去探索历史上民族的渊源，以及通过物质遗存研究考古学文化的联系，进而探讨古代族群之间的关系。设若人类学家没有抽象出"文化"这个概念——它泛指人类从技术到意识形态的一切成就，考古学家就没有概念可用，也许只能如蒙特留斯那样把分期分区工作做得更细致一点儿，而不可能像柴尔德那样能够用考古学文化这个概念构建起欧洲的史前史框架。理论的抽象是考古学发展的核心！过程考古学重新定义"文化"，把它视为人适应环境的根本手段，相比而言，考古学文化所谓的文化更类似于一系列规范与标准，文化的定义发生了根本改变，由此，相关联的理论方法以及考古学的目标也发生了改变，我们称之为范式变迁。到了后过程考古学那里，文化变成了人交流表达的方式，由此开始强调情境、能动性、历史等方面，考古学又发生了新的范式变迁。没有核心理论概念的变化，考古学是难以实现重大发展的！

中国文化传统一直不那么擅长理论的抽象与逻辑的推导，我们更擅长直觉的体悟，这也是历史上我们引入佛教思想的原因之一。形而上的思考是中国考古学缺乏的，我们更习惯"被考古材料牵着鼻子走"，强调从考古材料的研究去提炼、归纳理论。而在科学哲学家波普尔以及许多科学家看来，这是一种幻觉。思想就是思想，思想需要的是创造！从有限的归纳外推，是没有多少创造性的。当然，理论还是需要与实践相结合，需要通过实践来检验。传统上，中国的文人士大夫并不关注实践，而是一头钻进故纸堆，代圣贤立言，既简单，也安全，其中尤以清朝为甚。这数百年间，既没有看到像样的形而上的思想创造，也没有看到切实的对现实世界的观察——几乎什么新东西都没有发现，而这几百年正好是西方腾飞的时候。这几百年间，我们的确落后了。至于后来西方可以开展全球性的研究，则更是锦上添花了。科学是近代西方崛起的利器，也是可以为全人类共享的东西。近代考古学诞生于科学传统之中，它的基本性质就是科学！至于说它是怎样的科学，那是另外一个问题了。我曾经注意到，考古学研究如果纯粹限定在考古材料层面上，它研究的就是外在的客观对象，跟自然科学非常相似。只有当考古学涉及人类行为、社会之后，才不再像自然科学，变成了社会科学。当考虑到历史、文化意义时，就变成了人文科学。从这个意义上说，考古学是个大杂烩，但是，不管怎么说，考古学至少还是广义上的科学。

就中国考古学的发展阶段而言，我们经常说中国考古学是文化历史考古，这是否是用洋眼睛看中国呢？文化历史考古是西方考古学对一种考古学发展形态的定义，在它之后出现了过程考古，再后出现了后过程考古，我称之为三种范式。范式是科学家托马斯·库恩提出的概念，用以概括科学发展形态。在这个概念的基础上，我把考古学上的范式定义为三个标准：核心概念纲领、支撑的理论方法和实践体系。三者缺一不可，否则不足以称为范式。文化历史考古的核心概念纲领是"考古学文化"，相应的支撑理论是考古地层学与类型学，实践体系包括考古教育、考古出版与传播、田野考古和学术评估等。比较而言，过程考古学的核心概念纲领是作为适应的文化，相应的支撑理论是文化系统论、文化进化论、文化生态学、文化唯物主义等，实践体系最好参照美国考古学。举个例子，比如你想在《美国古物》（*American Antiquity*，美国考古学最顶级的刊物）上发表一篇论文，如果没有一点量化模型，几乎是不可能的，这就是实践体系的威力。

当代中国考古学主体无疑是以考古学文化研究为中心，文化历史考古诞生于19世纪后期，目的是要重建史前史，探索族源，因为当时欧洲民族国家兴起，有这样的需求。打开《中国考古学：新石器时代卷》（中国社会科学院考古研究所编著），不难发现该书也服务于类似的目的。当然，也有区别，该书最后一章在探讨中国文明起源时，遵循的是马克思主义的指导，在哲学层面上，用的是辩证唯物主义与历史唯物主义；在社会发展史框架上，采用的是恩格斯《家庭、私有制与国家起源》的方案。正是基于这个原因以及中国的材料，苏秉琦先生认为中国考古学可以发展出来"中国学派"。马克思主义作为人类思想史的重要贡献，影响过文化历史考古的泰斗柴尔德，也影响到过程考古的宗师宾福德，同样影响了后过程考古（尤其是西方新马克思主义的思想）。有点遗憾的是，过去三四十年，中国考古学在应用马克思主义方面没有明显进展。至于说恩格斯的社会发展史方案，从母系社会到父系社会的进化路径，并没有得到民族志材料的普遍支持。在这个意义上说，苏公的中国考古学派并没有实现。

　　不过，我认为苏公在另外一个意义上提出了中国考古学派，可能他自己没有意识到，那就是他提出了一套解释中国文明起源的理论，包括"古文化-古城-古国"三阶段论、"古国-方国-帝国"三部曲、"北方原生型、中原次生型与草原续生型"三模式。这是基于中国历史传统、以中国为主位解释中国文明起源，而不是人类学式的客位的解释。中国考古学家根据自己的研究重构中国自己的史前史，尤其文明史，并提出自己的理论解释，这是十分重要的。如果中国考古学家连自己的文明史都不能重建，不能解释，那么说中国考古学派，是没有什么意义的。就像意大利人唱歌剧，波兰人演绎肖邦的钢琴曲，都是独一无二的，是权威的阐释。中国考古学派首先必须能够最好地解释与理解自己的考古材料。在这方面，苏公是有开创性的贡献的。当然，其理论的内涵还需要进一步丰富，苏公的工作更多是框架性的，他所说的那些"三"，我更愿意理解为"多"。中国文明形成的模式是多样的，阶段与过程，随着研究的深入，也会越来越复杂。目前有关中国文明起源的动力机制的研究是亟须加强的。

北京大学研讨会上，张辛老师还质疑考古学的基本目标——复原过去，他认为这是个乌托邦，我们永远也不可能复原过去。的确，根据极其有限的物质遗存，就说要复原过去，无疑是吹牛皮。不过，回顾一下考古学史，不难发现，考古学的贡献还是非常明显的。尤其是在史前史上，以前只有猜测、传说、神话，如今我们通过扎实的材料及其研究，构建起了史前史的序列，并且通过若干典型遗址的研究，一定程度了解了古人的生活状况。尽管这离复原过去的目标还很远，但是我们跟以前相比，毕竟取得了巨大的进步。正是在这个意义上，我们在说"复原过去"，而且考古学还是希望尽可能详细地了解过去，发现保存完好的遗址仍然是许多考古学家的梦想。因为通过研究这样的遗址，我们可以得到较为完整的有关古代的信息。当代考古学研究，无论是田野工作，还是实验室分析，都达到了前所未有的精度，而且精度还在不断提高之中。也正是基于这样的努力，我们有信心能够比以前更好地了解人类过去。

我们需要承认的是，再多的考古材料积累相比于鲜活的人类过去，仍然是九牛一毛。我们不妨把思考再延伸一下，我们如今生活在现实之中——它也将是考古遗存，一切信息无比完备，我们想知道什么呢？对于当代社会现实，我们能够提供足够的解释，如经济学家解释经济现象，解决经济发展的难题。考古学家需要能够解释考古材料，解释人类过去的文化变迁。重建过去是我们的第一个目标，解释过去是第二个目标。解释是要探寻文化、社会变迁的机制，考古学作为一门科学（广义上的），必定需要实现科学最基本的目标——探寻真理，这也是科学最初的目的。每一门科学学科都是在探寻真理的路上，有的学科如物理学，它的理论可检验性比较强，数百年的探索积累了不少经过丰富验证的理论，一定程度上，我们可以将之视为真理。社会与人文科学的真理可检验性比较弱，但不等于说没有，如市场经济理论。过去数十年，中国改革开放正是利用市场理论，使国家获得了巨大的发展。但是用市场理论的国家很多，有的发展得很糟糕。这样的实践并不是证明市场理论是错误的，而是说人文社会科学的理论很依赖社会历史条件以及人的主观能动性。简单地以能否验证来衡量人文社会科学的理论是荒唐的。考古学也在发展理论，也必须发展理论，其中一部分涉及学科的可能性（本体论与认识论上的可能），另一部分就是要解释过去，如解释农业、文明何以能够发生，是怎么发生的。而要解释这样的问题，不可避免地要了解社会的运作机制，尤其是如狩猎采集、农业社会这种相对简单社会的运作机制。

中国考古学的第三个目标可能是最难理解的，我称为文化遗产的保护与研究。这句大白话为什么难以理解呢？举个例子，大家可能就明白了，比如说外国学者研究中国文明起源问题，他们也许能够提出很好的理论解释，就像酋邦理论那样，但是他们还是很难理解（此处需要强调，是理解！理解！

理解！）中国文明起源。要理解中国文明起源，需要理解整个中国历史，理解中国的文化传统，理解中国文明发生的来龙去脉以及相关的社会现实。理解比解释要难得多！一个人在痛哭，我们可以找到原因，解释这个人为什么痛哭。如果说我理解他，也就是感同身受，这个层次就相当深了。因此，我们从事中国考古学的研究，是要理解中华文化的渊源，理解我们的传统，进而理解我们的现实。这里考古材料就不只是某个时代的标志或检验假说的科学事实，而是具有文化意义的遗存。何尊的"宅兹中国"铭文让我们理解"中国"的历史源远流长，玉石让我们想到君子的品德，书法碑刻让我们感受到中国的美……一切的物质遗存都是有文化意义的。我们研究这些文化遗产，就是在发现与传承意义。而这方面的工作，我们也许在做，但很少意识到它的重要性。

我们在解释文明起源的时候，也许用酋邦理论就足够了，但是要理解中国文明起源，就必须用古国（或称邦国）理论，一个能够与我们的古史文献、文化传统、历史脉络等联系起来的东西。北京大学论坛上张辛老师强调考古学不是科学，我理解，他是在这个意义上讲的。当然，需要指出的是，理解需要扎根在科学解释的基础之上，这也就是说，酋邦理论也是我们需要的，我们需要借鉴这些人类学理论在深入社会运作机制方面的长处，而这些又正是我们缺乏的。中国传统学术有空疏、玄谈的毛病，又有偏于直觉而少概念抽象与逻辑推理的不足，田野考古让我们扎根实际材料，发展考古解释让我们增加理论深度。但是，百年多来的落后让我们有点失去了信心，认为中国历史只有教训，中国考古学目标就是为所谓的世界考古学提供解释的材料,而忘记了物质材料是中国文化的重要载体,忘记去阐发其中的文化意义。我说 2019 年是中国文化自信的元年,对于一个身在历史之中的人,我不知道这种观察有多大的合理性。的确,我似乎突然注意到周围的氛围发生了改变,意识到中国真的强大了,我们有着伟大的文明,可以为未来世界的发展提供自己的经验。于中国考古学而言,我们保护与研究文化遗产,就需要阐发其文化意义,让它们在现代中国的生活中发挥出重要的影响力。

考古学作为文化事业的一部分,跟文化事业一样,生命力在于丰富多彩。我不认为存在唯一正确、唯一合理的考古学。我罗列了中国考古学的三个目标,它们实际上可以归入三个考古学的范式,我不认为一个范式会取代另一个范式,而认为它们就像重瓣的花朵一样,一层比一层扩大,一层比一层绚丽。我笃信中国考古学的生命力在于多层次的目标、多元的范式。中国考古学定位扎根之处不是只有一个根脉,而应是一个庞大的根系网络,唯有此,它的未来才可能枝繁叶茂,繁荣昌盛。

中国考古学家的危机

这个话题有点危言耸听,我也希望自己只是杞人忧天。没有说中国考古学而是说中国考古学家,因为前者有点过于抽象,而且现在似乎存在这样的可能:没有了中国考古学家,中国考古学还会存在。于是乎,这个危机就是中国考古学家独家专享的了。

当代中国考古学的发展有两个特征特别明显，尤其放在国际范围内来看的时候。一个是发现为王，考古本质上还像是"挖宝"——找到稀罕的玩意或者说国际学术界重视的"成果"；另一个是科学至上，运用自然科学的方法分析考古材料，自然科学没有国界，其成果更容易被国际学术界接受。值得注意的是，两者之间似乎还有相互强化的关系，重要发现配上科学分析更加重要，科学分析也需要稀罕的考古发现作为原料。于是乎中国考古学更强化了以材料为中心的研究特征。这很出人意料！经过几十年的改革开放，学习交流，中国考古学似乎不是进步而是退步了。

说来以材料为中心，这是由来已久的事。考古学本来就是以实物遗存材料为研究对象的学科，不掌握考古材料能行吗？然而，这么说似乎忘了考古学的目的，是要了解人类过去，研究考古材料的目的也是了解人类过去；更进一步说，了解人类过去，是为了更好地把握现在与将来。考古学的兴起是因为有文字记录的人类历史十分短暂，漫长的史前史需要考古学研究才能够揭示。当代的中国考古学似乎是为手段绑架了，它假定这样的前提：有了手段，目标就自然能够实现——目标在哪里呢？就科学研究而言，目标才是重要的，手段是需要不断创新的。换句话说，我们为了实现目标，应该"不择手段"，而不是让手段来决定目标。

至于说到"科学至上"，不禁想起已故的张光直先生，他对中国考古学的三点愿望似乎实现了。关心国际考古学的大问题，看看中国的考古材料对此有什么贡献，并用国际学者能看懂的语言表达出来。当前以自然科学方法为中心的中国考古学研究非常符合这三点要求。最近几年，国际刊物出现了许多有关中国考古的文章，其中自然科学研究者的贡献良多。评价体系的驱使、国际交流的需要、中国考古学发展的必然结果等，都可以解释这种现象。如果按照张先生的主张发展下去，考古学最终会发展成为一门自然科学，一门以考古材料分析为中心的自然科学。这样的发展前景，如果张先生泉下有知，一定也觉得意外吧。

我绝不否认考古发现的重要性。毫无疑问，在今后的考古学研究中，大遗址（面积大或是地层巨厚）与保存良好的遗址（最好像庞贝古城那样）永远都是考古学家梦寐以求的。这样的遗址在考古学研究以及文化遗产的开发利用上都有极为重要的价值。我唯一不同的认识就是，仅有考古学发现是不够的！考古发现不等于考古学。

我更不会反对科学。先师宾福德提出考古学应该"更科学，更人类学"，尤其提倡广义上的科学（我们还讲社会科学、人文科学呢），我是没有理由反对的，但是将所谓科学等同于自然科学则值得商榷。严格意义上讲，连数学都算不上自然科学。宾福德所谓的科学，按照我的理解，更像是自上而下的研究，即从理论分析出发，演绎出可以验证的假说，这符合科学研究的一般路径。但是大家似乎忘了后半句，"更人类学"，考古学的目标是要获取如人类学一样的成果，也就是了解鲜活的人类社会生活，而不是死的考古材料特征。

按照中国考古学的说法，我们的目标是要去了解历史，最好是历史的规律（这一点现在倒是很少提了，规律本身是个将考古学"自然科学化"的提法）。纯粹的考古材料与历史何干呢？当前，中国考古学中最热门的话题就是中国文明的起源，由之上溯到农业起源，而农业起源的本质是旧石器时代晚期的狩猎采集者放弃采食、开始动植物驯化（食物生产），所以，文明起源甚至要追溯到旧石器时代晚期。再往前追溯，是另一个热点，中国人的起源。是否来自非洲？究竟什么时候来的？由中国文明起源的问题往下，就是中国文化的起源，这是中国古典考古（类似探索西方文化正源的古希腊－罗马考古）的范畴，研究中国文化是怎么来的。这三个问题（中国人的起源、中国文明的起源、中国文化的起源）构成中国考古学研究的核心。很有意思的是，随着中国对外开放格局的扩大，中外关系成了第四个热点。在世界背景下来研究中国的问题，这是个新的挑战。不仅涉及世界考古学的掌握，还涉及国际学术交流的问题。这些目标是我归纳出来的，或者说是一种对未来中国考古学研究的期许吧。

现实有点严峻，毕竟不可能所有的考古学家都去掌握发现，而且随着基本建设高潮过去，考古发掘数量与规模可能会减少。即便不减少，考古学家仍然可能面对一个问题，想挖的东西挖不到或是不让挖，不想挖的东西又必须去挖。以基建考古为特征的工作就是这样的，所以许多考古所的仓库都堆满了东西。考古材料是死的物质，其意义需要人来认识。认识的过程就构成了考古学研究，当代考古学的理论与方法都是以这个过程为中心展开的。考古学家如果只是如挖宝一般去发掘，不去集中精力做考古学研究，就会导致比较严重的问题。把考古材料堆在仓库里腐烂，还不如让它们留在地下。我很担心有一天大众幡然醒悟，考古发掘原来是考古学家或考古部门为了自身的利益而从事的工作，根本就不是为了大众的利益。发掘来钱，如此而已。

从另一个角度来看，考古发掘日益成为一门复杂的社会活动、一种高科技的活动。考古发掘工作的复杂化可能是我们许多人没有预料到的。复杂化的过程也伴随着特别狭义的考古发掘工作（就是挖）日益边缘化。当考古学家只能靠"卖"材料过日子的时候，也就说明自己在考古学研究中相当边缘了。

与之相应的是自然科学的迅速发展，相比属于社会科学的考古学来说，自然科学的门类都是资金富足，人员规模庞大；加之自然科学的话语本身就是国际通用，他们开始向考古学领域渗透。非常令人关注的是，他们在国际话语圈已经取得了优势，大量有关中国考古学的英文论文居然都是他们写的，而不是中国考古学家写的。似乎有这样一种趋势，国际学术圈中中国考古学家也边缘化了。

归根结底，考古学家的身份是需要通过研究建立起来的，中国考古学的研究需要做什么？怎么做呢？跟自然科学家争饭吃是没有必要的，考古学家有自己的责任。前面说过作为人类学的考古学与作为历史学的考古学，也讲到了中国考古学的四个核心问题。"究天人之际，通古今之变，成一家之言"。考古学研究终究是以人为中心。当代考古学发展的一个明显特征是人文与社会的转向。当我们划分过程考古学与后过程考古学的时候，其实是在强行设定立场，过程考古学的目标也是倾向社会的，不过是倾向于统一性的方面，后过程倾向了多样性的一面。不去研究人，而是沉湎于物的发现，在新形势下，被边缘化的危险越来越明显，这可能就是中国考古学家的危机了。

再说两句题外话，当代中国学术研究中，工程与自然科学都是狂飙猛进，社会科学的发展明显滞后，这是很值得忧虑的事。"劳心者治人，劳力者治于人"。社会科学是劳心的事。很简单的道理，若我们的"三观"都是人家给的，那么就很有可能被人卖了还在替人家数钱呢！中国考古学在中国文化重建中的作用现在强调得还不够，这是中国考古学家的责任。

第三世界考古

最近在翻译一篇有关拉美考古学研究历史与现状的文章，颇有感触，情不自禁地产生了一个概念——"第三世界考古"。在当代国际政治体系中，部分拉美国家貌似是可以列入第二世界的，但是从考古学研究的角度来看，这并没有意义。学术的世界似乎只有两个世界：殖民者的世界与被殖民者的世界，也就是第一与第三世界。这样的划分让我自己也感到惊奇，我平时是反对两极化的简单划分的，两极之间还存在着多样的状态。世界是丰富的，矛盾是不同的，这种经过后现代思想洗礼的思考几乎感动了我自己。然而回到拉美考古的历史与现实中，我发现情况简单到有点粗暴。正如墨西哥人所说的：我们离天堂太远，离美国太近。拉美是美国的后院，拉美考古就是在美国的"保护"下发展起来的，只有主导者与依附者的区分，并没有其他更本质的状态。我们似乎有理由认为拉美考古能够比较充分地体现第三世界考古的特征，因为世界上还有许多第三世界国家还不如拉美。中国是最大的第三世界国家，鸦片战争以来，中国经历了几乎所有第三世界国家所曾经历的，至今有些人的膝关节还有点儿软。由此，我们很有必要审视一下第三世界考古的特征，这对于认识中国考古学的现状、把控中国考古学未来的发展或许会有所助益。

第三世界考古的一个显著特征是以文化历史考古为主，尤其是第三世界国家考古学家所从事的研究，拉美考古非常鲜明地显示了这一特征。为什么会这样呢？道理并不复杂，因为寻求民族国家的独立与团结一直是第三世界国家的重要任务，而文化历史考古有助于实现这一目标。从历史上来看，拉美国家独立的时间是非常早的，几乎跟欧洲的民族国家的形成同时（至少不比德国、意大利晚），但是拉美国家在实现民族国家整合方面进展不如人意，在世界体系中的位置也比较边缘。至于其他第三世界国家，独立的时间都比较晚，还有一些为新兴国家，历史上并没有前身。再者，经过殖民统治的国家，国家边界往往都是殖民者人为设定的，国家内部族群矛盾尖锐。这样的国家毫无疑问非常需要加强民族国家认同。文化历史考古立足于遗存组合时空特征的区分，分析文化特征的渊源与流变，适合探索族源、文明起源等问题，可以帮助建立共同的族属身份。19世纪欧洲民族国家兴起的时候，也曾经做过同样的事，那时也正是文化历史考古形成之时。有趣的是，发达国家中的德国、日本，即便是现在，文化历史考古仍然占据主体。曾经引领考古学发展的苏联，后期的苏联、分裂后的主体俄罗斯也同样回到了文化历史考古。德、日为"二战"战败国，个中缘由不言自明；处在分裂之中的苏联自然也需要族群认同。简言之，文化历史考古是一种需要，对于所有需要凝聚民族国家认同的地区来说都是如此。

第三世界考古的另一个特别显著的特征就是，它的许多研究都是由第一世界的考古学家做的。我们仍以拉美考古学为例，其最早的考古工作就是由欧美考古学家开启的，后来欧美考古学家也一直在持续参与。早期欧美学者主持工作，往往带走出土物。如今大多数工作是采用与所在国研究机构合作的形式，出土物留在所在国，其他资料由合作双方共享，这是比较理想的形式。不那么理想的情况是，有些欧美研究者来调查或发掘，不走正规途径，走的时候也不提交报告或是其他成果，更有甚者直接把发掘出土物拿走。第三世界国家发展水平不高，通常欠缺工作经费与专业研究人员，政治也不那么清明，如果给当地官员一些好处的话，这些欧美研究者基本可以为所欲为。我在SMU留学的时候，就在实验室里看到过从埃及发掘出土的旧石器时代的石器标本。

不过，随着第三世界的发展，整体情况有所改善，如今第一世界公开的"掠夺"少见了，更多表现在第三世界的盗掘上，出土物通过地下途径流向第一世界。拉美国家的政治结构普遍比较松散，文化遗产的保护相对落后，盗掘的事情时有发生，易贝（eBay）与亚马逊（Amazon）网站上都形成了专门的市场，售卖拉美地区前哥伦布时代的古物。文物流向是判断第一世界与第三世界的一个重要标准，绝少有第一世界文物流向第三世界的情况发生。当然，有些情况需要排除，比如美国当初在崛起的时候，狂热地购买欧洲的古物与艺术品，它是在寻找文化认同。日本在20世界80年代经济泡沫破灭之前，也有类似的举动，这是一种炫耀性的消费。某些第三世界的土豪（如中东的石油大亨）也这样做，但是我们不能由此就认为第三世界崛起了。

拉美考古还有一个特征，就是一定程度上存在马克思主义考古。拉美国家是欧洲移民与土著混血形成的，国内本身也需要反思殖民主义的问题。其社会结构由大地主、大资本家主导，社会矛盾比较尖锐。也许正是基于这些原因，马克思主义考古成为拉美考古的重要组成部分，这也成了拉美考古的特色之一。在拉美，马克思主义考古成为反思与协调社会矛盾的手段之一，尤其是在反抗殖民主义方面有特殊的意义。哪里有压迫，哪里就有反抗。某种意义上说，马克思主义是一种斗争的武器（至于说是否有效，就看如何去运用了）。当前拉美国家正在觉醒，国家之间的合作研究明显增多，召开的国际学术会议讨论的议题也逐渐走向高端，比如开始讨论一些理论问题，反思殖民主义。

总体而言，第一世界考古学家的参与给第三世界考古也带来了一些新的理念与方法，同时，部分第三世界国家的考古学者是在第一世界国家接受的专业训练，于是第三世界考古呈现出一种镶嵌发展的特征。它既有非常传统的研究，也有部分在新理念、新方法支持下开展的研究。因此，在我们思考第三世界考古的时候，它与第一世界考古的关系是避免不了的问题。第三世界考古还是存在着很强的殖民主义的特征，单纯从学术上来看，它缺乏独立的学术体系。无论是研究的理论、方法，还是学术训练，第三世界通常只能模仿学习，在国际上没有什么话语权。第三世界贡献考古发现与材料，真正负责材料解释与阐释的是第一世界的考古学家。拉美考古无疑是第三世界考古中比较发达的，要知道许多非洲国家都还没有自己的考古学家呢。不管二者之间的差别，第三世界考古的基本特征是依附性的。许多第三世界国家本来就是第一世界国家的殖民地或半殖民地，这些国家独立之后，文化上与宗主国的联系还很密切。从这个角度来说，文化上的独立要比政治上的独立难得多。

我想许多人都会问一个问题：中国考古是否属于第三世界考古？这无疑是一个有趣的问题，包括我在内的许多人都感兴趣。中国考古与第三世界考古具有一些相似的特征，如文化历史考古主导，强调研究中国文明的历史，同样也有马克思主义考古。当然还有个特殊的情况，史前中国文明作为世界的主要文明之一，其起源与发展历程一直不清晰。马克思主义是中国社会科学的指导思想，跟拉美考古似乎不能相提并论。另外，文化历史考古这个标签也在改变，中国考古中功能-过程的研究正在增加，已经不能简单以文化历史考古来定义。

中国考古与拉美考古以及其他第三世界考古还有几个更有意义的区别。其一，中国考古的科技领域发展比较快，比如说碳-14测年，中国有数个自己的实验室。不久前参观过湖南省文物考古研究所的整理研究基地，环境优美，其中一栋实验楼中有数间实验室，高端科技设备的水平与数量较之发达国家不遑多让，目前还准备扩建。其二，中国考古开始走出国门，到世界其他国家去考古，东南亚、非洲、拉美、西亚、中亚、蒙古等地都有中国的考古队，中国的举措似乎更像是发达国家的做派。当然，走出国门的中国考古更多是援助性质的，提供资金、技术与人员，协助发掘与保护，与西方发达国家文化掠夺式的考古明显不同。其三，中国博物馆建设如火如荼，每年新建的博物馆数以百计；文化遗产的保护与开发更是有惊人的手笔，国家考古公园项目动辄涉及数平方公里的拆迁，这即便是发达国家也是很难做到的。其四，中国文物开始回流，不管是采取什么样的形式，都是标志性的。从这几点来看，中国考古似乎不应该算是第三世界考古的范畴。

那么，我们是否可以认为中国考古属于第一世界考古呢？好像也不是，中国考古的科技方面进展迅速，但同时需要看到两个现象：一是目前设备还不够用，如碳-14测年，国内实验室忙不过来，许多测试还需要到国外去做，费用高昂；另一方面是设备使用还不充分，有时是有设备而无人员，有时是体制不畅，设备无法实现共享，利用率并不高。所谓中国考古走出国门，正如前面所说，都是援助性质的，我们还没有开始研究，还没有相应的研究队伍，也没有相应的研究机构。博物馆与文化遗产项目更多是服务于旅游、经济需求的，这其实正是第三世界考古的一个重要特征。至于说文物回流，回流的还是中国曾经被抢、被盗的文物，这又正好说明中国考古曾经是第三世界的。

上述特征总体上还是一些表象，区分属于第三世界考古的标志是看它是否具有依附性。中国是最大的发展中国家，经过百年的浴血奋战，赢得了民族的独立，西方殖民者在中国考古探险的时代过去了。20世纪80年代的时候，张光直先生有意让美国考古重返中国，相传当时中国社科院考古所所长夏鼐先生有言，只有我活着，美国人就不能在中国的土地上发掘。夏先生的观念似乎有些狭隘，但是作为经历过殖民主义屈辱的一代人，他的主张无疑是可以理解的。相反，张先生似乎没有意识到文化殖民主义的问题，他的目的是想让中国考古融入西方主导的话语体系中去，获得这种话语体系的承认。用现在的话说，叫作"接轨"。如果我们稍微观察一下当代中国考古的现实，就会发现它是更偏向张先生的主张的。一种典型的状况就是，我们需要下载英文期刊论文来了解一手的中国考古材料。这些材料之所以能够在国外期刊上发表，因为它们的确实现了张先生的愿望：看看中国的材料对世界考古学的问题有什么贡献，然后用世界考古学家能够看懂的语言表达出来。这里所谓的"世界考古学"不就是欧美考古学么？所谓的都能看懂的语言不就是英语么？尽管中国学者并不愿意如此，但是学术体系要求如此。如果自身的话语贫乏，就不得不依赖人家的体系，依赖他人的体系来评估自身。因此，从依附性这个关键特征来看，中国考古还是第三世界考古！

考古的发达是一个国家真正发达的表征之一。发达的考古具有什么样的特征呢？其一，国际平等合作，如欧洲国家之间的，考古学家可以在不同国家考古，流动是双向的，不是单向的；其二，学术能够独立自主，至少国内学术期刊与国外学术期刊的水准是一样的，有自己独立的话语体系，一个标杆就是法国的社会科学；其三，科技发达，这一点大家都能理解，科技发达不应仅仅指硬件先进，还应该包括研发与应用硬件的能力与制度，否则如土豪炫宝，又有什么意义呢？其四，理论探讨活跃，发达的学术体系不仅指自然科学发达，也应该指社会与人文科学发达，因为高层的考古学理论都来自后者，没有思想的学术研究是没有灵魂的；其五，研究者尊重自身的文化传统，不仅能够有效保护自身的文化遗产，还能够理解与阐释自身的文化遗产。

当今世界上，中国考古的发展是十分迅速的，这是不争的事实，作为这个时代的参与者，我都感到震惊。我相信中国考古将有可能走向第一世界，我们的脚已经部分踏进了这个世界。中国不会去搞殖民主义，这是我们进步的方面。中国文化对待外来文化是包容性的，而不是侵略性的，我们能够接受"和而不同"，西方的殖民主义就接受不了，极端的思想更接受不了。当然，中国考古并不是命中注定会进入第一世界的，中国考古的发达很大程度上依赖于文化自信的建立，还有理论思想能量的释放，否则一切都是空中楼阁，沙上建塔。

中国考古学的现代化

现代化一直是中国考古学的基本任务与根本使命。而不同时期所理解的"现代化"含义不同，这些理解直接导引了中国考古学的发展、挫折与彷徨。于是，理解现代化也就成了理解中国考古学的一把钥匙。

中国考古学的前身是金石学，西方考古学的前身是古物学。表面上看，两者没有太大的不同，但是其社会基础存在非常重要的差别。金石学是士大夫阶层的学问，而士大夫是中国社会中极小的一个社会阶层。即便把获得"顶子"的秀才算在内，还是占不到中国总人口的1%。我小时候生活在农村，一个有几百年历史的山村，从老一辈的叙述中，数百人口的村子有秀才两三人（很可能还不是一代人），有读书人的家庭屈指可数，其余的都是文盲。按《乡土中国》（费孝通著）的说法，生活在传统乡村，日出而作，日入而息，一切都自给自足，识文断字实在多余。流行于士大夫阶层的金石学跟一般民众基本没有关系（盗墓贼除外），通行于士大夫阶层的文言文表述也不是普通民众能够听懂的。西方古物学是文艺复兴之后兴起的，到19世纪初，社会变革较为彻底的北欧地区，教育普及程度高，社会中产阶层壮大。

回顾中国现代化的历程，我们不得不说，士大夫是一个相当腐朽的阶层。他们极力反对学习西方，即便是康熙皇帝带头学习也无法说服他们，的确，西方学术威胁到了他们的社会地位与利益。五四运动热潮中开始倡导白话文，把书面文字与口头文字统一起来，加之传统封建政权的覆灭，资产阶级开始兴起，中国开启文化现代化的进程。这里"现代化"指的是社会群体的拓展。在西方，特里格称为中产阶级的崛起；在中国的语境中，就是资产阶级或称小布尔乔亚的形成。将之称为走向大众还是有点夸张，相对而言，学术所服务的阶层人口比例有比较大的扩展，尽管当时的口号"自由、平等、博爱"听起来相当美好。

现代化的下一步是德先生的兄弟赛先生，科学！标志是中国田野考古学的建立。研究者开始了实地考察，这是士大夫阶层不屑做的，并开始把考古地层学用于发掘之中，运用考古类型学来分期排队，都是基于实物材料，运用考古学普遍理论方法的研究。与此同时，通过到国外留学与国内培养，中国有了第一代职业考古学家——以考古为生的群体，并且有了相应的研究与教育机构。说到科学，它代表的是中国人认知方式的现代化。科学源于希腊，经历过经院哲学的洗礼、文艺复兴运动的解放、启蒙主义的开悟。它的文化背景与思辨方式（如形式逻辑）是我们不熟悉的，至今还是如此。我们应该在什么意义上接受科学，还是一个悬而未决的问题。是否连同科学背后的思想、文化、价值观打包接受？还是有所选择？

现代同时还是民族的。现代时期民族国家形成，一个个"想象的共同体"浴血奋战，用机械化的方式屠戮生命。现代是一个明确的神话，人们相信个体是独立的存在，族群有绝对的边界，文化从落后向先进进化，连带文化背后的人种也似乎有这样的进化路径……中国百年以来作为落后群体经历了屈辱，中国考古学在建立的时候，就已有一种文化自救的意义。现代考古学的先驱汤姆森提出著名的"三代论"，目的也是光耀祖先的荣光，而此前丹麦正遭受拿破仑法国的欺凌。现代考古学似乎在诞生之初就具有族群、文明探源的任务与特性。这也影响到今天中国考古学的形态。科学与民族，普遍与特殊，如此矛盾的一对居然结合在一起，这也许符合西方文化二元对立统一的文化观念。我们在学习现代考古学的时候，也不得不随之接受了这种观念。

1949年中国赢得了民族独立自主，中国考古学随后却进入了曲折发展的时期。建立马克思主义的考古学是那个时代对现代的理解，人们相信它是最先进的、最完善的、最有前途的。人们急于实现自己的理想，然后出现了"以论代史"的做法，把没有完成研究的考古材料直接塞进一个既有的理论框架中，考古学研究实际上已经无足轻重。后来它演变为政治挂帅，影响十分深远。一代人的时间中，从理想到幻灭。缺乏考古材料深入研究的中国考古学回到以考古材料研究为中心的"现代朴学"。1978年，"科学的春天"到来，以苏秉琦先生为代表的中国考古学家回归到现代考古学传统的道路上来。

这条传统的道路注定是矛盾的，20世纪80年代有那么一段时间，中国与西方处于蜜月期。中国知识界准备全面拥抱西方，世界大同的理想似乎就要实现了。这样的格局似曾相识，20世纪30年代前后也有这么一段让人怀念的时光。这是一条什么样的路呢？张光直先生有很好的构想，研究世界考古学的问题，让中国考古学融入世界考古学的大家庭，用世界人民都能看懂的语言来表达。按照这个构想，中国考古学全面开放，"世界考古学家"到中国来发掘、研究，张先生拟邀请美国考古学家在四川大学建立实验室。中国人在过去一百多年太明白什么叫作帝国主义与殖民主义了。世界大同同样是个乌托邦。以夏鼐先生为首的中国考古学家抵制了，大家无法想象那个外国人主宰中国考古发掘的场景。因为百年的痛苦经历，中国人不可能不敏感。在这段美好时光中，"西方"少有人提及，它就是现代，它就是世界，它就是我们的梦想。

现在回想起来，即使没有1989年，到1991年，苏联解体，中国与西方翻脸还是必定的，继续友好的价值丧失，意识形态对立加剧。那个时候最震动中国的除了苏东解体，恐怕就是以美国为首的西方暴打伊拉克，西方技术的绝对优势让人仿佛看到了八国联军打进北京的场景。中国人看到的是落后就得挨打。1992年，又是一个春天，有位老人，在南海边画了一个圆。中国继续改革开放，韬光养晦，埋头发展。不要问路在何方，哪条路走得通就走哪条！这是一段野蛮生长的时期，不过确实活力四射。这里没有东方西方，这里只有怎么挣钱。此时实际上是一个学术相对沉寂的时期，考古学者也在想是不是应该下海，学生在想如何改行。

这段时间基本上就是我求学的时期，既没有人在意世界大同，也没有人在意民族自主。中国考古学就是一种田野实践，大量的工程建设带来巨量的基建项目，连大学也都参与到三峡、南水北调等抢救性发掘之中。田野实践所关注的问题与纯学术研究所关注的问题存在很大的差别，如何去协调关系，如何去保护遗存，如何尽快出版发掘报告，如此等等的问题才是关注的焦点。一般来说，纯学术的考古比较关心理论方法的探索，这类研究多存在于大学之中。如果大学也不关注这类问题的话，考古学也就成了一门获取研究材料的技术学科。

最近十多年中国考古学的纯学术研究趋向逐渐明显，在田野考古之外产生了不少科技考古实验室，理论研究逐渐受到关注，从不同视角切入考古材料的研究著作明显增加。但是，中国考古学的发展方向大家并不清楚。总体目标就是我们前面所说的现代化。如果说现代化就是赶上西方考古学，可能没有多少人会反对。现代化不等于西方，中国考古学不可能成为西方考古学，只能学习西方考古学，而西方考古学究竟有什么值得中国学习呢？这就涉及我们对现代的理解，究竟什么是现代呢？不同的理解产生了不同态度。如果现代就是科学，我们的态度是全面拥抱；如果是民主，大家是半信半疑，现实中有成功也有失败；如果是文化价值观，西方中心论的帝国主义、种族主义非常让人恶心。毫无疑问，现代之中包括上述所有的三个方面，而且它们是密切相关的，很难简单剥离。近现代以来中国学人就一直尝试加以区分。

当代中国的文化中存在两个极端：全面拥抱论与本土中心

论。前者比西方人对西方还有信心；后者则是中国特殊论，西方经验不适用于中国。两者都有问题，绝大多数人处于两者之间，或者更多强调一点儿西方，或更多强调一点儿本土。表现在社会文化上，前者中有"美奴""精日分子""德吹""法粉"等，统称为"慕洋犬"，后者则被称为"爱国贼"，两者势不两立，也反映了我们在应对"现代"这个问题上的矛盾。

任何文化的学习都应该是批判性的，这是康德的态度，不然我们何以知道我们知道，但是批判的前提是学习。无论对于西方，还是对于中国古代文化，我们的态度都应该如此。如今已然是后现代时期，我们知道现代是个神话，是个乌托邦，但这不意味着现代是可以抛弃的东西。批判现代是反思现代所带来的一系列问题。对于中国考古学而言，其中特别突出的就是以科学的名义来蔑视文化，以先进的名义来进行文化自我殖民，不要人文的科学，蔑视人文，让中国成为文化沙漠。中国考古学的人文气息人文关怀在哪里呢？这是当前矛盾的主要方面。而作为人文的中国考古学应该如何体现出来呢？这是值得我们思考的问题。

中国是一个镶嵌式发展的国家，前现代、现代、后现代彼此交错，我们面临的许多问题还是前现代的，骨子里都是封建的，如官本位、关系学。旧病没有治好，又添新疾，这就使得我们的发展十分的复杂。任何简单化的说法与做法都可能代价沉重，中国近百年的屈辱与革命，充满了血泪。借助后现代的东风，以一种包容、竞合的态度，在开放的体系中去发展，我们可以有一个美好的未来。

五

考古学该如何表达？

　　作为一名大学老师，我每天都在表达，我也喜欢让学生表达，这是课程讨论环节的内容。我常说，课程精华的部分可能就在这里。不少问题老师并不知道该怎么回答，学生可能更无从知晓，但是在讨论之中，我们会逐渐找到一个可行的方案。这个方案可能不完美，但它是大家能够接受的最佳选择。考古学该如何表达呢？我想大家跟我一样，都认为不会存在完美的表达，而且不同的人从不同的立场出发，会提出不同甚至相反的意见。当考古学进入社会实践领域，就会遇到不同的利益诉求，对考古学的发展会有各种各样的批评。面对这样的情形，我还是主张要宽容一点，不过是建设性的宽容，即我们要共同努力寻求一个合理、合适的解决方案，至少是一个时期内的。当代考古学的发展已经远离精英话语占绝对垄断的时代，考古学的表达不是唯一的，它就像我们的课程讨论一样，在多样的表达中反复协商，最后形成共识。

考古学的社会责任

我们生活在一个信仰个人自由、反对社会束缚的时代，尤其是在西方主流话语的垄断之下，这已经构成了一种政治正确的标准。历史地看，这无疑是有积极意义的，西方文艺复兴以来，为了反对宗教与教会的束缚，不断倡导个人的自由与解放。但是，任何机会都是有成本的，自由也不例外。矫枉很可能过正，人人都讲自己的自由与权力，却不去考虑社会的总体利益，就会丧失社会责任感。现代社会的一个通病就是孤独与意义的丧失。如今大学中常有学生得抑郁症，严重者甚至会自杀。究其原因，就是现代人把所有的意义集中在自己身上，失去了社会关联。当自己无法实现这些意义的时候，自然也就陷入了焦虑之中，而这些焦虑因为都是高度个人性质的，很难得到别人的理解，于是就抑郁了。

曾经读过弗兰克尔*的《活出意义来》(*Man's search for meaning*)，讲"二战"时期，作为犹太人的弗兰克尔被关进了纳粹的集中营，生死只在片刻之间，毫无尊严可言。他的不少同胞实在忍受不了这样的命运，选择了放弃，不吃不喝，躺在自己的排泄物上，直到死亡来临。心理医生出身的弗兰克尔发现这种情绪具有传染性，给同胞带来的伤害甚至大于纳粹直接施加的伤害。于是他给同胞开设心理课堂，告诉他们，如果他们的孩子、父母、亲朋好友还活着，如果有一天他们能够见

---

* 维克多·弗兰克尔（Viktor Emil Frankl，1905—1997），奥地利心理学家、精神病学家，开创了心理学上的意义疗法。

面,那将是多么大的安慰,他们有责任活下去,虽然活着非常艰难!弗兰克尔的辅导是有效的,鼓舞了一些人活下去的勇气。这个经验同时告诉我们,联系是社会性的,生命的意义在社会责任之中,而不能仅仅寄托在个人身上。孟子云"善养吾浩然之气",显然他认识到哪些东西是浩然长存的。文天祥从容赴死,"留取丹心照汗青",因为他相信有些事比生死还要重要。

社会责任不只是一种义务,还是人之存在的需要!当我们失去社会责任之后,也就失去了存在的重要意义。我注意到,给学生讲考古学的时候,我们总是在竭力打造考古学对于个人的意义,它的趣味、它的诗意、它的浪漫,而浑然忘却了它最重要的使命:它的社会责任。一名医生的使命比较好理解,治病救人,这是人命关天的大事;一名科学家的社会责任也比较好理解,让自己的研究泽被苍生,一项了不起的发明有可能改变整个时代。考古学家的社会责任似乎没有那么明显,只能说人畜无害,而很难说出公众都十分明了的意义来。以至于在我们进行田野工作的时候,旁观者总是会问:你们的工作有什么用?再不就非常直截了当地问,这些东西值钱么?我们在不屑的同时,却也没能给出理直气壮的回答,因此这里很有必要做一下澄清。

2019年9月中旬,习近平主席签署一项国家奖励,授予樊锦诗女士"文物保护杰出贡献奖",这一奖项与"人民艺术家""人民教育家""人民英雄"等奖项并列,为国家最高级别的奖励。国家为文物保护单独辟出一个奖项,不可谓不重视,这也直接说明了它在国家建设中的重要地位。樊锦诗女士是敦煌研究的专家,一辈子扎根敦煌,矢志不渝,为保护与研究敦煌做出了重大的贡献。对考古事业来说，最重要的意义就是保护与研究文化遗产，传承与发扬文化传统。保护与研究是相辅相成的，保护有利于更好地研究，研究也有助于更好地保护。保护与研究的目的最终是不使宝贵的文化遗产消失，让它们能够贡献于当代的文化建设。

读书人基本都知道"横渠四句"："为天地立心，为生民立命，为往圣继绝学，为万世开太平。"天地本无心，它们的意义是人所赋予的，是历史的积淀，可以想见，没有唐诗宋词的杭州西湖不过是一个小池塘，不可能每年迎接成千上万的游客。人的价值观并不是自然赋予的，而是文化赋予的。中国文化赋予中国人热爱和平、勤劳善良的品质，这是千百年文化熏陶的结果。而这样的文化传统要传承下去，不能只有口头的话语，不能只有文字的记载，物质实体作为人们实践的对象更加直接、更加具体。考古学就是一门研究实物遗存的学科，从这个角度来说，我们就是在"为往圣继绝学"，我们的研究将关乎子孙后代的福祉。

过去四十多年，中国改革开放取得了举世瞩目的伟大成就，尤其是在经济领域，但是在文化领域还存在着较大的不足。文化关乎社会的长治久安，香港废青就是在文化认同上出了问题，而文化认同是在文化教育与生活中熏陶出来的。文化教育相对口头化，不如生活更贴近一个人。生活包括一个人活动的所有物质环境与条件，如果他所看、所听、所用、所感的物品都是西方的，尤其是那些为文化意义所渗透的物品，那么他就会不知不觉接受其中包含的观念与价值。因此，尽管内地给香港提供最好的水、食品以及电力等，这些东西的重要性无疑更高，但是其中若没有文化意义的渗透，养育的仍是一批视祖国为仇人的废青，他们早已被仇中的思想彻底洗脑。我们需要有文化的物品，这样的文化物品必须是与我们的历史相通的，这样的物品必定是传统的发扬。当一代年轻人的生活为这样的物品所包围，他们将会悄然地为中华文化所熏陶，成为真正的中国人。

中华文化的优秀传统是喜爱和平的、富有生活气息的，热爱大自然的，充满诗意的，这些美好的价值都蕴含在物质产品中，围在一张桌子边吃饭，用筷子吃多样的菜肴，不知不觉中可能学会了容忍、分享、节制等美德。所有的物品都是包含着价值的，但需要人去发现、表达、发扬。当这些物品的代表、也就是文化遗产消失的时候，与之消失的正是我们的价值观，包括那些优秀的文化传统，那些能够贡献给世界，能够为世界所分享的优秀传统。由于经济的飞速发展，中国每年开展的建设项目是极为惊人的，这个过程中，许多文化遗产会遭到破坏。诚然，我们不可能保护所有的古代遗留，但是如果我们不能及时认识一些文化遗产的重要价值，那么就可能造成永远也弥补不了重大损失。因此，我们需要去积极地调查、发掘、整理、研究，揭示文化遗产的意义。

近年来，中华文明探源工程取得了丰硕的成果，古史传说时代的谜团即将揭晓。尽管我们还不能把古史传说与考古学重建的古史直接联系起来，但是已经把那个时代的时空框架搭建起来了。与此同时，我们还从中发现了中国后世文明特征的早期渊源，比如礼乐文化。中国传统上作为礼仪之邦并不是空穴来风，四五千年前中国古人就开始发展礼乐文化，努力去建立一种稳定的社会秩序。我们同时还发现多元一体的中华文明格局不是一句空言，它是中华文明形成历史过程的真实写照。中华文明与同时期的早期文明有一个明显的不同就是，中华文明是一个超大型的文明，它需要把若干个文明中心的成就融合起来，它从一开始就需要解决规模带来的问题。因为考古学的工作，我们从文化遗产中发现了传统价值的渊源，这些价值还将惠及中华文化的复兴。

从更实用的角度来说，文化遗产就是财富，能够带来直接的经济效益。君不见质量平平的LV包卖到了高价，中国富裕阶层趋之若鹜；再比如动物内脏鹅肝，在西方文化背景里就是顶级的食材，同样是动物内脏，中国人吃的鸡肝、鸭肝、猪肝就成了食物中的下脚料。西方人这么认为尚可以理解，关键是我们许多人也这么认为。西方人把自己的物质产品变成了文化财富，这是非常值得我们学习的地方。如果我们不能发展自己的文化，那么我们的物质产品就不值钱，我们还会去为人家的文化产品支付昂贵的价格。文化遗产是古人留给我们的物质产品，我们的祖先曾经创造了辉煌灿烂的文明，在很长的历史时段里，中华文明都居于领先的位置。如果我们不能珍惜这些财富，那真的就像不肖的败家子，拿珠玉当石头，拿金银当废铁。

失去文化遗产的中国人，也就失去了文化的根脉，直接后果是民众失去了文化认同。改革开放以来，我们在物质上取得了巨大的成功，但是在文化上失去了很多，整个社会精英阶层长期浸淫在西方的物质文化之中，不知不觉全身心地接受了西方的价值，并且将它视为衡量我们自身文化的尺度。他们想到移民，因为他们向往的生活在西方。实际上，当很多人真正实现移民的时候,才发现自己其实是没有文化根系的流浪儿。站在这个历史的节点上,我们特别需要新的文化创造,一种能够结合中国文化遗产、能够结合中国社会发展现实、能够结合西方文化优点文化创造。我们向西方文化学习,但我们不是要成为西方文化的一分子,这是不可能做到的;即便做到了,也不可能获得世界的尊重。我们需要成为我们自己,一个能够弘扬传统、勤于学习、勇于革新的自己。

在这样的背景关联中再来看考古学的社会责任,我们从事的是一项什么样的工作呢?它真的与现实无涉么?它真的没有现实作用么?"大用无用",在一些人斤斤计较于古董市场价格的时候,他们可能忽略了其中最宝贵的东西,考古学在保护我们的文化命脉,在保护我们作为一个中国人的尊严,在保护我们屹立于世界民族之林的根基,在给我们的未来创造无尽的财富,而这也正是每一个考古人的社会责任。

考古学的话语

每天打开手机查看微信,各个群闪动的消息此起彼伏,让人目不暇接,时不时还有新的群诞生。受朋友所邀,参加了几个考古的圈子。我在微信上是菜鸟,一方面不是很会操作,另一方面也没有什么好发布的。因此,我只是热心的观众,这倒是有利于我做点反思。我注意到这些群体都是由专业学术人士组成,上面发布的信息亦庄亦谐,有时会谈论学术,有时也讲些轻松的故事,有时还有些警示性的消息。如果需要的话,还可以给某位成员发微信,你都不需要他或她的手机号码,的确很方便；再不抢抢红包，人气四溢。我注意到这样的群并非官方的组织，也不是专门的学术论坛，也许不妨称之为"亚学术群体"。我还注意到微信圈比QQ的圈子更不可阻挡，social grooming（社交梳毛）的频率更高，成员之间交流更频繁。这是一个前所未有的新现象，我在想，它将会有怎样的影响？是否可能产生什么"微信考古"？作为一种传播媒介，考古学的话语表达是否由此会受到影响呢？

考古学的发展是离不开时代变迁的。大的方面且不去说它，19世纪初开始欧洲铁路日渐普及，博物馆日渐增多，中产阶级文化休闲日渐成为产业，如此等等相互关联的发展促使近代考古学成熟。要知道考古学不可能是一两个人的呓语，它是一个包括教育、实践、社会管理等在内的体系。19世纪是考古大发现的时代，也可以说是考古学激情燃烧的岁月。考古迷谢里曼根据《荷马史诗》找到了特洛伊（虽然层位不对），他很善于利用那个时代的新发展，不断把新发现以电报的形式发送给英国新闻界，掀起考古的热潮。发现玛雅的史蒂芬是个超级写手，在这之前，他就曾到中东探险，生花的妙笔让他从中东回来时已经成了明星式的人物。想一想，设若没有电报，没有商业出版（新闻与图书），怎么可能有19世纪考古大发现的热潮呢？某种意义上，我们甚至可以说，正是因为这一系列传媒上的发展，催生了考古学。

铁路、电报、商业出版等都可以称为"社会技术"，这是一种依赖社会存在，又反过来影响社会的技术。广义上说，所有的技术都应该是社会技术。对于旧石器时代，石器技术几乎是我们唯一能够研究到的技术，旧石器考古学家由此去研究远古社会的组织形态。社会技术就是指那种通过分享才能存在的技术。微信、QQ以及网络都是以信息分享为特征的，无疑属于典型的社会技术。是这个社会造就了它们，它们反过来也在影响整个社会。目前我们还难以预测这些新技术的发展会对考古学产生怎样的影响。从已有的影响来看，后过程考古学强调研究考古学的表达问题，比如运用互联网技术，实现考古学话语的多元叙事。互联网时代，许多非专业人士都可能是"考古学家"（每年网络小说有十万部，纸质的才有多少呢？）。考古学家的讲述不是唯一的版本，考古材料作为"文本"需要多元的解读，其意义正是通过多元的阐释得到传承，在社会建设中发挥作用。就像大家都看《水浒传》一般，专家做深入研究，说书人添油加醋，民间口口相传。并不是哪一个更正确的问题，每一种解读都是合理的，因为丰富的解读，《水浒传》才成为中国文化的重要组成部分。

从这里不难看出，假如考古材料也是文本，那么语言才是影响最大的、最根本的社会技术。考古学的变迁首先就体现为考古学话语的变迁。文化历史考古研究时，大家讨论的必定是"考古学文化""文化来源""文化联系""文化谱系""区系类型"，如此等等。过程考古学出现后，"文化适应""文化进化""文化系统""文化过程（机制）"等新话语开始流行。20世纪80年代后过程考古学出现后，又出现了诸如"文本""多元叙事""物质性""惯习"等。这里需要强调指出的是，考古学的话语来源，除了考古实践之外，还有相关学科的影响，比如说"考古学文化"的概念实际上来自人类学，过程考古学以文化适应为中心的概念也来自人类学理论。人类学是一个相对更理论化的学科,如结构主义的开创者人类学家列维-施特劳斯,影响到哲学领域。后过程考古学的思想来源是后现代哲学。从最近看到的伊恩·霍德的文章来看,他似乎也像施特劳斯一样,希望把考古学的独特视角——人与物的关系研究,贡献给其他学科。

考古学史上,欧美地区都以受到人类学的影响为主,另外就是社会学、心理学、历史学、哲学和艺术,不是有"社会考古""艺术考古""历史考古""现象学的考古"和"象征与结构主义的考古"等概念么?有时不免有点儿惊悚,考古学的话语来源何其广阔,我之所知何其有限!当然,话语能够立足还需要实践的功夫,因为许多时候各种话语满天飞,让人无所适从,我们仍然需要回到实践上来,不仅仅是检验,还要用实践踏出一条路来。就像打仗一样,敢打才有方法,不敢打,叫嚣得再凶也是枉然。还有一个体会,方法同样重要,有时技术的问题解决了,路也就走通了。比如碳-14技术的出现,绝对年代的问题解决了,某些考古学的话语就衰落了。理论、方法、实践,哪一条路都很重要,真正重要的是走得通,殊途同归。用句俗话说,"一招鲜,吃遍天"。关键是要精通,要贯通!

听中央美院郑岩先生的讲座"山东长清灵岩寺铁袈裟的前世与今生——一件作品,两种解读",他注意到科学或是学术的话语对宗教文化话语的冲击,甚至是阉割。一件如"铁袈裟"这样的器物,曾经的宗教文化含义(象征意义)就是在科学或学术解读中消失的。讲座上我提了个问题:我们在中西考古学的舞台上是否应该争取话语权?郑先生的回答很精彩,他认为经过百年的现代化过程,我们当下的思维其实已经"现代化"了,何谓"中"?何谓"西"?并不容易分清,也不是一个有意义的问题,有些我们认为很"中"的东西,不过是19世纪西方的东西。走得通就是硬道理!我将之归纳为一种以实践为中心的实用主义。我们是否需要考虑中西话语的差异或话语权呢?用西方艺术史话语能否充分解读中国传统绘画、书法的韵味呢?

郑先生的讲座强调两种解读的区别,与夫人讨论时,她提出也许应该分为三个角度,也就是三种话语体系:一种是科学的,是外在的、客观的,通常也是所谓西方的,它与中国历史与文化没有亲缘关系;一种是文化的,也就是历代中国文人的态度,它是世俗的,"敬鬼神而远之",但是它与物有亲缘关系;最后一种是宗教的、思想的,人把铁袈裟视为从地下涌出来的神物,与达摩扯到了一块,这个角度是融入的、体验式的。这样的划分很有意思,中国文化是一种介于冷静的客观与狂热的宗教投入之间的东西。再延伸一步说,这三种角度我们应该如何处置呢?从研究的角度说,这三种角度其实都是需要的。当考古学家初次面对物的时候,科学研究是第一步;然后需要把物放到文化背景中去理解,放到历史中去理解;最后,考古学家若是想进一步研究物的意义,就需要回到当时的情境中去,就像现象学的考古学所强调的,要以同感(empathy)的方式体验物的意义。

回顾了考古学史上话语变迁的基本形态,关注了理论、方法(技术)、实践对于考古学话语变化的影响,也思考了处置中西文化背景中考古学话语的选择问题,现在我们再回过头看开头所说到"微信考古",它究竟属于什么范畴呢?广义上它属于互联网技术，或者说如语言一样属于广义的社会技术。当然，它目前涉及的思想深度还有限，所涉及的历史还非常短（仅仅几年的时间），是否会如"人人网"那样昙花一现，目前还不得而知。我对现实的反应总是迟钝的，不过我还是积极的，就像体育运动重在参与一样，或者说舞台总需要观众一样。我参与、观看，只是不知道该说什么，也许本来就不需要说什么，或许因为话语只是考古学的表达，真正怎么去做才是考古学的核心。

谁在考古：有关公众考古的思考

最近这两年，直播平台很火爆，偶尔关注了一下，发现一个很有趣的地方。做直播平台的人大多不是专业人士，但却像专业人士一样，一本正经地介绍或讨论某件事。人人都像专业的节目主持人，专业人士似乎被抢戏了。把直播平台的节目与专业的电视节目做一下比较的话，不难发现直播平台的节目还有些不够严谨（虽然电视台也不一定严谨到哪里去），还有些粗糙（毕竟经费有限），但是很接地气，且反应超级迅速，总是第一时间抓住热点；还与大众口味非常契合，因为它们本身来自这个群体，知道大家想知道什么；再者其体验性非常好，主持人以非常真实的个体体验告诉大众其感受，由于没有特定的布置，也就是说大众处在这样的情形下，可能也会是同样的体验。直播平台的繁荣，可以预见的结果是，权威话语必将受到侵蚀与挑战。

这个现象启发了我之于公众考古的思考。我们当前有关公众考古存在两种有些对立的看法：一种认为公众考古就是公众参与到考古工作中，实现多元话语；另一种认为公众考古就是要加强考古学的知识普及。两种观点似乎都有误解公众考古之嫌（不过，可能本来就不存在唯一正确的理解）。首先要说，公众考古是当代考古学发展的产物，它与网络信息化的社会出现密不可分，正是网络提供了公众考古所必需的物质条件；其次，公众考古的主体的确是公众，而不是考古学家，否则就真的成了考古科普工作；最后，公众考古的精髓应该是公众与考古学家的互动，在互动中实现双赢，而不是单向的（考古科普是单向的，民科也是单向的）。经典的案例是伊恩·霍德在土耳其恰塔尔胡尤克遗址的发掘，通过网络，当地公众可以直接参与到发掘过程的评估中来，发表自己的看法，考古学家回答问题，也发表自己的看法，双方在交流中相互受益。这里考古学家无疑放弃了部分权威，公众得到了"平权表达"的机会。

相比而言，传统上专业与公众的考古是分离的，或者说，并不存在什么公众参与的考古，有且仅有可能存在的是考古科普，即专业的考古学家暂时牺牲一下自己"纯粹的"学术追求，给公众普及一下考古学知识，比如在电视、书刊等"高端"媒介（这不是公众能够参与的）上"施舍"考古学。然而，在传媒不再为知识精英所垄断的时代，公众似乎觉醒了。公众之于考古学有自己的要求、偏好与问题，他们需要一种自身角度的参与和体验，并且希望把他们自己的这些体验与更多的公众分享。这种工作是专业群体不可能替代的，他们对公众所提出的问题大多是不能回答的——因为根本没法儿解决，其他问题则又不屑回答——因为太简单了。两个群体处在一种难以互相理解的状态,专业群体似乎还不能接受自己的话语权威受到挑战,而公众群体对于专业知识似乎是敬而远之——那种封闭的学术体系就像江湖黑话一般太难以理解了。

当前时代发生了很大的变化,公众正在觉醒的过程中。如今"公知"(公共知识分子)几乎成了贬义词,原因就在于贩卖知识与有限见识已经不可能。获取知识的途径多如牛毛,以前中国人很少有出国的机会,公知可以垄断相关的话语权,而今普通人也能到国外去看一看,他们的实际体验很快就可以戳破公知塑造的一些神话。公知已经不存在了,没有人能成为任何领域的知识分子,而只可能是某个领域的知识分子。如果是这样的话,也就是说,我们每个人都可能是其他领域的门外汉,成为其他领域的公众。我们处于一个分工协作的时代,而不是一个由权威布道的时代。对于考古专业人士而言,要有心理准备,对于公众,你是专家;换一个领域,你也是公众。

用这个心态再来看公众考古,也许会让我们少一分傲慢,多一点平和。对于未来专业人士与公众的关系,可以预见的趋势就是,这两个群体一定会接近,不然,不会有"公众考古"这个名称。这种趋势在其他学科中都可以看到,它表现为两个方面。一方面,部分专业人士退出纯粹的学术圈,开始与公众打成一片,通过"圈粉运动"形成一股势力。在这样的圈子里,公众除了认同这些主持人的价值观与专业视角之外,还广泛参与到他们的"表演"中来,也正是通过主持人与公众的密切互动才形成圈子的影响力,而这种密切的互动是传统传媒无法做到的。另一方面,经过大浪淘沙的过程,部分公众会脱颖而出,成为具有专业水准的力量,他们也会形成自己的圈子。

这两个圈子很可能难分伯仲，高度重叠，于其中我们看到一支可以称为"公众考古"的现实存在。

这里或许需要说明一下，公众考古中所谓公众的参与，不是指公众必定会参与到考古发掘中来，他们有可能作为志愿者参加发掘，但不是必需的。公众参与考古的主要环节是考古学的阐释，它是一种涉及切身体验的理解，一种基于现实对过去的解读，一种对过去之历史意义的阐发。研究兵马俑的秦汉考古学者可以发表许多专业的认识，但是这无法替代公众到兵马俑博物馆亲身的体验，无法替代公众对兵马俑对历史以及对兵马俑在当代社会所发挥意义的理解。公众的理解不是简单对错的问题，就像生活中我们对其他人的理解一样，可能有片面的地方，有误解之处，很难说就有一个绝对正确的版本，站在不同的角度或立场会有不同的考虑，这些看起来相互矛盾的理解可以合理并存。有人可能认为兵马俑不过是一种赚钱的工具，有的人看到的是中国古代辉煌的文明。有人看到了人道，毕竟没有用活人；有人看到的是残暴，为一个人而竭天下之财……

公众考古与专业考古之间应该可以建立良性互动的关系，而不应该是相互隔离、相互敌视的。专业群体可以从公众考古中发现一些有趣的问题，学习公众考古如何接地气的方法，避免犯一些专家常犯的常识性错误。公众考古可以从专业群体学习严谨的作风、专业的知识，让公众考古立足在坚实的知识基础之上，避免走向玄学。我们经常讲考古学要"透物见人"，即通过古代的物质遗存去了解古人，其实这只是讲了考古学故事的一个方面，另一个方面，考古学还要与今人结合起来。以前我们是把今人的观点暗含在研究中，而今要旗帜鲜明地把今人亮出来。考古学需要服务于公众的利益，这不是考古学的唯一目标，却是考古学的一个重要目标。21世纪的公众不仅仅是纳税人，为考古学提供物质保障与知识市场，同时也是知识的生产者，因为他们有较之前人的更好的经济条件，受过更好的教育，以及具备前所未有的获取知识，乃至于参与知识生产的便利条件。公众参与考古的热情也正是考古学发展活力的保证之一。

从专业考古的角度来看，公众考古的兴起是考古学发展成熟的标志。一个成熟的学科通常都会有理论学科、方法论学科和应用学科。物理、化学、生物、地质等学科都是如此，从基础理论到工程应用，学术知识逐渐进入公众生活之中。过去几十年里，考古学的理论领域基本形成，考古学方法论的分支学科繁荣发展，在应用领域，我们一般理解为文物、博物馆与文化遗产，已经形成了稳定的机构与制度。公众考古是考古学应用领域的新军，它更多地让考古学从线下转为线上、从实体转为虚拟、从单向传播转为双向互动。它是我们这个网络信息化时代的产物，大大拓展了考古学应用的领域，提升了考古学应用的效率与效果。无疑，它并不会取代考古学应用的实体领域，但是它带来的新思路、新挑战会改变应用实体的形式与服务内容。

谁在考古？这不是一个重要的问题，这种对话语权的过度敏感会把一件发展良好的事情推向庸俗的一面。我相信没有人愿意让一个非专业的医生给自己做手术，也就是说没有人怀疑专业训练的重要性。但是另外还有一句话同样成立，"最好的医生是自己"。垄断话语权从来都是让人反感的事情，五六十年前中国就掀起过这样的批判，但那个时候条件并不成熟，走向了极端。试图用公众取代专业群体，结果是可想而知的，给现在留下的印象是"反智""反理性""庸鄙化"。换一个角度来说，如果精英与大众之间没有那么深的隔阂的话，也不会有那么多的矛盾，那么多解不开的仇恨。而今不是精英的时代，我们都是专业人士，同时也是公众。经常有人会怀念民国，怀念那个精英时代，怀念那个视大众如刍狗的时代，当然他们不得不承认那也是一个风雨飘摇的时代。我们生活的时代拥有极为庞大的专业人士群体，人人都是精英，也就意味着人人都不是精英，精英的时代已经远去了。

时代变了，让话语权之争过去吧！

考古学术叙事的反思

有句名言：科学无国界，科学家有祖国。举凡类推，学问（不科学焉有学问？）没有国界，学者有国家。因此，当下中国学术是以与国际接轨为目标，国际认同才是最高的认同。当然，说到国际，自然不会是指非洲、拉美等不发达地区，大家都知道国际就是指发展水平最高的西方。符合现代学术规范其实也就是符合西方学术规范，西方＝现代＝国际，这些都是心照不宣的事。只是在特定的领域才会需要中国特色。现实是这般的有趣，不妨进一步剖析一番，看看问题究竟是什么。

据说经济学家汪丁丁研究过一段时间发表在《中国社会科学》上的文章，这份期刊的权威性毋庸置疑，基本可以代表中国社会科学研究的现状。他发现其中的文章有两类，一类符合西方学术规范，有大量的材料收集、数据分析，不过是以获得"国际认同"为目标的，对中国现实来说没有什么意义；另一类研究倒是从中国现实出发的，比较传统，一看就不符合西方学术规范。我有点怀疑，事情不会这么极端，肯定还会有中间状态，甚至可能是主体。如果说存在这样的现象的话，我相信也是没有问题的。反身思考自己所了解的考古学，的确也存在着这样的现象。

首先从我自己说起，我受过一点西方学术的训练，大体了解什么是西方学术规范。不过说来惭愧，我写作的时候几乎没有想到过规范，基本是"随波逐流"，想写什么就写什么，想怎么写就怎么写。当然，有时为稻粱谋，也要写一些看起来更规范的东西，比如增加统计图表，再比如写英文论文。我从没有想过叙事的问题，只是隐约地感觉不那么对劲。看到汪先生的说法，我也的确感觉到这种两分法并不是空穴来风。就我写的《史前的现代化》一书而言，就是一个中国考古学的叙事。我写这本书的出发点就是当代中国飞速发展的现代化进程，其实中国是迟到了，而一万年前的那次重大的文化适应变迁，中国这块土地上几乎同时诞生了两个农业起源中心，影响了世界历史进程。由今及古，由古及今，我希望通过历史来理解当代社会发展进程，希望为现实重建一万年前的中国史前史。我的出发点决定了这本书的阅读情境是在当代中国，一位美国学者来读显然是难以体会的。

由于潜在的读者都是中国考古学者与学生，我在写作的时候就需要考虑较为详细地解释狩猎采集的文化生态学，这些是国内考古学界相对不那么熟悉的；而会比较忽略一些基本材料的介绍,因为这些国内学者已经烂熟于心了。我采用了考古学文化的概念,而没有用"sequence"(北美考古学中,这个词相当于考古学文化)来叙事……说来很有意思,这本书的底本是我在美国留学的博士论文,当我写成中文的时候,整个叙事方式都发生了改变。改变之大,其实并非类似于Win95与Win7的差别那么简单。

所有的写作都是为了读者,只不过有时读者就是作者自己,而自己也是生活在一定情境之中,并没有生活在真空中。连自己尚且如此,更不用说非自己的读者群了。因此,要找到一个纯粹客观的、普适的,也就是能够在任何情境都适用的叙事模式是不可能的。当然,自然科学研究者马上就会批评我的说法,自然科学就是普适的!物理学在中国跟在美国是不会有区别的。然而,所有的学术都是有语言载体的,而语言是历史发展的产物,是文化发展的产物,具有时空的情境性,不是普适的。显然,自然科学研究者也意识到了这一点,于是他们开始强调英语。首先让英语成为普适性的语言,所有的研究成果都要以英文的形式发表出来,大学的课程要用英文教材,用英语来讲授。这也就是SCI与SSCI的由来,这两大评价体系都是以英文为中心的。以中文从事的研究成了nonsense(谬论,毫无意义)。超越历史、超越情境的学术叙事诞生了,一个美丽新世界即将形成。

处于自然科学圈子中的旧石器考古首当其冲,与国际接轨的浪潮逐渐过渡到新石器-原史考古乃至历史考古之中。普世的、没有历史的乌托邦,这是现代主义的幻影。不可思议的是,受过帝国主义压迫的中国似乎比西方更偏爱现代主义,一时间工业是唯一追求，科学技术成为唯一生产力（虽说是第一却从没有看到过第二，所以可以称为唯一），不知从什么时候开始，自然科学成了科学研究的规范形态，似乎所有其他不那么合乎自然科学规范的研究都是没有意义的学术研究。现代主义偏好唯一、绝对正确（理性），不问历史（历史的价值就是教训而不是事物形态本身）、不问地域，精神不过是心理活动……

现代主义本不可怕，作为现代主义经典的包豪斯工厂并不难看，难看的是鸽子笼式住宅楼。当现代主义为急功近利还有官僚主义渗透时，现代主义也就成了一个更加严重的问题。它不仅仅排他，而且粗劣、低效。或许有人会质疑，看看我们当代繁荣的现状，不就是现代主义成功的范例么？然而，我的认识正好相反，假如中国经济不改革开放，不走多元化道路，我们能有今天的成就吗？中国经济的伟大成就正好印证了现代主义已经过时了。

中国考古学如何叙事本没有既成的规范，谁也不是上帝或先知，能够把握它。甚至有可能的是，中国考古学领域就不会有统一的叙事方式。考古学从根源上就分别来自人文（如古典考古）、社会（新石器－原史考古）与自然科学（旧石器考古）。这样的历史渊源也决定了考古学的叙事会是多元的。学习中国革命史这么多年，一个心得体会很深，那就是，依照教条做事是行不通的，无论那个学说多么精辟，扎根具体情况至关重要。

事情总是那么辩证，唯西方马首是瞻与狭隘的民族主义、闭关自守这两个极端都是要避免的。基本的道理不难明白，具体到中国考古学的叙事上，原则就是"和而不同"，而不是"和而同一"或是尖锐对立。"和"意味着我们当下还是要以学习为主，要广泛的学习，奉行"拿来主义"，就像中国高铁、手机一样，向所有先进者学习，立足实际，先易后难，然后再创造。与此同时，要以我为主，要立足中国的发展，不能失去自信心，一股殖民地的心态，最后失去了自我。

学术的现实是历史过程的产物，它的成长是需要时间的，中国学术安定发展的时间并不长。拿中国当下的水平与西方相比，自然这里不行，那里也不行。奉行现代主义的人是不考虑历史的。遗憾的是，我们无法超越历史，饭还是得一口一口吃，路还得一步一步走。现代主义或曰现代性是中国的流行病，近一百年来都很普遍。因为鄙弃历史，总是不堪回首，前人的劳动成了对后人的羁縻。这一点对考古学伤害尤其大，文化古迹的破坏暂且不说，它的现实价值也只是为经济建设服务，即带来经济上的好处（旅游、人气、面子等）。殊不知这些古代的遗留就是我们文化的存在形式之一（至少跟文字一样具有同等的价值），是我们文化身份认同的基础，也是我们精神生活的元素。

"和而不同"，多元地学习，宽容地发展，这应该是我们今后的学术价值观。现代主义的癫狂已经太久了，尤其是它与粗陋的官僚主义体系相结合的时候，那个怪胎放在哪里都让人觉得匪夷所思。不过，时代正在改变，就像经济领域所发生的，所以我们不妨持一点谨慎的乐观。

为什么我们要强调中国考古学的叙事问题，因为考古学叙事的基本属性就是情境性。而情境是历史的、文化的、民族的，并不存在同一的情境，这就决定了我们不能假装情境不存在，或是假定存在普适于所有情境中的东西。削足适履、邯郸学步都是前人给我们的启示，我们不要再犯这些幼稚的错误。

家乡博物馆

经常参观博物馆，留下的印象或大或小，或新或旧，或好或差，但还从没想到过是否与家乡有关的差别。参观了许多博物馆，却从来没有参观过家乡的博物馆，因为从来没有听说家乡有博物馆！有年寒假与湖北省考古所同行交谈，无意中听说家乡的博物馆已经开馆了，很是惊喜。赶紧上网查询，确实如此，离我们所住的地方不太远。咸宁这个城市不大，即便算上新区。它从前是个山城，如今借助机械的威力，稍低的山丘都被推平了。不过还有些植被良好的山丘留了下来，改作了公园。博物馆就枕着一片山林而建，单从网站的图片看，就有一种惊艳之感。那仿佛窗户格棂的外墙，非常有传统中国建筑的意味。

从银泉大道拐到桂乡大道不远，就在右手边看到一处非常别致的建筑，具有浓重装饰味道的窗棂式幕墙一下子就提醒我们，博物馆到了。市区建筑多是功能性的，或是带有商业广告特征，或是如政府部门带有权威感，唯独博物馆建筑一枝独秀，艺术特征明显。单看这外观，马上就有了好印象。家乡有了如此有艺术感的建筑，怎能不点个赞呢！博物馆的设计据说来自天圆地方的理念，对此我并不感冒，有谁会从高空俯瞰呢？上海博物馆也是如此，结果像个大铜板。对参观者而言，立面的观感最为重要。家乡博物馆的立面不大，被中间的玻璃幕墙分成两半，显得尺度合宜，不张扬。进门的地方没有倨傲的高大台阶，没有装模作样的大门，非常低调，非常亲民。过了安检就是大厅，面积不大，一两百平方米的样子。大厅上部是微微攒尖的玻璃顶，自然光线洒进来，无须太多人工照明，很环保。大厅中轴线一端是双通道楼梯，没有安装电梯。我认为这正好，来这里参观的人不会太多，适度的节俭是必要的，尤其有助于降低博物馆的运行成本。

相对于朴素的大厅，展厅的设施却是现代化的，钱真正用到了该用的地方！整个博物馆三层，共有八个展厅。我们参观的时候，八个展厅都有展览，都对外开放，没有一个是闲着的，相当给力。一层是基本历史陈列，二层侧重于民俗；三层是两个巡展，其中一个居然是从奥地利引进的银质餐具展，不由得让人刮目相看。对我来说，最感到亲切的还是民俗展，因为这些东西是我经历过的，比如婚俗、年俗等。从地理上说，咸宁市大部分为山区与丘陵，传统上人们往来不方便，所辖几个县的方言、风俗有不小的差异，甚至不同的村落都有某些特有的话语词汇，所以展览的内容也有许多我并不熟悉的。尤其是最近这些年，传统乡村在急速消失，城市化带来的不仅仅是农村人口的大迁移，还包括民间文化的丧失。作为儿时在农村长大的中年人，部分民俗我还有些切身体验，对于年青一代来说，恐怕只能从这个博物馆才能看到了。

出乎我意料的是，咸宁居然有不少古建筑，国保单位有两处。小时候家乡的山村就有许多从清朝传下来的老房子，整个村子结构基本完整。很可惜，如今荡然无存了，七八百人口的大村子剩下十来户人家勉强坚守。而在通山、咸安，由于交

五　考古学该如何表达？　217

咸宁市博物馆（摄于2015年）

通更不方便，却因祸得福，保留下来一些基本完整的民居。博物馆展示了不少从老建筑上拆下来的木构件、砖雕和一些大家具。经过"破四旧"、经商大潮，这些东西还能保存下来，真是奇迹。我儿时所看到的具有传统工艺价值的东西都不见了，还记得母亲给我绣的小花帽，非常传统。也许正因为传统消失得太迅速，所以当再看到这些旧物的时候，不由得产生了几分习近平主席所说的"乡愁"。

当然，我最关注的还是与我专业相关的史前陈列。很可惜，咸宁在此方面很少。完全没有旧石器时代遗存的发现，新石器时代早中期的材料也非常少，最早的东西不过是新石器时代末期石家河文化的遗存。咸宁市辖四县一区，面积近万平方公里，自然环境多样，包括山区、丘陵、沿江平原与湖泊，适于古人的栖居。曾经在鄂西的郧县丹江口水库做过旧石器遗址的调查与发掘，那里的材料就很丰富，而鄂西地形崎岖，人类栖居的生境并不丰富。像咸宁这样的区域，不仅有可能发现旧石器时代的遗存，还有可能发现新旧石器时代过渡期的遗存，新石器时代的遗存就更不用说了。就拿我的老家嘉鱼一带来说，有石灰岩山丘分布，其中还有一些洞穴，无疑是值得调查的地方。很希望在家乡这一带做些野外调查，这里基本是空白地带，新发现的潜力巨大。如果可能的话，能够给家乡增加一些文化遗存，也算是一种贡献吧！

浏览了家乡的文化遗产之后，还有些意犹未尽。一般来说，博物馆是一地的窗口，是一个初到此地的人了解该地最简捷的途径。咸宁博物馆目前的展览偏重于文化历史陈列，或者说是古物陈列。其实还可以增加一些自然陈列的，咸宁是"桂花之乡""竹子之乡",潜山上有两个专业博物馆,拖了很久才开放。运营成本难以接受可能是原因之一,还有一个更主要的原因可能是展品缺乏。更确切地说,是缺乏相关的研究,不知道哪些东西真正具有展示价值。就拿史前陈列来说,每一件器物的背后都应该有故事,比如石斧,它的捆绑方式如何呢?实验使用的效果如何呢?它跟古人的生活有着怎样的关系呢?有没有相关的图片、视频?它跟周边地区的石斧有着怎样的异同呢?如此等等的问题足以让一件手斧成为一个内容丰富且具有深度的展区。目前有关古物的介绍还非常简单,缺乏相关的研究,除了器物本身,可以进一步了解的内容比较少。这一点应该向湖北省博物馆学习,它在这个方面做得比较好。

博物馆作为文化设施,除了展示一个地方的历史、自然条件,还可以展示当地的文化,过去的,还有现在的。在潜山长廊上看到许多楹联,书法都不错,料想咸宁本地书画好手应该有不少,若是在这里办个迎春书画展,这些文人骚客应该不会反对。既可以推广他们的作品,又繁荣了当地的文化,两全其美的好事,为什么不做呢?此外,民间工艺、民间收藏都可以借博物馆一角进行展示,这样的话,博物馆就真的成了一个地方的文化中心了。

带着孩子看完陈列,有点渴,也有点累,很希望有个地方歇歇脚、喝点东西,可惜没有发现咖啡厅或是水吧一类的设施,大厅里也没有长椅。把咖啡厅与纪念品商店结合起来在许多博物馆都可以看到,如果能够买些地域特色的东西会非常好。似乎还应该考虑给儿童一个游戏的空间,让他们的父母能够更从容地看展览。

博物馆不仅是一栋建筑，它的室外区域同样重要。这个方面做得最出色的地市级博物馆要数苏州博物馆。贝聿铭先生通过各式各样的窗户把室内外空间融为一体，在一处书房布置的空间窗外是一株芭蕉，落地窗前是一片竹林，天井中是一丛茂盛的紫藤……咸宁博物馆背枕一座葱茏的山丘，多好的自然景观啊！如果能够把博物馆建筑与室外景观结合起来，再布置一些不适合在室内展示的古物，比如碑刻（哪怕是现在的复制品），那么博物馆将更使人留恋。

说到碑刻，不禁想起"咸宁名人"李邕。当我在博物馆的家乡名人介绍中看到他名字的时候，不禁大吃一惊。"右军如龙，北海如象"，他是与书圣王羲之相提并论的人物，我居然不知道他是咸宁人，而且我最近一直练习他的《麓山寺碑》。我带着几分怀疑自豪着，回来后查了一下，从前的出版物都称他是江都（扬州）人。最早1993年吴培根先生在《荆楚文史》上著文提出李邕实为江夏人（今咸安区钟台山），后来他又陆续著文论证。从吴先生所提材料来看，论据还是相当充分的。不仅有墓志材料，还有同时代大家李白、杜甫的诗篇为证，还有地方志、遗迹材料。支持江都说的不过是两唐书，而这些"正史"大多是靠不住的。当我的自豪得到肯定之后，又稍稍有些遗憾。如此重要的文化发现，应该把证据罗列出来，以正视听，否则人家还以为我们咸宁在抢文化名人呢！博物馆中还有一处巨大的场景，说是后羿射日，射落的第七个太阳落在了咸宁，于是咸宁有了温泉。这样的传说显得有些荒诞不经，我们看了也禁不住哑然失笑。我们为家乡而自豪，但那也需要立足于可靠的事实上。

总而言之，博物馆不仅是一个展示机构，还应该是文化遗产的发现与研究机构，史前的、古代的、现代的，还有许多东西期待着被发现，期待着研究者识别其价值。看家乡的博物馆，一个特别的地方就是带着情感的，也许正因为眷恋，所以有更多的期待。

从兵马俑看考古学的表达

有年暑假带孩子参观兵马俑博物馆，到西安旅行的人大抵没有不参观兵马俑博物馆的。八月是旅游的旺季，来参观的人自然不少。我已经是第二次参观了，总想给孩子讲点什么，然而我知道的孩子大抵也知道，因为他看过相关的电视节目。最让我震惊的是，儿子居然说兵马俑不好看，还没有电视节目中看到的精彩！童言无忌，不像大人笃定地相信亲眼所见一定会胜过图像。为什么会这样呢？我问儿子，他说电视上有各个角度的拍摄，还有特写，还有重建的图像，再加上更详细的故事，要丰富清晰得多；相反，到现场来，除了人还是人，又没有空调，人人汗流浃背；另外这里光线还暗，满眼灰扑扑的、东倒西歪的碎陶俑，实在没有意思。

不是这样么？我不能否认这样的事实，儿子仿佛揭穿了皇帝的新装。我们都在假装惊奇、惊叹，在心底里又不得不承认，真的没有意思。应该说兵马俑博物馆还是有很大进步的。我第一次参观兵马俑已经是十年前的事了，那个时候，兵马俑博物馆正在扩建，在俑坑外修建了很大的园林区与服务区，经过这些年的营建，整体环境有很大的改善。但是这些东西似乎

兵马俑博物馆的一个展厅

与博物馆没有什么关联,园林中没有任何有关兵马俑的介绍,服务区里除了吃喝之外,也没有什么与兵马俑有关的东西。如果让观众进去参观之前多一些对兵马俑的了解,让参观完兵马俑的观众多一些回味,我想体验会好得多。

兵马俑博物馆的参观体验透视了一个考古学的问题,即考古学的表达或呈现(representation)。兵马俑作为一项考古发现,应该如何表达或呈现呢?这个问题实际上由两个层次构成:一是我们想表达什么?二是如何去表达?前者是观念,后者是形式。观念问题似乎从来不是中国考古学的问题,或者说不是中国考古学家所思考的问题,而是政治问题、经济问题、社会问题,最起码也是文化问题。考古学家不需要考虑如此宏观的问题,否则有僭越之嫌。比如说兵马俑的展览,是文化事业,需要解决观众拥挤的问题,还要考虑怎么扩大经济收益,当然还要考虑如何增强民族自豪感与国家认同感。考古发现的展示需要考虑以上的要求,考古学家的观念不过是如何在展示的同时尽可能地保护好文化古迹,尽可能地把故事发掘出来并且讲好。

不谋全局者不足以谋一域,所以考古学家是需要思考考古发现的表达的。这里很想就一些基本观念做些思考。考古表达的首要原则是真实。在后现代语境中汇总,真实是一个很受诟病的词语。究竟是谁的真实呢?每个人似乎都有自己认识或相信的真实,比如说每个人都认为自己的国家很伟大,自己的文化很美好;再进一步说不同的阶层、宗教信仰、地域等都可能有自己所认为的真实。需要强调的是,真实的相对性不等于没有真实,不等于可以胡说八道,自欺欺人。就像台独人士说大陆人吃不起茶叶蛋,得不到奥运金牌要被送去挖煤一样,生活在幻觉中的人最终会被真实所嘲弄。如今考古学表达的真实是一个比较严重的问题。导游为了吸引观众,各种八卦故事满天飞,甚至会添加一些迷信的内容。我不能说考古学家认识的就是真实,而是说经过认真研究过的东西可靠性要高得多。就像医生与江湖郎中的区别,虽然江湖郎中偶尔也有治好病的时候,但是绝大多数人很少会选择相信江湖郎中。当然,我们不必迷信真实,因为权力、金钱乃至个人好恶等都有可能扭曲真实,但是由此而否定真实,最终不过是自欺欺人而已。

另一个基本原则是人本的思想。我们认为兵马俑博物馆不好看,那是因为它违背了一些与人相关的基本要求。当我们说到人的时候,也有两层含义,一层是统一的人,一层是多样的人。前者如人的生理、自然属性,没有人喜欢肮脏、嘈杂、密集、单调,不会因为人的文化背景不同而有截然相反的反应。可以想象,在灯光昏暗、人员密集、闷热不堪的展览馆里有多少人能够认真地欣赏兵马俑!人还有年龄、性别、民族、社会阶层、文化教育程度、文化背景等方面的差别,优秀的考古学表达会考虑到不同群体的需要,比如儿童游戏区、老人休息区、更大的女性卫生间、多语言与图像的指示,如此等等。前者的问题基本是科学与经济的问题,后者更多与人文、文化相关。两者其实是密切相关的,科学与经济发展最终需要满足人文与文化的目的。忘记了人,所有的考古学表达就失去了意义!当然,我们并非不考虑人,但有时候更多只考虑到某些人的需要,比如哪怕资源再紧张,也要弄出一个"贵宾休息区"来。贵宾来了会清场,而且贵宾一般都很忙,没有时间细看,只需要把面子上的东西布置好就行了；万一需要的话，可以开方便之门，让他们下到坑里与兵马俑亲密接触一下。人本的思想是中国考古学表达中极其缺乏的，如果我们能够把为贵宾的服务精神用到一般人、用到多样的人上面，那么我们的表达一定会大有进步。

考古学表达需要实质性的内容！国内不少博物馆存在的主要问题就是缺少实质性的内容。兵马俑博物馆在车马坑之外，的确有一个博物馆，但是里面居然没有跟兵马俑相关的基本陈列。倒是展示了不少研究成果——著作与图录，为什么这些成果的内容不能用来展示呢？究竟是因为研究成果多为资料描述，不具有展示的价值，还是因为研究与展示脱节？我想两个方面的问题都是存在的。大明宫国家考古遗址公园同样如此，里面也有一座博物馆，结果展览的是南越王墓的东西，风马牛不相及！没有内容，考古学能够表达什么呢？有些博物馆倒是有些好东西，但是目前基本是把东西往展柜中一放，加一个小小的说明牌，随便来点灯光就算了事。物质材料并不会自己说话，需要研究者代替它们说话。在碑林博物馆看到那些如雷贯耳的书法碑刻拥挤地放在一个小厅里，观众居然用汗手随意抚摸，实在觉得不可思议。其实可以给它们更大的空间，旁边展示更完整的、没有拓印痕迹的复制品，还可以展示不同时期的拓片甚至放大细节，还可以把历朝历代的研究与评论列在边上，还可以有临摹的台子……一座碑刻就可以建一间展室，内容会很充实。很多事都没有人好好去做，其中考古研究者的角色缺位问题特别突出。的确，越来越感觉到，中国考古学需要人去做研究，不能只是一味地挖东西了！

所谓"无本不立,无文不行",没有好的形式肯定是糟糕的。相比于兵马俑博物馆,我们更喜欢大明宫国家考古遗址公园。这个项目相当惊人,拆迁搬走了十万人,面积超过四个故宫,据说花费200亿元!大明宫的展示很有特色,把唐代宫殿的夯土基座都复原出来了,部分建筑复原了一个框架,复原的方式很多样,包括一个完整的缩微景区。缩微景区有足球场大小,按比例复原了大明宫的建筑与景观,空地上种着盆景树木,与缩微建筑很般配。公园里,展牌、模型、雕塑等表现形式丰富多样。

照说形式的发展相对要容易得多,在这个自媒体发达的时代,有些博物馆迅速跟进,跟上了时代发展的步伐。当然,这样的博物馆还不多。就个人的观感而言,我们的形式存在的主要问题还是粗糙二字,理解现状倒也不难,从前的积累太少,自上而下的压力大,急于出点成绩,不粗糙是不可能的。

考古学的表达说来说去,我们似乎忘记了它的宗旨,那就是让它说出原来的含义,让能够说出这种含义的人有效地将其表达出来,仅此而已。

最后,我们也许需要的是一张笑脸,板着面孔是没有人喜欢的。跟人打交道态度永远是第一位的。既不媚上,也不谄下,自然而然,这的确不容易,但是这是我们努力的方向!

"互联网+"时代的家乡博物馆

博物馆是大家都熟悉的,它们是一个地方的名片,各大地方都很重视,也都是尽其所能地营建,务使成为一地的地标。

因此，我们看到的博物馆大多具有庙堂气质，可以称为一个地方的"文化圣殿"。一个偶尔的机会，我参观了家乡新近完工的博物馆，看完之后，有了一种"乡愁"，一种对家乡文化共鸣式的体验，一种油然而生的对往昔岁月的怀念。也突然意识到，博物馆其实还有一类，也许我们应该把她称为"家乡博物馆"，因为一种依念，就像对母亲那样，因此用"她"来称呼。我也突然意识到，家乡博物馆应该是一种理念，应该成为博物馆事业的一个发展方向。在中国这个文化正在发生巨变的时代，她应该是文化传统的保护与保存者。

家乡博物馆是以地方文化的保护与展示为特色的，因为熟悉当地的情况，因为没有脱离当地的自然与文化背景，更能够让参观者产生共鸣，尤其是对那些已经离开与即将离开家乡的人来说。当代中国城市化进程十分迅速，每年都有许多乡村消失；还有许多村庄虽然还是村庄，但是早已没有了年轻人。年轻人成家之后都住在城里，因为就业，因为孩子教育，不得不如此。他们的孩子大多已经不会说家乡方言。家乡对这一代年轻人，尤其是他们的孩子来说，是已经回不去的地方。他们也只能从博物馆看到那曾经熟悉的家乡。家乡博物馆中民俗展、农具展、民居展，如此等等的展览用旧物帮助我们铭记那个正在急剧消失的过去。如果没有家乡博物馆，对于现在还是孩子的一代人来说，他们的"乡愁"将立足何处呢？

我们失去的不仅仅是一种情感，"乡愁"只是一个直觉的表达，它的背后是我们数千年的文化传统，一个依托乡村生活绵延不绝的传统，一个塑造了我们中国人精神内核的传统。我们可能都没有想到，现代工商业大潮是如此迅猛，短短几十年改变了延续数千年的乡村社会。我们不是反对社会发展的趋势，而是说，工商业、城市化、高科技，并不必定要与我们的文化传统矛盾。现代都市生活并不需要用毛笔写字，但不影响城市中练习书法的人比比皆是。即便如种菜这种典型的农村生活传统，中国人在全世界将其发扬光大。

文化传统让我们知道自己是谁，让我们能够欣赏千百年积淀的美好。设若没有唐诗宋词，我们如何能够欣赏杭州西湖呢？它不过是一个小小的湖塘而已。存在主义的大师海德格尔云：人，诗意地栖居。然而，诗意来自哪里呢？它来自人赋予物的意义。而物的意义是历史与社会的产物，我们遗留下来的古物、旧物就承载着一定历史阶段社会所共享的物的意义，我们称之为"文化遗产"。当我们失去了文化遗产的时候，我们也就失去了许多诗意的载体。

家乡博物馆帮助我们铭记"乡愁"，但即便在博物馆中，我们看到的也只是一些实物或照片，比如一只上过桐油已经发黑的水桶。我们看不到过程，看不到与这只水桶相关的生活。在博物馆中，我们只是观众，与这些旧物或古物隔着往昔岁月。我们对这些物是陌生的，除了远观，没有其他的体验，我们没有听见水声，没有闻到桐油的味道，没有感受到水桶的重量……总之，我们没有身临其境的体验。我们生活在一个科学的时代，但是科学的描述是无法取代我们的体验的。

我自己的童年是在农村度过的，我用过这样的水桶。还能记起小时候还不能挑水的时候，我和姐姐一起抬一桶水，蹑蹑蹅蹅回到家中，水总是溅洒出来。我的记忆是真实的体验，但它是孤独的，无法在博物馆中分享，无法构建成共同的记忆。只是在这里，我有机会把它写成文字，通过网络来与大家沟通。另外，博物馆更多关注的是知名人士，我等平凡人士是与博物馆无缘的。即便是旧物或古物，也只有那些具有代表性的、精美的、完好的才有可能得到展示。大量平凡无奇的东西都不会收藏。这可以理解，博物馆毕竟容量有限，必须有所选择。然而，我们并不知道这个时代的选择是否符合下一个时代的需要，可能要等到失去之后，才发现错误已经无法弥补。

我还记得家乡对水田有许多称谓，这些称谓大多无法在书面语言中找到对应的字词。我知道这些称谓可以描述水田的位置、大小、高下、形状甚至是淤泥的深浅、水温的高低。在学术语言中，它们都叫水田，如此而已。这些名称由长期的文化积淀形成，年代久远到我们无法追溯。我们这一代曾经在村庄生活过的人还能有所了解，但是随着农业规模化经营的普及和机械化的应用，没有人再会在意这些名称，博物馆里也不会有保留。我们正在失去的不仅仅是一些古建筑、古器物，还有一种传承数千年的生活方式。即便家乡博物馆再扩大十倍，仍不可能把这些都记录下来。

我在家乡博物馆看到一件乐器，叫作"呜嘟"，是非物质文化遗产。它是如此的罕见，我在家乡也只听到过一次。这是一种类似埙的陶质乐器，渊源非常古老，能够保存下来非常不容易。我们在博物馆中能够看到乐器标本，但是没有再多的信息了。没有乐曲，也看不到演奏者，更没有演奏的现场。除了一个非常简单的铭牌称之为"呜嘟"之外，再无其他说明。我希望了解更多的信息，倾听它的声音，甚至想去体验演奏它。

嘉鱼的非遗"呜嘟"

家乡博物馆里还有不少考古发现的陈列,把家乡的历史推到了新石器时代。作为史前考古研究者,我看到这些东西很亲切,因为我知道它们的意义。但对于一般观众来说,我很怀疑一个简单的出土过程介绍和器物名称能够提供什么帮助。我不止一次听见考古圈外的人抱怨,无法看懂考古报告,也不知道考古展陈有什么讲究。在考古学术圈中,大家逐渐意识到,从专业的知识到大众接受的知识还需要一个再次消化的过程。博物馆也许本应承担这份工作,但是如家乡博物馆这样的中小型博物馆无法长期接收专业的研究人员,因为毕竟没有那么多的材料支持他们的研究。

家乡博物馆是一个美好的理念,但是它注定是有限的。幸运的是,我们进入了一个新的时代,一个"互联网+"的时代,一个信息共享的时代,一个能够虚拟仿真现实的时代。互联网已经在商业领域取得了巨大的成功,并开始进入社会管理领域,我们预期它将在文化领域发挥重大作用。就像在家乡博物馆的建设上,我们还有海量的信息需要容纳,包括大量的视频、录音、文字、图像等。博物馆不再只是物质材料的汇聚,而是保存下来许许多多生活过程与情境;也不再只是名人堂,所有人的日常生活实践也就是文化所立足的基础,将可以得到更好的保留与呈现。通过互联网,所有这些都可以便捷地检索、共享。我们还可以引入外部的研究力量,把专业的知识进行转化,实现数字化的再现,与公众沟通。

这种方法早已在考古学中有所尝试,英国考古学家伊恩·霍德在土耳其著名的恰塔尔胡尤克遗址发掘过程中,就把所有的材料都公布到互联网上，让不同群体的人们都能进行阐释，甚至在发掘过程中采用类似的方法。霍德秉持后现代思潮，强调多元阐释、平权表达。他提出，文化遗产的意义并不是唯一的，不是某个权威设定的，不同时代、不同阶级、不同文化等都可以进行不同的阐释，文化遗产正是在多元的阐释中丰富意义，也正是在阐释过程中得到传承与发扬。互联网似乎非常符合他的主张。互联网在交流沟通上的便捷、高效以及低成本使得多元阐释、平权表达成为可能。这里我们可以看到，互联网与我们这个时代的精神相契合，它有着深刻的哲学思想基础；同时，也与学科的发展相契合，能够实现学科发展所主张的目标。

互联网给文化遗产带来的还不仅仅是保存与共享，对我们的家乡博物馆而言，它能够以更低的成本实现最大程度的保存与展示，更重要的是，它还可能实现体验的保留。通过虚拟现实技术，我们可以去重新体验过去的生活，回到家乡。我们将不再仅仅满足于看，还可以听，甚至模拟闻到家乡的气息，模拟触摸旧物与古物的感觉。这些技术现在还没有普及，但已经不是幻想，未来可期。

"互联网＋"文化遗产在我们这个时代有着非常特殊的意义。中国工商业发展如此迅速，我们的文化遗产正在大量流失。当代中国已成为经济资本大国，但由于历史原因，又是一个文化赤字大国，以至于民众的国际形象就是缺乏文化修养。文化本来就是历史底蕴的积累，在这样的背景下，我们亟待拯救文化遗产，开发我们的文化遗产。当代中国在信息技术尤其是互联网技术的应用上走在世界前列，这正是我们"弯道超车"的好机会。借此契机，我们可能实现文化遗产最充分的利用。

互联网并不是要取代传统的实体博物馆，而是在弥补传统博物馆的不足，盘活传统博物馆的资源。它与实体博物馆不是要相互争锋，分出胜负，而是要超越实体博物馆的局限。这是双赢的做法。如果我们正在消失的家乡只能在博物馆找到，那么我们只能看到非常少的、零散的、缺乏过程与情境的存在。我们的文化传统、我们的"乡愁"也将越来越虚无缥缈。如果我们真的能够充分利用"互联网+"时代的理念与技术，就有可能得到一个无比丰富的文化宝库，在迎接未来挑战的路上，获得更多的资源选择机会。

什么是考古学的真实？

考古学的目的是探索人类真实的过去，它之所以能够区分于神话、传说、宗教或是八卦，就在于考古学能够得到更可靠的有关过去的知识。过去一两百年考古学的发展充分地体现了这一点，神话、传说、宗教纷纷退出知识的舞台，让位于考古学。但是，随着考古学的发展，当参照对象不再是神话、传说、宗教的时候，考古学的真实属性受到了挑战。

过去的两个世纪是现代性主导的时代，在这个知识体系中，真实是一种绝对的存在，无论人们能否认识到，都不能加以否认。随着后现代时代的到来，真实的绝对性开始丧失。真实首先为语言所解构，因为真实必定存在于语言之中，而语言是历史的，是情境性的。在我们生活的当下，网络的普及让信息的传递前所未有地便捷，但是真实似乎越来越难以获得，我们越来越不知道真实为何物。后现代思潮配合网络技术让真实越来越相对化，以至于美国《时代》周刊上曾有"truthful trueness"（真的真实）的表达。其中似乎暗含着一种认识：真实是有层次的。的确如此，这里想指出的是，真实不是一种绝对的状态，而是一个认识的过程。由此，我们有必要探讨一下所谓真实的层次问题，这将有帮助于我们把握考古学的性质，也有助于我们确定考古学研究的发展方向——走向考古学的真实。

考古材料是古人生活的物质遗留，这是研究者所能看到、摸到的东西，这种真实是人通过知觉获得的，又称为经验事实（或称经验的真实）。知觉是人了解世界最基本的手段，由此获得的经验事实是人了解世界的基础，是最可信赖的东西，我们通常用它来检验自己的认识。但是经验事实上是局限的，个体能够知觉到的存在非常有限。而且把经验事实传递给他人，必须通过语言的转述，涉及传递者的语言表达、语境和接收者的理解。其实经验事实本身也是语言，知觉必须化为语言才能存储。不过知觉中有些信息是无法传递的，如个体的体验感受。从这个意义上说，经验事实只有个体意义，而不具有集体性。为了避免个体体验的影响，我们常说的经验事实是排除个体体验在外的、具有共性的存在（所谓的排除是假定的，实际是不可能的）。经验事实属于常识范畴，大多数人都是在这个层面上理解考古学的真实。也正是因为无法传递的体验，造成研究者除非亲身接触过材料，否则单纯阅读考古报告，还是难以理解。

学术研究终究要超越常识的范畴。超越经验事实的第一个层次就是逻辑。数学是典型的代表，它是纯粹逻辑关系的运算，与经验事实没有必然的关系。逻辑的真实还包括形式逻辑，这里有概念、命题、基本的推理规则等。考古学研究需要运用概念、建立命题、进行推理，由此产生了超越经验事实的逻辑意义上的真实。考古学若没有概念、命题与推理等逻辑层面的真实，它就不能成为一门学科。这里我们以考古学上常用的"考古学文化"概念为例来说明，考古学文化是研究者设定的理论概念，是指一定时空范围内具有共同特征的遗存。"一定时空范围""共同特征"是研究者基于自身判断的设定，用以指代古代社会群体的时空边界与社会认同的范围。这个概念是考古学家为了研究没有文字记载的古代社会所用的理论工具，在逻辑意义上它是真实的，但在经验层面上，由于我们无法回到古代，所以难以验证。这里我们需要明白，逻辑意义上的真实并不等于经验意义上的真实，通过逻辑，我们让研究超越经验世界、超越常识。

逻辑层面的真实只是一种规则意义上的真实，在神话、宗教主导的时代难以与经验事实有效结合，因为经验可能为臆想所影响。近代科学兴起过程中，加入了外在客观世界，形成科学意义上的真实。科学立足的思想基础是心物二元论，即作为主体的考古研究者与作为研究对象的物质遗存截然分开，不存在相互依存的关系。狩猎采集社会通常流行"万物有灵"的观念，农业时代多一神教或多神教，如中国这种"敬鬼神而远之"的社会是个例外（毕竟也还是承认鬼神存在的）。科学的考古学排除宗教迷信对于人之认识的限制，人由此可以通过外物也就是物质遗存来探索自身的起源，了解没有文字记载的历史，改变了人们只能依据神话、传说、宗教或是有限文献来了解过去的方式。

科学立足于逻辑、理性、客观与现实四条基本原则之上，是迄今为止人认识世界最有效的手段。科学，尤其是自然科学在认识世界上的贡献，有目共睹，立足其上的技术革命则深刻地改变了整个世界，也改变了人类的历史。不过需要指出的是，科学的真实同样不等于经验的真实，虽然我们现在时常把科学绝对化，以为科学等于正确，科学的真理是绝对的真理。科学的真实是人运用科学的手段所建构起来的真实。它的一个突出的特征，按照波普尔的说法，就是可以证伪，但不能证实。科学并不等于正确，但是它可以让人避免迷信，能够接受质疑。正是通过基于四条基本原则、反复的批评与质疑，科学才不断取得进步，但这不能改变科学的真实仍然属于建构的性质。考古学运用科学的一般方法论与众多自然科学方法来研究过去，由此形成了一些认识，这些认识是可证伪的，并不是绝对的存在，并不等于真实的过去。

与科学的真实同时共存的还有艺术（这里所说的艺术也是与科学发展相对应的西方艺术）的真实。在这个科学昌明的时代，科学成为垄断性的话语，艺术的真实常常被忽视，但艺术与科学宛如一只手的两面，相互补充。艺术的真实是一种直觉的、整体的、模糊的、想象的真实，是非逻辑的。在科学家发现分形结构之前，艺术家波洛克（Jackson Pollock）在画作中已经开始尝试创造分形结构。艺术通常是时代的先锋，好的艺术家凭借良好的直觉能够摆脱纷繁芜杂现象的干扰，直接揭示事物的本质特点，然后用创造性的形式表现出来。当代中国艺术家如张晓刚、岳敏君、曾梵志、周春芽等各有自己的艺术形式，但表现的内容本质上具有高度的相似性，他们所揭示的是中国当代社会科学家还没有能力充分认识的。再比如《红楼梦》对中国没落封建时代的描绘，尽管是虚构的，但是有着历史记载所没有的整体感、直接性与真实性。从这个意义上，艺术家也是科学家，艺术也是揭示真实的手段。艺术是直觉的，因而也是体验的；它是整体的，正好弥补了科学分门别类研究导致的认识断裂；它是想象与非逻辑的，由此超越了逻辑理性对人的巨大约束。考古学研究的世界是人的世界，是人所有的世界，认识它自然既需要科学的手段，也离不开艺术的途径。过程与后过程考古学的发展很好地体现了两种认知形式的影响。

考古学以研究物质遗存见长，但最终研究的还是人。生活中的人是有身份差别的，年龄、性别是基本的，还有宗教、阶级（阶层）、国家、民族、党派等。人是一种社会性的存在，人的认识深受其所在社会背景关联的影响，所以在有关真实的维度上，还需要考虑社会背景关联。自然科学通常不需要考虑这个问题，自然界的事物不会因为社会不同而有所差异，但是人的社会是有差异的；而且因为人研究的是自身，如前面所说的社会身份差异会影响一个人对社会的认识与感知。西方社会的人往往认为中国人都被洗脑了，无法认识到自由民主的重要；反过来看，我们会发现西方社会的人被洗脑得非常厉害。就同一事物，立场的差异会带来迥然不同的认识，而在不同的社会情境中都是真实的。当下社会如此，古代社会同样如此。考古学家从当代社会出发去寻找真实，必定要受制于自身的社会立场；他所探索的社会中同样有许多相关领域需要探讨。以为自己可以完全不受任何立场的左右，绝对中立，是不可能的——上帝也做不到——宗教也是社会的产物。从这个角度上，考古学的真实必定也是社会的真实。

人不仅仅是社会的，还是历史的，尤其是人的文化，是不断积淀而成的，每一代都可能会贡献新的内容，后代往往比前代拥有更丰富、更深入的认识。人在认识与实践过程中，可能会犯错误，还存在难以超越的历史局限性。未来总有不确定性，任何人也不可能完全把握，因此人在行动时考虑更多的是当时的情况，由此不可避免地带有时代的局限。每一代人都有自己的局限，后来者在认识过程中，可能超越前人的局限，从而形成一种新的认识维度，即历史的维度，也就是时间的维度。"风物长宜放眼量"，这是我们考察事物的一个重要角度，把时间放得足够长，我们更可能发现事物的本质与意义。从这个意义上说，真实是历史的。同时，我们还需要注意到，历史的真实是一种非常高级的真实，它可以立足于上述所有真实的基础上，无论经过多少经验、逻辑、科学、艺术还是社会的检验，最终需要时间的检验！如果真有终极审判者的话，时间就是这个审判者。考古学是一个以时间维度见长的学科，考古学研究人类的全部历史，从人类起源到现在（工业考古、当代物质文化研究就是研究现在的考古学），这就是"通古今之变"。

什么是考古学的真实呢？它是上述所谓真实的叠加！当然，历史学的真实也可以说是如此，那么考古学的真实是否就等于历史学的真实呢？它们之间至少有三点不同：一是考古学的时间深度更大，有文献记载的历史在整个人类历史中的占比连 0.1% 都不到；二是考古学沟通了人与物，极大拓展了研究领域，能够接受真实的检验范围更广；三是考古材料是人类活动的直接遗留，只受遗址形成过程的影响，不像文献是某些作者站在特定立场的记载。相比而言，在真实的程度上，考古学的真实更可能超越历史学的真实。不过，考古学更多在史前领域发挥作用，与历史学各司其职，历史考古算是两者的交集。当前许多人还是把历史考古当成历史学的补充，从真实性揭示的角度来说，我们似乎可以反过来，把历史学当成历史考古的基础。如果真能做到这样的话，考古学就可能实现对真实性最大程度的揭示，考古学可以实现对各个层次真实性的探讨。实现这一目标的前提是我们不能把真实性当成绝对的存在，如果一定要加一个绝对性的话，那么它就存在于人类的认知过程中，而人类本身的存在是社会的、历史的。正是因为这样的基础，我们才敢于提出，考古学的真实有前所未有的高度！同时，它也意味着考古学的研究方向需要融合上述已知认识真实的方法与过程。

六
中国考古学未来在哪里？

中国考古学的未来在哪里？对于一名理论研究者来说，这是一种责任，是一个必须回答的问题。如果不能获得明确的答复，那么就不是合格的。从心底里，我知道回答这个问题是非常困难的，它就是"古今中西之问"的考古学版。一百多年来，中国学人都要面临这个问题的拷问，不管愿意还是不愿意，最终都必须给予一个明确的回答。我们不能简单地说，西方考古学就是中国考古学的未来，尽管我知道有人会这么认为，尽管这条道路十分明确，但我知道这是不可能的。各个方面的条件都不允许，最重要的是我们的内心不允许这么做。通过多年的思考与实践，我给出的答案是让中国考古学回到它的本位：作为历史、作为文化的存在。我的想法是后现代的，我批判现代性，但不反对现代性。中国考古学要利用现代性的成果，就像把佛教引入中国一样，我赞同化西为中的道路，主张非中心化的世界考古学格局，中国考古学将在那里找到自己的位置。

未来中国考古学面临的挑战

一、透物见人的挑战

在展望未来中国考古学之时，我们需要了解中国考古学当前研究中存在的问题。首要的是如何从考古材料中获取有关古人的信息，当代考古学发展了许多科技手段与专业分支（如陶器考古、墓葬考古、聚落考古、石器考古等）来分析考古材料，取得了不少成绩。不过离完整复原古代社会还相差甚远，这是不可能完成的任务，或者说这是没有必要的任务。无论如何，考古学家还是想尽可能多地从考古材料中获取信息，无论持什么理论立场的考古学者都会达成这个共识。通俗地讲，就是如何"透物见人"。

我们可以确定的是，考古学获取的信息总是片段的。即便有庞贝古城那样完整精细的材料，可以获取的也只不过是古罗马生活的一个小片段。把无数碎片化的信息拼合起来必然需要一个框架，否则碎片有无数种拼合方式，我们何以知道哪一种拼合方式是正确的呢？这个框架是先在的，什么意思呢？一者因为古人生活是先在的，本身就存在这么一个框架；二是我们有关人（无论古人还是今人）的一般认识是先在的，我们可能无法确切知道古人，但是有关人的一般认识，也是我们可以去连接碎片的逻辑；三是我们可以利用近似古人（如民族考古、实验考古）的生活作为参考的框架。第一点给我们信心：我们的目标是合理的。第二、第三点涉及古今一致性的问题，古今一致性越好，我们的推断就越合理。如历史时期考古，因为古今一致性比较清楚，所以推断古人生活相对容易；对于史前时代,我们所能确信的方面往往限于比较低的层面上,比如说古人一定要吃饭、一定要烧柴、一定要交往等,这些特征都是生物学层面上的统一性,至于古人的社会组织、意识形态等,就非常难以推断了。

二、发展方向的挑战

即便我们有了推理的手段与参考的框架,仍然需要面对一个问题,我们发展考古学的目的何在?西方考古学的基本目标有两个方面:一是科学,一是人文。过程考古学强调前者,即把考古学发展成为一门科学;后过程强调人文,寻求意义的阐释,发挥考古学的现实意义。它们就像一只手的两面,相辅相成。

中国考古学发展的目的何在呢?按照标准的说法,考古学是历史科学的一部分,是要去探索历史规律的。这种说法有点矛盾,如果历史有规律,那么历史学本身也是一门科学,考古学自然也是科学。但是《中国大百科全书·考古学卷》又说,考古学是一门人文科学。人文科学是要去寻求理解的,就像哲学家,根据时代可以对世界与人生提出各种各样的阐释,每一种阐释都有其合理性,你不能说康德就比叔本华更合理,福柯就比德里达更科学,你需要把他们放在不同的历史情境、不同视角中去理解。还像文学家,对同一事物的描写有千百种形式,都是合理的。历史学作为人文科学,得到的不会是规律,而是理解。没有人会相信历史会原封不同地重复,历史是用来借鉴的。理解历史本身就丰富了人的生活,这一点跟哲学、文学没有区别。

如果从这个角度来理解中国考古学,就能接受考古学作为人文科学的性质,也就能理解中国考古学未来发展的定位,以及中国考古学在未来中国社会发展中的意义。当然,这里不是说考古学不要科学。考古学需要发现与获取材料,需要分析材料,还需要解释材料,这个过程无疑都非常需要科学。不过,它还意味着两个需要回答的问题:一是未来中国考古学是否要采用西方考古学二元对立的结构?二是中国考古学是否要走向人文主义?中国考古学未来发展的定位是一个悬而未决的问题,虽然我个人有个模糊的想法,认为中国考古学应该以科学为途径回归人文。这里我的思维显然是中国式的,相克相生,矛盾统一。

三、理论、方法与实践的挑战

从"透物见人"的难题到考古学的发展方向都需要我们在理论、方法与实践这三个方面进行探索。其中理论方面是我们目前最为欠缺的。如果把理论分成高中低三个层次来看,会发现每个层次上的理论都很缺乏。低层理论近似于知识归纳,如研究农业起源问题,自然需要了解全球范围的史前农业发展;研究文明起源,自然需要了解世界不同文明的起源路径。遗憾的是,由于语言的障碍以及几十年的闭关锁国,我们对这些基础知识的了解并不充分,导致对一些基本问题的认识容易出现坐井观天式的局限。

中层理论指有关人的理论,包括人的行为、社会、经济、政治等各个方面。考古学透物见人,首先需要了解一般意义上的人,才能了解特殊意义上的古人。中层理论是关于一般意义人的理论，通常就是社会科学理论。中国学术发展中，社会科学远不如自然科学，无论是研究资源还是发展水平，这导致中国考古学缺少可以借鉴的理论资源。

高层理论基本指哲学。有种说法，中国考古学与西方考古学的差距就是一个哲学。哲学赋予考古学研究以高度或深度，甚至是广度。没有这个层次的理论指导，考古学始终是一种技术层面的东西。我们曾试图去运用高层理论，但是最终坠入了教条主义。而今为了避免不必要的纷争，敬高层理论而远之。久而久之，习以为常；久而久之，觉得有高层理论指导反而不正常。中国考古学未来的发展遇到的关键制约，可能就是这方面的。

在技术方法层面上，新的技术层出不穷，总是让人感到乐观，甚至让人浮想联翩。我们工作中相当一部分是否将由机器人来做，比如分类。这个层面上中国考古学的追赶非常快，研究队伍也在迅速扩大中。可以预见的是，技术会日益完善，会倒逼理论的发展。精妙的技术最终要解决什么问题？实现什么目的？即便我们能够制造时间机器，回到过去，我们仍然需要回答这些问题。我们的目标真的只是了解一个真实的过去吗？就像当下，我们能够耳闻目睹，切身体察，我们需要的只是当下的真实吗？我们需要了解的不是真实的表象，而是真实表象背后更深层次的东西，它的机制、结构、意义，如此等等。技术能够洞察这些吗？

技术进步带来的挑战不仅仅是理论上的，也是实践层面上的。首先是我们获取材料的精度越来越高，越来越丰富。如今不同学科的技术方法都渗透到考古材料研究中，考古学研究越来越复杂，这带来理解上的困难，研究者需要理解不同方法的意义与适用范围。其次，借助网络技术的发展，我们可以共享空前丰富的材料。如果今后考古报告都以电子版的形式出版，那么可以包括的内容将是前所未有的，你甚至能够看到发掘日记。面对巨量的信息，考古学研究也必将精细化。再者，网络技术使考古知识的传播空前便利，这将带来一个事关考古学家身份的严重挑战。

网络提供了一个非常低成本的知识空间，网络化空间的一个主要特点是复杂性，有些东西会突然地形成流行热潮，而人很难有意制造或限制它的出现。在考古学领域，这意味着考古知识的公共化有可能摆脱考古学家的控制。作为专业精英，有时也可能丧失话语权，就像曹操墓的发现一样，而这还仅仅是个起点。考古学界对知识的公共化，或者说考古材料阐释的公共化，还没有充分的认识。当前还是以专家对"公众"或"大众"的姿态来发表考古知识，而不是从公共化的角度认识到考古学家并不是考古信息的唯一阐释者。

四、全球化的挑战

与网络化相关的是全球化，中国考古学面临的是一个开放的全球化的时代。以前考古研究者研究一个问题时，仅仅需要考虑中国范围内的材料足矣。如今我们需要考虑到周边地区，在更久远的将来，必将考虑到世界范围的材料与研究。可以想见，今后的中国考古学将需要很多熟悉世界考古学的人才、研究国外考古学的人才。目前苗头已经出现了，中国学者开始去国外进行考古发掘与研究。

全球化背景下,中国考古学亟待建立自身的学科体系。现如今,在国际考古学范畴中谈论中国考古学时,我们是很难找到自身的独特性的。本来由金石学而来的中国传统考古足以形成中国的古典考古,但是我们放弃了。假如把我们高度强调的田野考古、考古类型学看作中国考古学的特色,又不免不够高级。中国特殊的考古材料同样不能看作特色。什么才可能算作中国考古学的特色呢?这必定要涉及理论建构,必定要与中国文化、中国社会的发展相关联,必定有别于西方考古学。

未来总是让人充满憧憬的。我相信随着中国的发展,社会向外与向内的开放程度提高,随着人们生活越来越富裕,教育水平不断提高,中国考古学将日益融入人们的生活中。那时我们可能除了有世界文化遗产、国家考古公园、博物馆,还将有许多体验的机会。考古不应该只是社会精英阶层的嗜好或炫耀的资本,考古学的公共化将是未来发展的一个趋势。当然,公共化也并非没有问题(如公地悲剧),它所带来的挑战是我们今后需要面对的。

如何发展中国考古学派

发展具有中国特色的社会科学是国家社会科学基金重点资助方向,这是在国家层面上统一的认识。在学术研究层面上,构建中国考古学派是几代中国考古学家的梦想。中国学者,不管自身秉持怎样的学术立场,都希望发展中国的学术事业、形成一支具有创造力的学术队伍。不仅考古学如此,经济学、社会学、人类学、历史学等学科都有这样的追求。所以说就大的目标而言，不同研究者之间并没有什么分歧，分歧在于如何去实现。

当然，问题并不仅仅如此。我们首先需要回答的是，什么样的中国考古学研究才可以称得上是中国考古学派？也就是说，我们得有一些可以操作的指标或衡量的标准，得有足够的实质性，而不是空泛的。你不能说中国考古学派就是中国考古学家的研究，如果这样的话，我们早就实现了，用不着再去追求。类似之，你不能说研究中国考古材料的研究就是中国考古学派，外国学者同样能研究中国考古材料；另外，仅仅研究中国的考古材料是不足以构建中国考古学派的，我们还需要研究世界其他地区的材料。换句话说，考古材料与学派之间没有必然的联系。

还有一种看法，认为构建中国考古学派就是要去研究中国考古学的问题。什么是中国考古学的问题呢？当我们说到"问题"的时候，通常有两种内涵：一个是指当前研究的对象，是肯定现状的；另一个是指当前研究所存在的问题，是否定现状的。究竟是什么含义，取决于所在的语境。前者是构建，后者是批评。其实这两种工作我们一直都在做，但是我们仍然在期盼中国考古学派的出现。显然，我们心底里知道中国考古学派大致应该是什么样子的。

在思考中国考古学与世界考古学的关系时，我曾用到中医与西医（中医发展必定要与现代医学结合）、烹调与营养科学（烹调艺术必须要考虑到营养科学）的比喻，最后得出两点认识：一、中国考古学必定要站在西方考古学的肩膀上才能有更大的发展，也就是说我们必须学习西方考古学；二、中国考古学一定需要创造自己的理论、方法与实践，才可能成为中国考古学派。近代科学与考古学是舶来品，我们自身拥有的叫作金石学。金石学因为不科学而遭到批判，基本被舍弃了。科学发展一日千里，西方考古学在理论、方法与实践上走在中国的前头，这是我们不得不承认的现实状况。闭关锁国，自成一统，自然很容易形成特色，但显然这样的特色不是我们想要的。而所谓中国考古学派应该有一个具有自身特色的理论、方法与实践体系，而不是只有某个片段。尤其关键的是，这个体系应该有自己的理论基础，也就是"质"的差异性，而不是一种表面上的不同。

这么讲还是比较笼统的，只是提及了我们可能的目标，而没有讲清楚我们可以利用的资源，以及具体的发展策略。这里我侧重讲一下理论基础的问题。所谓"根深才能叶茂"，中国考古学未来的发展需要解决自身理论基础的问题，没有独特的理论基础，所谓中国考古学派不过是无本之木、无源之水。我们不妨先看看其他学科的发展状况。中医不必细说，它本身就有一套独特的理论体系，问题是如何现代化。最近我注意到建筑学，王澍提出"园林的方法"，我在《作为人文的考古学》中讲了他的主张，并说他的主张非常后现代或后过程。还没有提及他的思想基础，尤其是哲学基础。简言之，他的本体论是一种以主体历史体验为中心的一元论，这种思想来自中国传统。就像中国人说"气"——万物的源泉，看似唯物，其实来自主体的历史体验。王澍似乎成功地把现代建筑技术与他的思想结合起来了，让我们看到了一种很独特的中国建筑学。

在考古学理论发展上，日本考古学先行了一步，沟口孝司提出"人文考古学",强调日本的人文传统。好长时间我不能理解这种主张有什么意义,现在开始体会到,日本所谓的人文考古学有点像上面所说王澍的中国建筑学。不过,中国是东方人文的真正鼻祖,要说人文的话,我们更有条件来做这件事。这里的一山一水、一草一木、一器一物,经过长期的历史实践已经"人文化"了。中国考古学家研究的对象从器物到空间,并不是一个简单的客观实在,而是千百年来祖先历史体验的累积,举个简单的例子,就拿我们吃饭用的筷子而言,我们怎么拿、怎么放、怎么使用,都有许多文化意味。

当然,仅仅承认物质文化意义的历史累积是不够的,这只是人文考古学的一个特征,即观照物质的方式。能够称得上中国考古学派的中国考古学,其理论基础必定要追溯到深厚的中国人文传统。其中包括本体论的认识,如中国哲学传统反对二元对立,强调"天人合一",主客体相互交融。中国人文传统中的历史与文艺提供了主客体相融的丰富形式与内涵。这些都是独一无二的,都是无法取代的——以历史的体验为基础的,就好比别人没法替你尝一道菜的味道一样。这样的考古学注定只能叫作中国考古学,必定也会形成中国考古学派。追溯中国自身的人文传统,不是件容易的事,因为文脉的中断使得我们看待它时几乎如外国人一般陌生。好在我们现在开始注意到这一点了,从中学语文教育的转向大致可以看出一点端倪来。还记得多年前通读《论语》的感觉,既陌生又熟悉,陌生的是文字,熟悉的是内容。我们的生活实践并没有完全抛弃传统,这让我还很容易理解它。所以,尽管存在困难,如果我们想利用自身的人文传统,还是完全可能的。

本来我们还有一个思想源泉，那就是中国的马克思主义，这是一个经过了革命洗礼以及许多失败挫折磨炼过的思想。马克思主义考古是西方考古学的八大范式之一，是一个无法忽视的存在。面对这个思想源泉，大多数研究者可能都心有顾虑，因为不堪回首的极左运动。不过，政治归政治，学术归学术。假如翻过这一页，我们是否可以有历史资源可用呢？早在1949年以前，郭沫若就尝试用马克思主义来解释中国古史的分期，他的研究还是相当成功的。值得注意的是，马克思主义的辩证唯物主义思想与中国人文传统的思想基础是不一样的。以前我们采取的态度是一定要分出对错，究竟谁科学，不用说，中国人文传统肯定不行。人文的东西本来就不能这么看，就好比说川菜与淮扬菜哪个更正确。因此两者并行不悖是完全可行的。假以时间，中国化是完全可以的，就像我们通过佛教引入印度的哲学思想一样。

长期以来，考古学领域一直在倡导理论多元化，张光直、严文明等考古学家都是这么主张的，但是效果不是很明显。理论问题的讨论有点像在谈天气预报，几乎人人都在说，谁也不知其所以然。古人云"道尚贯通"，理论问题贵的不是多元，而是从理论基础到实践的贯通，简单说，就是能用、好使。从马克思主义的哲学原理到考古材料，其间有一条鸿沟需要跨越。一个途径是从理论原理向可以检验的假说演绎，另一条途径是从考古材料中推理出有关人类行为、文化、社会或历史的认识，毕竟马克思主义是一种有关人类社会的宏观理论，它并不直接研究实物遗存材料。不仅马克思主义如此，其他理论同样如此。这反过来说明考古学研究的两个属性：一是理论要足够基本、深入，足以进行演绎；二是考古材料研究足以提升到人类行为、文化、社会或历史高度，而不是一直停留在考古材料形态特征层面上。

如果从这样的角度来审视中国考古学的理论发展，就会发现仅仅依靠考古地层学、类型学是不足以构建出中国考古学派的。或有人认为这两者不是考古学理论，其实不然，它们的确是考古学理论。这两种理论形成于19世纪，构成近代考古学的科学基础。它们不是对现象事实的简单归纳，而是基于理论前提的推导，如考古地层学立足于地质学的均变论，类型学来自进化论与生物分类学。两种理论的应用让当时杂乱无序的实物遗存材料具有了进一步研究的可能。但是，它们毕竟是19世纪的理论，既没有足够的深度供我们演绎，也不能让我们把对考古材料的推理上升到人的层面上来。

这么说，可能有点偏激，因为基于"考古学文化"概念发展出来的"区系类型""文化因素分析"等不就是在研究古代文化的发展与互动么？这样的认识不乏合理性，但是问题在于它们所立足的理论基础是什么呢？比如说考古学文化所说的文化是一种什么样的文化？为什么我们可以把考古学文化假定为一个人类群体（不管是什么意义上的）？20世纪考古学家反思文化历史考古时，指出这里的文化观有点唯心主义——并不是如其所言的唯物主义，因为考古学文化是一定时间与地域范围共同遗存特征的组合，这个时间段与地域范围内的人们都认同这套规范——这么做陶器的人才是我们的人。以共同遗存特征为代表的心理认同成为划分不同群体的标准。但是共同遗存特征是否足以代表群体身份的心理认同呢？中、日、韩三国的人都用筷子吃饭，群体心理认同差别远矣！

再进一步追问，我们应该如何看待作为遗存的物质，它是外在于人的客观，还是主客体融为一体的东西？前者是所谓传统科学的唯物观，后者是人文主义的。其实，当代科学的物质观已经发生了改变，我们可以通过常识理解的实体物质是非常狭义的，如今更多从力场、信息等维度来理解物质，跟同时代人文主义的物质观存在着惊人的相似性。某种意义上说，以考古学文化概念为中心的理论体系其科学基础是19世纪的，一种牛顿式的、静态的、被动的物质观。过去一个世纪里，科学发生了翻天覆地的变化，显然不能视而不见，未来的中国考古学发展必定要与之结合起来，否则是没有出路的。

前面侧重探讨了中国考古学派可能的思想基础，没有思想基础的中国考古学派可能只是口头上的。这里强调尊重历史，尊重传统，因为学术的进步都是站在前人肩膀上的。古今中西的争论由来已久，其实许多时候中西并不矛盾，问题是我们还要不要传统，如何看待前人的文化财富。当然，继承不等于因袭，而是要发扬，我们需要把传统融入今天新的探索之中。改革开放以来，中国考古学取得不小的进步，主要表现为利用多学科的手段从考古材料中获取有关人的信息，这也就是我们经常所说的自下而上的角度，而另一个自上而下的角度，则乏善可陈，以至于中国考古学的发展缺乏必要的理论基础，许多时候看起来像一门获取与分析材料的技术。

我们如何才能获得有足够深度的理论基础呢？除了从传统之中获取营养，我们还能怎么做呢？一个可行的策略就是丰富我们的研究范式。这是什么意思呢？范式是思维框架与概念纲领，材料的收集、分析等都是围绕它展开的。过程考古学的概念纲领，是作为人身体之外适应手段的文化，跟文化历史考古的"考古学文化"概念中作为划分不同人群单位标准或规范的文化是截然不同的；而后过程考古学中作为能动的、象征的、主客体相融的文化又把我们带入了一个新的天地。当代考古学领域不止这三个范式，不同范式在不同领域、研究不同问题时有自己的优势与合理性，不是简单的对与错、先进与落后的关系，更多是代表不同的角度。

许多年来我们都希望学术领域"百花齐放，百家争鸣"。为什么要这样呢？因为这样的话，学术研究才能保持活力，才可能不断创新，一家独大容易形成垄断。学术发展需要在开放多元的环境中，让不同的研究范式充分竞争，然后在实践中加以检验，最后自然而然地形成某种趋势，当这种趋势足够强大的时候，我们说，中国考古学派就诞生了。这应该是中国考古学派诞生的过程，它的出现不应该也不可能是设定的，甚至是无法设计的。

从这个角度来说，构建中国考古学派并不是一件需要刻意去做的事情。事实上，如果从文化历史考古范式的层面上来看，中国考古学派早就有了。以苏秉琦先生为代表的一代考古学家，提出"区系类型"理论，打破两个"怪圈"——中华一统的观念与把马克思主义历史规律当成历史本身（即以论代史），进而认识到中国文明起源的"群星璀璨"模式，以及"古文化-古城-古国"的文明发展路径。在文化历史考古范式的框架内，无论是理论、方法还是实践都有自己的特色，称为中国考古学派并不为过。这里再谈论这个问题，无疑是希望中国考古学超越文化历史考古的范式，更上一层楼。

范式作为思维框架与概念纲领引领研究目标的确定、材料的收集与分析，文化历史考古范式下获取的材料许多时候并不能完全满足其他研究范式的需要，如过程考古学以文化适应研究为核心，不仅需要收集遗物的空间信息，还需要收集诸如石器陶器上残留物、工具上的使用痕迹等证据，而不只是观察器物的形态特征。完整的器物重要，碎片同样很重要——分型定式研究中则作用有限。所以，要超越文化历史考古的范式，除了前面所说的理论基础的反思与拓展之外，在材料获取的层面也要拓展。

简言之，所谓如何构建中国学派的问题其实是如何丰富与拓展研究范式的问题，实现这一步需要从理论与材料两个层面上反思与拓展。我们知道，科学研究的进步通常就是这么发生的，牛顿的古典力学体系为爱因斯坦的相对论所突破，后者又被量子力学所突破，后面还有超弦理论。每一次突破都是一次拓展，对前人的研究既有继承，也有批评。我们今天还会学习牛顿的古典物理学，但是要明白它的局限性。文化历史考古的范式同样如此，我们在继承它，也在反思它。在考古学研究实践上，中国考古学研究者并没有囿于这种范式，只是我们不习惯于理论概念的追问与探讨，因此没有能够在理论意义上突破，实现范式从理论到实践的全面拓展。如果我们能够突破这种局限性，中国考古学一定会更加繁荣，到时候不是我们在考虑如何中国构建考古学派，而是别人在考虑如何建立自己的研究学派了。

构建中国考古学派的再思考

过去几十年，中国考古学取得了长足的进步，对比往昔的峥嵘岁月，将之说成"黄金时代"，似乎也说得过去。至于说取得了哪些进步，不用我在这里罗列，随便环视一下周围，都可以看出来。众多的博物馆、考古遗址公园是最明显不过的标志，每年众多发掘与考古发现都会掀起一番热潮；新的考古科技是层出不穷、日新月异；考古学的人才队伍正在迅速壮大，每年毕业的博士、硕士成百上千……可谓成绩喜人，形势一片大好。这些成绩，我们无须否认，而面向未来的发展，我们还是需要反思，了解自己的不足，在未来的研究中加以弥补，争取更大的发展。

回顾考古学的学术发展史，不难看出一个基本的规律，那就是否定之否定。一代考古学家往往会批评上一代考古学家的不足，不断提出新的主张，形成新的流派，而他们又会被下一代考古学家所批评。正是通过学术批评，考古学破旧立新，继往开来，形成了学术史上一个个的流派或是范式，构成学术探索道路上一个又一个的里程碑。长江后浪推前浪，一浪更比一浪强。每一代学者都希望后继有人，英才辈出，绝不希望后来者对自己是亦步亦趋、不越雷池半步。如果他们真有在天之灵，看到后辈学者把自己当成偶像崇拜，而不是当成奠基的石块，我想他们会黯然神伤的，怎么一代比一代弱？

学术是在批评而非歌颂之中进步的，虽然被批评者不会那么愉悦。人无完人，一个人的贡献肯定是有所偏颇的，一个学说同样如此，不可能完善到无懈可击的地步。即便真的能够如此，随着时代的变迁，还是会过时，需要与时俱进，需要不断革新。理解这一点很重要，这样我们就能够对学术批评保持足够的宽容，鼓励并接受合理的学术批评。通过学术批评发现问题，寻找共识，探索新的路径，从而促进新的学术流派的形成。

当年苏秉琦先生之所以潜心去搞区系类型，究其原因，是"以论代史"风潮中学生们对他的批评。按苏先生的回忆，事情结束之后，他开始思考学生批评的合理之处，的确，考古学不能只见物不见人，如何才能又见物又见人呢？他想到区系类型的方法，以此建立中国史前史的时空框架；在此基础上，进一步探索不同考古学文化的谱系与交流；以考古学文化为单位探索经济与社会发展水平。当然，这不是他一个人的工作，苏先生与他的学生构成这股学术潮流的核心，以高校教育与科研为平台，逐步壮大，成为主导中国考古学研究的力量，尤其是在改革开放的前二三十年。

苏先生希望发展考古学上的中国学派，其实他已经发展起来一个学派，可以叫作区系类型学派或就叫作苏公学派。我赞同他发展学派的想法与努力，但不赞同如中国这样规模的国家只有一个学派。这个学派的生成动力不是宽容的学术批评，而是运动式的批判，甚至有人身攻击，这是特定时代的产物。所幸的是，批评者与被批评者都在学术上有所思考。批评者凭借年轻人初生牛犊不怕虎的精神，提出要建立中国的马克思主义考古，提出考古学要见物见人。被批评者思考其中的合理性，找到解决当时问题的方法，由此发展起来一个学派。学派的成长是和缓的，它正好利用了中国考古学科复建的机会，就好比重起炉灶一样，通过教学与研究指导形成具有内在共识的学派。

相比而言，过程考古学的兴起很具有西方学术的特色。现在我们回顾学术史的时候，通常把过程考古学的渊源追溯到1948年瓦尔特·泰勒（Walter W. Taylor）《考古学研究》（A Study of Archaeology）一书的出版，该书也是他的博士论文。在书中，泰勒火力全开，把学界大佬几乎都批评了一遍，但是他"只破不立"（他所提倡的缀合方法算不上真正的"立"）。前驱还有戈登·威利的聚落考古，它开创了运用考古学的空间方法探讨古代社会变迁的先河。此外还有约瑟夫·考德威尔（Joseph Caldwell）1959年在《科学》（Science）杂志上发表的文章，提出"新的考古学"的概念，这些都只是先声，影响相对有限，如泰勒一辈子都遭到学界大佬的排斥。过程考古学的真正兴起是在60年代，宾福德接连写了几篇很有分量的文章，提出了过程考古学的概念纲领与基本理论方法，逐渐得到一批年轻学者的呼应，当然也有资深学者的支持，如保罗·马丁（Paul S. Martin）。随后在1965年的美国考古学年会上，这批学者组织了自己的讨论小组，正式登上学术舞台。1968年推出《考古学的新视角》（New Perspectives in Archaeology）一书，该书是美国考古学年会讨论小组的论文集，在研究实践上开始尝试应用过程考古学的主张。美国考古学会年会是两年举办一次，与会者参会之前，可以向组委会提出自己的讨论主题，达到一定的人数，通过组委会的评估，就可以建立自己的讨论小组（session）。因此，讨论小组的变化可以反映学科内部不同流派的此消彼长。

组织讨论小组是学科发展中较为"自组织"的方式,有点"拉帮结伙"的意思。过程考古学刚起步的时候,根本不知道自己是一个学派,成员之间只是心有戚戚,都是不满于学术现状、在关键学术观念上较为一致的人。他们对学术现实展开批评,学术界一时间硝烟四起。现在回想起来,当时的批评似乎没有必要那么激烈,传统研究其实没有过程考古所说的那么不堪,过程考古也并没有完全实现自己的主张。在学术争论的过程中,过程考古被传统学派冠以"新考古学"的说法。一段时间过后,争论逐渐平息,学术趋势显现,于是有了过程考古学的说法。过程考古兴起的直接表现就是学术批评,"弄斧必到班门",他们意气风发,不怕学术权威,无惧经典信条,上来就是釜底抽薪,直接把考古学文化所依赖的概念基础——作为标准规范的文化改造为"作为适应的文化"。过程考古兴起的另一个细节很少有人注意,其实它的形成跟苏公学派的形成一样,也是依赖考古教育的。20世纪60年代初开始,宾福德任教于芝加哥大学,就在他任教的那些年里,一批杰出的学生涌向这里——大家有兴趣的话,可以看看伦福儒对宾福德的访谈(刊于《南方文物》2011年第4期),这批学生几乎都成为过程考古的主要干将。时势造英雄,学术发展到那个时候,产生了巨大的需求,于是在合适的地方,就产生了一批新的学者。

最近看法国"年鉴学派"史,注意到这个学派的形成也是一个很好的参考对象。年鉴学派形成的标志是1929年《社会历史学年鉴》(或《经济与社会史年鉴》,Annales d'histoire économique et sociale)的创刊,不过其渊源则可以追溯到19世纪末20世纪初实证史学所出现的危机。当时实证史学几乎把历史学发展成了史料学，历史学被史料牢牢困住。年鉴学派因应这个危机而生，从若干志同道合学者的出现，到开始创建自己的学术期刊，再到创立研究与教育机构，到了20世纪60年代，年鉴学派已经成为法国历史学界的主导，并影响到全世界，同时影响到了考古学。不仅能够影响文化历史考古，而且还能够影响过程与后过程考古，学派生命力之强可见一斑。回顾年鉴学派的历史，不难发现，创立代表自身学术观念的学术期刊是至关重要的一步，通过这份期刊，年鉴学派宣传自己的理念，尝试具体案例的研究。这份期刊的编委会由11名学者组成，来自历史、地理、社会学等多个学科，很好地践行了年鉴学派要研究总体史而不只是政治史的观念。学派需要表达自身特殊观点的平台，尤其是得到学术界承认的平台，这也是把1929年视为年鉴学派形成年份的根本原因。当今时代，传统学术平台难以获得，网络平台便利非常，新冠疫情期间，我们已经看到这种新平台非凡的潜力。

　　学派的形成始于学科出现的问题，当问题连成片而且无法解决的时候，就成了危机。"危机"这个词是非常辩证的，它的意思是困难的背后蕴含着机遇。苏公当时面对的是"以论代史"的空洞，把考古材料套进既定的理论框架中，研究结束。考古学虚无化，考古材料最基本的时空特征都没有弄清楚，而这正是考古学科学性的基础，没有严格的时空控制，考古学与盗墓、收藏有什么区别呢？苏先生了不起之处在于它没有盲从当时如日中天的苏联考古学，而是实事求是，从考古学研究的自身逻辑出发，考古学首先需要把材料弄懂弄透，而这需要研究者深入到材料中去，调查、发掘、整理、分析，需要把直觉体验——多摸陶片与理性思考结合起来。苏联考古学在20世纪70年代陷入了危机,也不得不重新回到类型学研究的道路上来(特里格《考古学思想史》第一版有专章讨论)。如今中国考古学也有不少问题,是否也有危机呢?如果说有的话,危机又是什么呢?如何才能走出危机呢?这些都是值得我们思考的问题。

面对这些,我们直接的反应恐怕是,中国考古学作为文化历史考古,它的未来应该是过程考古,然后是后过程考古。这样的思考显然过于简单,为什么这么说呢?因为它无视一个既有的事实,世界上除了以英美为中心的英语圈是这样的变化之外,其他地区并非如此。即便是在英语圈,美国仍然是过程考古的天下,英国则更偏向后过程考古,其他国家大多是混杂的。英美世界之外的德、日、俄,文化历史考古仍旧强大,法国则是另辟蹊径,在自己的结构主义思想指导下,一骑绝尘(法国的社会科学几乎全部受到结构主义的影响,包括考古学在内,操作链的思想正源于此)。

考古学思想的发展路径无疑是多样的,读特里格《考古学思想史》的一个收获就是,考古学思想的发展受到内外关联的影响,我将其外部关联分为社会背景、时代思潮、相关学科发展三个部分,内部关联分为理论、方法与实践三个部分。这里也许还应该加上一个部分,即学术网络之间的相互交流,比如我们中国考古学现在了解过程、后过程考古学的发展,它们的部分观念与方法是可以借鉴的。简言之,中国考古学的发展需要考虑到它的内外关联与学术网络资源,而不是简单地将文化历史考古-过程考古-后过程考古视为一条唯一合理的发展道路。人文社会科学不像自然科学,从来就不存在放之四海而皆准的东西，也不存在这样唯一化的发展模式，政治学、经济学、社会学、历史学等领域无不如此。

中国经济、社会发展极为迅速，几乎是一步从农业时代跨入了后工业化时代，中国已经崛起。虽然中国人总是谦虚地说，我们还有很多很多的问题，我们还是个发展中国家，但是巨大的身量已经不允许中国低调，我们"大国小民"的心态可能也要变一变了。长期以来，我们把自己的文化批得体无完肤，认为它几乎都是糟粕，阻碍了中国的发展。我们假定存在一个优秀的文化、一个理想的文化，如果我们采用这一文化，那么就会十全十美。事实上，对于大多数人而言，这个假想的文化就是西方文化，而如今我们发现西方本身存在的问题不比中国更少，根本就不可能是我们理想的目标。我们必须要走自己的路了！即便是西方真的优秀，也是不可能直接拷贝的。中国过去的发展历史表明，直接照抄，从来都是不成功的，甚至是灾难性的。中国成功的时候，就是从实际情况出发，参考一切可以学习的对象，并不必局限于西方，走自己的路，就像改革开放一样。这是我们的时代精神！也就是说，中国考古学的未来也必须如此，我们要学习，广泛地学习，但我们一定要走自己的路。

时代精神有了，这是方向、是内核。下面要问两个问题，当代中国考古学是否扎根在中国现实的发展之中呢？中国考古学研究者是否了解中国现实的发展呢？大多时候，我们看到的是自己的不足，好像一无是处。这是我们的现实状况么？成功的创业者往往都是从平凡甚至危难中发现机遇的人。中国考古学派是一种需要，我们甚至需要的不是一个学派，更可能是几个学派。中国考古学行走在古今中西之间，不同的偏重组合就可能产生不同的学派。考古学是一个边缘学科，跨越自然、社会与人文科学，可以从许多个角度切入，那些新的视角都是生长点。中国学派正在路上，中国学派，可以有，也必须有！

中国考古学理论的发展展望

改革开放以来，中国考古学取得长足的发展。进入新世纪之后，更是跃上了一个新台阶。研究队伍迅速扩大，目前已知四十余所高校开设相关的专业；每年开展的田野发掘数百处，研究设备与世界先进水平看齐；相关博物馆、遗址公园的建设也是如火如荼，公众对考古发现与研究的关注达到前所未有的程度。近年来，中国考古学开始走出国门，在世界各地开展工作。新的发展形势也带来了新的任务、新的挑战，中国考古学在实践与方法领域进步迅速，但是在考古学理论领域相对滞后。中国考古学要发展成为一门结构完善的学科，理论建设是今后亟待加强的方面。

一、他山之石

当代西方考古学理论的发展产生了众多的范式，代表性的有文化历史、过程、后过程、生态、进化论、历史-古典、能动性、马克思主义八个范式，其中又以文化历史、过程、后过程的影响力最大。西方考古学理论的发展与考古学科内外关联因素密不可分，从内部因素讲，理论、方法与实践之间持续存在的紧张是学科理论发展的内生动力，实践与方法发展不断推动理论的进步。从外部因素来看，社会发展、时代思潮与相关学科的进步，也在推动理论发展。

19世纪末，田野考古已经积累了巨量的考古材料，考古学家运用考古地层学与类型学进行分期与分区研究，但是仅仅是材料研究是无法触及已经消失的古代社会的。于是，考古学家借鉴了人类学的文化理论，把分布在一定时空范围内的共同遗存特征称为一个考古学文化，用以指代一个古代社会群体。考古学文化概念的形成标志着考古学开始有了自身的理论构建。以考古学文化概念为核心的研究就是文化历史考古，它在构建史前文化历史框架、探索族群起源、文化交流等问题上发挥了不可替代的作用。20世纪30年代开始，西方考古学走向功能主义，希望通过考古学研究了解古代社会的运作，但是直到60年代过程考古学兴起，才形成较为完整的理论体系。过程考古学提出"更科学，更人类学"的主张，强调考古学在通过考古材料了解古代社会之前，必须要先了解古代社会如何成为考古材料的。尽管古代社会已经消失，但是我们可以就此构建出一般性的理论模型。由此，我们可能"窥一斑而知全豹"。80年代，后过程考古学兴起，提出要想真正深入理解考古材料，必须要理解材料背后的背景关联，这些不在场的东西真正决定考古材料的意义。后过程考古学在本体论、认识论与价值论上与过程考古学都针锋相对，它代表的考古学的人文倾向与过程考古学所代表的科学倾向构成当代考古学的两大主题。许多新的范式都附属于这两大主题之下，这也是当代西方考古学理论最基本的特征。

二、中国考古学理论的源泉

近代中国考古学是从西方引入的，包括当前流行于中国考古学中的"区系类型"理论也是在考古学文化理论基础上形成的。广泛学习西方考古学理论，汲取其精华仍然是构建中国考古学理论的重要来源之一。除此之外，中国考古学理论还有若干个重要基石或源泉。首先是金石学，它在北宋时期已经发展出明确的宗旨与方法，长期以来，因为不够科学而饱受诟病。随着后过程考古学的崛起，使我们认识到，金石古董是中华文化传统的载体之一，它比文字记载更具象、更直接，人们在观赏体验日常实践的同时接受与传承文化传统。金石学是我们值得珍惜的学术遗产，而不是包袱。次之是马克思主义，中国是马克思主义研究的大国，马克思主义考古也是西方考古学的重要范式之一，马克思主义思想对矛盾、内因、阶级等的关注，对于我们研究史前社会的复杂化进程有重要的指导作用。马克思主义丰富的思想遗产还有待中国考古学去发掘，它也是我们理解西方其他考古学思想的阶梯。三是中国考古学的研究实践，从20世纪20年代算起，中国考古学已有百年历史，数代考古学家立足于中国考古学的实践，形成了以"区系类型"为代表的理论。而随着材料的增加与方法的进步，中国考古学正在悄然转型，走向关注古代社会运作的"社会考古"。最后就是公众日益增长的文化需求，过去几十年中国高速发展，文物、博物馆与文化遗产日益受到公众的关注，这对考古学研究既是动力、机遇，也是巨大的挑战，如何让考古发现研究更好地服务公众，也是考古学理论建设需要思考的重要课题。

三、构建当代中国考古学理论

当代西方考古学理论领域理论众多，我们首先遇到的问题就是如何处理它们与当前中国考古学理论的关系，如考古地层学与类型学是否是理论？众多范式是否并行不悖？如此等等的问题是我们在发展中国考古学理论过程中要优先考虑的。考古学是通过研究考古材料（物）来了解古代社会（人）的一门学科。其核心任务可以简称为"透物见人"。如果用这一宗旨来衡量当代考古学理论，就会发现这些理论同属于"透物见人"的研究过程，处在不同层次之中，并相互关联。我们称为"分层－关联"的理论结构。

目前我们把考古学理论分为五个层次。第一个层次是有关考古材料特征本身的理论。获取考古材料是考古学研究的第一步，这其中要依赖考古地层学与类型学，建立考古材料的时空框架。第二个层次是有关考古材料形成过程的理论。在我们通过考古材料去推导古代社会之前，需要了解考古材料是怎么形成的，它经历了怎样的废弃过程，受到哪些扰动，否则把所有材料同等对待，就可能无法去伪存真。这部分理论包括废弃过程研究、埋藏学、行为考古等。第三个层次是狭义的"透物见人"的理论，即通过研究各种考古材料去了解古代社会。就研究材料的差异，考古学形成了诸如石器分析、陶器分析、聚落形态研究、墓葬考古、植物考古、动物考古等许多分支。第四个层次是有关人类行为、文化、历史与社会等宏观主题的理论，这些理论其实并不是来自考古学，而是从相关学科借鉴而来，尤其是人类学、社会学、生态学等学科。最后一个层次是有关考古学本体论、认识论与价值论的理论，这是最高层次也是最抽象的理论，它会影响到下层理论的选择，当代考古学中科学与人文两个主题就在这个层次上有重大的分歧。

五个层次的理论沿着三种逻辑展开推理，一种逻辑是自下而上，即从考古材料到理论，从特殊到一般，用归纳法，文化历史考古多用这种逻辑。另一种是自上而下，即从理论到考古材料，从一般到特殊，用演绎法，过程考古学强调运用它。还有一种平行推理，所用的为类比逻辑，因为古代社会已经消失，考古学家运用信息片段去拼合过去，需要一个可以参考的框架，民族考古、实验考古等提供这样的帮助。当然，类比算不上论证，所以强调演绎推理的过程考古学研究者通常希望把民族考古、实验考古这样的研究上升到理论模型层面上来，形成"中程理论"。为此，考古学家可以去研究现代垃圾废弃过程、当代物质文化等，从中去提炼有助于考古学推理的理论，从这个角度来说，考古学家的研究视野已经不局限于古代遗存，考古学理论的来源包括人类社会的一切内容，无论古今中外。

构建中国考古学理论需要广泛的包容，包容不同层次、不同范畴乃至不同时代的理论。长期以来，为现代性思想所左右，我们视历史为包袱，把理论的维度单一化，因此在研究之中缺乏创新的角度。海纳百川，有容乃大。中国文化以善于包容融合著称，中国考古学的理论建设之中也需要发扬这一优点，把各种来自不同学科尤其是社会科学的理论融会贯通，在此基础上发展自身的理论。同时，研究者要注意训练理论提炼能力，能够在材料分析的基础上发展出合适的理论模型。最后注意，理论的争论并不是简单的对错问题，它是理论发展的驱动力之一,在丰富多元的理论探索基础上,才有可能产生富有创造性的理论来。

中国改革开放四十年的经验就是广泛地学习,去粗取精,然后根据中国的实际情况进行再创造,我们称之为"反向创新"。这一策略已经取得了丰硕的成果,是值得我们今后发扬的经验。当代考古学理论一个主要的趋势是从二元对立的科学考古学转向反对二元对立的人文考古学。人文的考古学强调历史背景关联、物质文化的意义等,而这无疑是身处中国文化之中的中国考古学家所擅长的,同时,它也正可以满足当代中国社会迅速发展的文化需求,契合中国文化复兴这一新的时代主题。我们或可以称之为"文化考古"。文化考古是一个中国考古学理论可以探索的方向,它继承了文化历史考古、过程与后过程考古对"文化"这一核心概念的关注,同时它也是联系古今的基本途径,我们当代公众也正是通过文化生活与考古学研究相沟通的。

当然,我们还需要注意中国考古学镶嵌发展的事实,这一点跟中国社会发展的其他方面是一致的,我们还有许多基础工作需要弥补。因此,在发展人文考古学的同时,我们还需要进一步加强科学考古学的工作。我们甚至还需要去弥补一些基本的考古学研究空白,补充完成考古学文化的时空框架。唯有扎根实际情况,同时瞄准发展方向,中国考古学理论的建设才有可能是有本之木、有源之水。

考古学的"化西为中"

在中国考古学的理论探讨中,经常会遇到一个问题,那就是来自西方的考古学理论能否适用于中国考古学？我曾经用气象站的材料模拟狩猎采集者，然后去推导在遇到环境变迁时，哪些地区首先会出现文化适应的压力，也就是可能首先出现文化适应变迁的地方。这是一项我从宾福德那里学来的方法，他基于全球狩猎采集者民族志的材料，建立起一个文化生态模型，确立基本气候数据与文化适应方式之间的联系。因为有这个基础，我才可以反过来用过去几十年的气象站的材料模拟狩猎采集者。不是说一万年前的狩猎采集者跟我基于现代气候所模拟的狩猎采集者一致，而是这样的模拟可以帮助我们解释中国农业起源的发生过程。我曾经看到有关这一研究的批评：这是典型的套用西方考古学理论的例子。

这一批评暗含着一个假设，考古学理论领域有中西之分，我们不能直接使用西方考古学理论，否则就是"套用"。中西考古学理论领域有什么区分呢？有人会说中国考古学更多以考古学文化研究为中心，以地层学、类型学为基础，同时也会借助多学科的方法，目标就是重建史前史。这一理论主张其实也来自西方，我们通常称之为"文化历史考古"。可能有人会不服气，会说这一套方法是中国考古学者在相对封闭的学术环境中自己摸索出来的。但是仔细考察一下上述四个要素：考古学文化、地层学、类型学、多学科方法，无不来自西方。这是需要承认的事实，尽管有些让人难以接受。中国考古学有没有自身的传统呢？当然是有了，早在北宋时期，中国就有了金石学，到了清朝，更是达到了"前无古人，后无来者"的高峰。但是，我们后来将之视为落后的方法，彻底抛弃了。现在再回头来看，金石学不乏可取之处。简言之，中国考古学理论的探讨中，存在"古今中西"的问题，一如我们对中国文化的探讨，也因为考古学就是中国文化建设的一部分。

有关考古学理论的古今中西问题，目前的观点大体可以分为三派。第一种观点，中国考古学理论应该扎根于中国考古学实践，以考古材料研究为中心，从中提炼出理论来。另一种观点主张考古学理论是国际通用的，科学无国界。只有古今，没有中西，"古"代表落后，"今"代表先进，古今之争，谁胜谁负，昭然若揭。第三种观点是承认古今中西的差别，主张化古为今、化西为中，古人所做并不尽然过时，有些东西是可以继承的；学习西方，应该以我为主，学习的目的应该是创造。三种观点是现实的存在，但少有人旗帜鲜明地表明自己的立场。我不避嫌疑，倾向第三种观点。

第一种观点看起来是非常正确的，它不争论古今中西，只是埋头苦干，苏秉琦先生应该说是其中杰出的代表。他基于考古学的实践提出区系类型理论，提出中国考古学的目标是要重建中国史前史，还提出要结合马克思主义，发展中国考古学派。他的主张都是基于考古学实践，由此升华而形成理论主张，与古今中西好像没有什么关系。不过，苏先生所处的时代是中国的学术封闭期，与国外的学术交流基本中断，在特殊的时代背景条件下，他不得不如此。他所立足的考古学文化理论、考古地层学与类型学，乃至马克思主义，都源自西方。某种意义上，苏秉琦先生其实是化西为中的代表，他努力把这些思想理论与中国考古学的实践结合，发展出一套新的话语体系——区系类型理论，实现了考古学文化理论的中国化。

马克思主义考古也是化西为中的，只是目前我们还没有做好。马克思主义是影响全世界人文社会研究的思想,无论是文化历史考古的柴尔德,还是过程考古的宾福德,抑或是后过程的霍德,都受到了马克思主义的影响。柴尔德就不说了,他本身就是一位马克思主义考古学家,考古学理论界大多是赞同这种说法的。宾福德的过程考古是以唯物主义为基础的,尤其是文化唯物主义,威利与萨博洛夫所著《美洲考古学史》也是承认马克思主义的影响的。后过程考古就更不用说了,它的一个思想来源就是新马克思主义的人类学。马克思主义在中国革命过程中实现了中国化,但是与中国考古学的结合还没有完成。后疫情时代,马克思主义考古有可能复兴。新的形势让大家开始重新认识马克思主义,把中国化的马克思主义当成考古学理论思想来源之一,将不再是口号。

第二种观点曾经非常流行,这种观点不只有一种形式,比较极端的是把考古学看作一门科学,没有社会、历史与文化的区别,由此,考古学理论只有对错之分,没有多样性一说。相对不那么极端的,则承认理论有多样性,但世界考古学是一家,中国考古学的目标应该是研究世界考古学的问题,看看中国的材料对世界考古学有什么贡献,尽量用世界考古学家能看懂的语言表达出来。这里所谓的世界考古学其实就是以西方,或更明确一点说,就是以英美为中心的,所谓世界考古学家能读懂的语言也就是英语。我称这种观点为"化中为西"。这种观点也是一定时期的产物,这个时期中国的发展比较落后,整个文化氛围更偏好反思,偏好自我批判。落后了,努力向西方学习,这无疑是应该的;但如果由此丧失了文化自信,只知道解构,而不去建设,在学习的过程中不分好坏,全盘接收,可能会产生很严重的社会问题。

　　时代变了，现在是一个发展迅速的时代，是一个建设的时代，化中为西的思想已经落后于时代。当前在整个中国学术界中，我们能够体会到两种思想的交锋，尽管针对的问题各不相同，但本质都是一致的，越来越多的人支持化西为中，这一趋势在年轻人中表现更为明显。化西为中超越了第一种关起门来埋头苦干的观点，它是主张开放的，主张广泛的学习，也主张立足于中国的实际情况。也就是扎根实际，以自己为中心学习，凡是有利于自己发展的都可以拿来，而不是以对方为中心，这是它与"化中为西"观点的根本区别。化西为中是文化交流中常见的现象，佛教、二胡都是外来的，如今都成了中国文化的组成部分。佛教反而在它的源头印度式微，二胡成了中国民乐的骨干乐器。有人说，以后钢琴也可能成为中国乐器，因为中国学钢琴的孩子太多了。学习、再创造是文化发展的基本路径，西方也是如此，西方引入中国的四大发明，开启了新的时代。西方在近代化过程中，也曾经学习中国的文官制度，学习中国的非宗教的政治文化。其实中外文化上的相互借鉴远不止这些。学好了，学精了，能够推陈出新，文化就是你的了。从这个角度说，中西之分又没有多少意义。

　　具体到考古学理论的建设中，过程考古强调发展科学推理、探索文化适应的机制，特别强调中程理论的建设，这些主张的普适性很好，是可以直接融入中国考古学理论之中的。过程考古比较糟糕的主张还是来自其二元对立的本体论，即它才是唯一正确合理的考古学，之前的文化历史考古已经过时，是错误的，是需要被取代的。实际情况是，文化历史考古是考古学研究的基础,它是在发现事实,经过系统调查与发掘,把考古材料置放于严格时空关联之中,形成考古学意义的事实,也就是可以进一步研究的事实。它还基本重建了史前史的基本框架。没有文化历史考古,过程考古也无法开展。过程考古强调要去解释事实,如果连事实都没有,如何去解释。过程考古"作为人类学的考古学"主张,现在看来是不大合适的,若考古学的目标只是解释事实,这么说是可以的。但是当代考古学的目标还要去理解事实,理解需要本位的(emic)视角,不是非位的(etic)人类学所能做到的;不仅需要逻辑的方式(归纳、演绎、类比),还需要非逻辑的方式,如直觉的、体验的、共情的方式。

没有一种考古学理论是能够包打天下的,即使是号称科学的过程考古也不例外,但其中有不少值得学习的地方,也是不争的事实。当代考古学理论领域,后过程考古方兴未艾,发展出众多理论分支。后过程考古对过程考古的批评是比较到位的,它代表考古学理论的"人文转向",与强调科学的过程考古相对应,两者既相互对立,也相互补充。后过程考古注重探讨物质遗存的文化意义,注意从背景关联(包括社会、历史、文化因素等)与能动性两个角度来理解文化意义的生成与变迁,还注意知识生产过程中的意义渗透,也就是当代背景关联的影响,如此等等的主张,都是非常有价值的,大大拓展了考古材料研究的范畴,丰富了我们对考古材料的了解途径与角度。正因为后过程考古非常强调人文社会背景关联,因此它的"西方性"较之过程考古更强,也就是说,它的理论主张与西方社会、历史、文化关联密切,并不适合中国考古学,至少不是中国考古学理论特别需要关注的问题，比如土著考古（或称本土考古）。

从上面所说不难看出，过程与后过程考古是难兄难弟，似乎接受一个不接受另一个是不可能的。但是，我们从中还可以看出，它们的哲学基础其实都是二元对立的思想。尽管后过程考古很想超越这一点，但它所针对的还是过程考古的问题，结果是矫枉过正，一个把考古材料看成化石记录，另一个则把它看成是没有客观性可言的文本，总之没有一个合适的立场。中国考古学要实现理论上的超越，必须在这个根本上下功夫，超越二元对立的思想。中国传统的思维就是二元一体的。在考古学的本体考古材料层面上，我们可以走出一条路来（考古信息论）；在考古学的发展目标上也可以（发展作为文化的考古学）；在考古学的推理路径上同样如此（逻辑与非逻辑方式的统一），我想我们是可以走出自己的路来的。

学习最终是为了超越，而不是为了依附，因此学习过程中必须以自己为中心，以中国考古学的需要为中心，化西为中，我想这才应该是中国考古学理论的未来。

中国考古学，what next?

曾经听过一个有关中华文明探源工程总结的讲座。老实说，我一般是不大相信社会科学研究大工程的，但是不得不承认中华文明探源工程的确取得了相当的成绩。我将之归纳为三个超越。一个是超越了夏代，西方学术圈普遍不接受夏代的存在，但是中华文明探源工程揭示出至少在距今5800—3800年存在一个"古国阶段",其前段的代表有良渚文化、屈家岭-石家河文化、红山文化,后段的代表有陶寺与石峁。第二个是超越了"中国",已知最早的文明始于长江流域与辽西,然后是晋陕为代表的北方,最后才是中原地区。争论最早的中国并没有什么意义,这个概念有点像个套,"宅兹中国"所谓的中国与我们现在所说的中国完全是两个不同意义的概念。如果再去争论哪里是真正最早的中国,给人的印象是我们现在的中国是通过不断扩张而来的。实际上,中华文明是融合而来的,以中原(或关中,或晋南)为中心的中国并不是中华文明的唯一起源地。第三个是超越了"酋邦"与"国家"的概念,前者是民族学的概念,后者是近现代的概念,都不能很好描述"古国时代"的文明,所以用"古国"这个概念更好,这也是我们的理论创新,当然还需要进一步充实其理论内涵。

中华文明探源工程之后呢?是否还会有下一个大工程?显然,我们不可能总做中华文明探源工程,后续的工作肯定是有的,只是不会再作为大型研究工程提出了。我们的体制有个优势叫作"集中力量办大事",政策的执行力很好,从中国一个个举世震惊的大工程中也可以看出来。当然,也不是每一个大工程都是成功的。拿考古学家研究来说,中华文明探源工程之前的"夏商周断代工程"遭到国内外的质疑就非常多。某种意义上说,中华文明探源工程正是因应这些质疑而诞生的。与夏商周断代工程差不多同时,科技部还有个大课题,是做早期中国人探源的,领衔的主要是古生物学家。作为旧石器考古领域的研究者,我实在没有发现这个大课题在有关最早中国人的认识上面有什么实质性进展。也许因为这个课题还不够大,没有超越学科或单位利益。尽管如此,我相信研究大工程还是要进行下去,不仅仅因为它自身的确存在优势,也因为它符合当下的研究体制,也就是说,研究群体、研究组织结构等利益攸关方也需要研究大工程。

有关下一个研究大工程,我预测可能是"文明比较研究"。中华文明的格局大体清楚之后,就需要拓展出去,看看世界其他地区的文明发展如何。当下最热的课题就是东西方文化交流,从旧石器时代考古(现代人及其石器文化的扩散)到新石器-原史考古(驯化物种的扩散、金属冶炼的传播),一直到历史时期考古(佛教、艺术交流等)都是如此。所以这个大课题也会分两个阶段,一个是东西方文化交流研究,另一个是在此基础上扩展为"文明的比较研究",最后出版一套《世界文明大系》。这个研究大工程规模宏大,需要很多部门、很多学者、很多学科乃至于很多国家的合作。当下我们的关注点多是从西方而来的东西,下一步我们会反思这种思维是否过度,是否有自我殖民化(后殖民主义)的倾向,于是强调更平等的研究,甚至关注中华文明的广泛影响。随着中国日益扩散的改革开放事业,我们也的确需要更多了解世界,了解不同文化与文明的发展历史,从而更好地理解当地的现实发展,这也算是学术服务社会现实需要吧!在这个过程中,各种研究实体(学者、研究组织等)将得到新的发展机遇,如到国外去考古,建立新的研究机构等。我已经开始建议学生,在英语之外再学习一门第二外语,越精通越好,为将来的工作做好准备。

我不知道我的预测有多大的准确性,但是我可以确信的是,还会有下一个研究大工程。这是由我们的科研体制所决定的，无论是行政组织者，还是研究实体，都需要它来体现自己的价值。这种体制最初来自苏联，在组织"大科学"研究方面很有优势，但是无法弥补小科学的问题。所谓"小科学"，指的是基础理论、基本方法的研究，尤其是人文社会科学的思想研究。它并不需要组织研究大工程，而是需要研究者发挥创造性。康德一辈子都住在哥尼斯堡小城中，读书、教书、思考、写作，他的思想影响了全人类。马克思流亡在外，几乎被体制给封杀了，但是他的思想震古烁今。思想的创造不可能来自一个一个的学术会议、一个一个的学术项目、一个一个的名头。某种意义上说，它首先需要的是一张安静的书桌。在学术研究中，单枪匹马、单打独斗是需要的，我们一直都没有解决好这个问题。

当代中国学术的主要毛病，可能不再是物质的贫弱，而是思想的贫弱、精神的贫弱、价值的贫弱，就像我们的身体：虚胖、焦躁。这个毛病不是靠研究大工程所能解决的，大工程一定程度上加剧或掩盖了它。如果我们少吃一点、慢一点、多一点精神生活，我们身体上的毛病就可能消失。在研究领域其实也是如此，如果我们踏踏实实，量力而行，少一点数量要求、慢一点出成果、多一点反思与学习，我们的研究事业可能要健康得多。

具体到考古学研究领域，我们需要在基础理论领域有所突破。学科的发展不可能永远在基础理论领域停滞不前，当前考古技术日新月异，考古材料的发现让人目不暇接，没有理由认为基础理论已经成熟到不需要更新的地步。这方面英美考古学的发展轨迹是可以参考的，就考古学的内在发展而言，中国考古学的实践与方法都已经功能主义化，很像20世纪50年代以前的英美考古学，学科内部的不满与期待也在为理论发展进行铺垫。所不足的是外在条件的限制，主要是思想基础的匮乏、相关学科发展滞后以及社会动力不足。我们知道过程考古学的崛起在思想基础上得益于科学哲学，相关学科方面离不开文化生态学、文化进化论等，社会动力方面来自第三次技术浪潮、美国的全球（帝国）主义以及60年代的反叛潮流等。而后过程考古学的思想基础更雄厚，它立足于欧陆丰富的后现代主义，相关学科方面尤其得益于社会学、复杂性科学等，社会动力方面则是西方后工业化时代的到来。

相比而言，中国考古学的学科发展越来越像一门技术，似乎考古学研究不需要立足于任何思想基础之上。相关学科？社会学、人类学、心理学……这些对考古学有重要影响的学科曾几何时都被取消了，其发展程度甚至不如考古学，因此要为考古学提供支持不免言之过早。至于社会动力方面，我们的研究是国家主导的，国家有强大的力量去推动某个方向的研究，如中华文明探源工程。一旦一个大型项目推出，大家都知道，必须要抓住；一旦抓住，以后若干年都有了保障。与之相应就诞生了利益钻营现象，产生了不少以迎合项目要求为目的的、似是而非的研究。再者，国家主导在解决具体的问题上有优势，在发展基础理论上帮助并不大，过度干预还可能适得其反，国家所能提供的是良好的发展环境，特别是开放、灵活的学术环境。就像在经济领域一样，确立了富有活力的混合所有制，改革开放这些年，中国经济的巨大发展就得益于此。基础理论研究是前沿探索性的，没有成法可依，需要研究者充分发挥主观能动性，上下求索。其中许多探索可能会失败，如果不能容忍失败，就不可能有成功。

从 19 世纪 30 年代汤姆森提出"三代论"到现在，考古学的发展经历了发现整理、材料分析、科学解释、文化阐释等若干阶段。目前中国考古学在前两个阶段的工作大体还好，科学技术方法的应用相当普遍，主要的问题是在科学解释与文化阐释上，也就是如何解读考古材料的意义，其中存在科学与人文两个视角。所有涉及人的研究不仅仅需要解释，还需要理解。前者强调科学，后者强调人文。西方的汉学在科学方法上非常值得学习，它所强调的多元视角也很值得借鉴，但是由于理解上的困难，所以一些解读不免隔了一层，就像中国人读《圣经》一样。这里不是说文化之间不能理解，而是说理解是困难的，需要不同的方法，浸入式的长期经验、与本土学者的充分交流是必要的。科学研究通常需要研究者保持外在、独立的客观性，但由此容易造成理解上的不足。科学与人文是西方学术中两种相互补充的研究途径。

中国考古学者在理解自己的考古材料与文化历史时无疑是更有优势的，但是中国学者似乎在放弃这种优势，竭力追求科学的方法。照说两者并不矛盾，这种自外于自身文化的做法实在令人费解，我将之视为文化上的自我殖民化。当然，还可能是另外一种情况，并不是科学方法的追求过度，而是科学解释与人文阐释不足，以至于材料分析（多用科学方法）研究好像占据主导地位。科学解释中特别需要发展理论，如强调科学解释的过程考古学，非常依赖文化生态学、文化系统论、文化进化论等。没有理论实际上是无法进行科学解释的。人文阐释中强调理解，而理解需要丰富深厚的思想基础，后过程考古学正因为立足于后现代主义的种种思潮，所以才能新意别出。我不知道中国考古学什么时候会在理论与思想上有所建树，唯一我所能确信的，这是学科发展的必由之路。

中国考古学，what next？中华文明探源工程的成功是难以复制的，因为它与特定的时代需要有关，而我们不会永远对这个问题感兴趣。这项工程的成功是考古发现与整理上的成功，是材料科学分析上的成功，而非科学解释与人文阐释上的成功。在理论与思想上，我们或许可以说它符合马克思主义，但并没有运用马克思主义。因为理论多在解释与阐释层面上才有用，因为理论作为工具需要发挥出作用后才是运用了理论。当然，工程之后还会有工程，但是按照学科自身发展的逻辑，我们需要知道，大科学之外还有小科学，基础理论不可或缺；考古发现整理、材料分析之后，还需要科学解释与人文阐释（文化理解）。

中国考古学的优势

首先声明这不是一篇宣传稿，而是一个学术思考。为什么要做这样的学术思考呢？因为一百多年来，我们一直习惯于刀刀见血的自我剖析，现在也许应该换个角度了。中国有句俗语"人贵有自知之明"，本义是指人要善于发现自己的优点，后来不知怎么变成了人要知道自己的不足。如今到了近知天命之年，逐渐体会到人生立世，重要的诀窍莫过于扬长避短。人生来各有短长，没有人无所不能，能够把自己最好的一面贡献出来，就是幸运的。一个人如此，一门学科同样如此。

尺有所短，寸有所长。尽管与西方考古学相比，中国考古学在不少方面的确存在不足，但是并非毫无优势可言，至少还有比较优势，即在整体比较中相对突出的方面。这个术语经济学中用得比较多，比如，尽管发达国家的经济各方面似乎都很强，但是中国有成本优势、市场优势等。中国经济之所以能够迅速发展，就是因为发挥了比较优势。中国考古学的发展同样不能离开这一基本的方法。

值得注意的是，中国发展并不仅仅依靠发挥比较优势。不知大家有没有体会，中国最近这些年突然有钱了，突然变强大了。西方感到非常惊奇，甚至是惊恐，对他们来说，中国的崛起太突然了。最近我想明白了这个问题，中国的迅速进步其实源于在新技术革命中的优势地位。经过多年的积累，中国在技术领域有了质的飞跃，不仅齐全，而且整体水平达到中上，部分进入了高端，尤其是在电子商务、移动支付、高铁等方面，更是遥遥领先。新"四大发明"极大地改变了人们的生活，有力促进了经济与社会的发展。任何发展都是需要有基础的，中国的发展并不仅仅依赖于比较优势的发挥，更在于建立新的优势。越能在高端复杂的领域取得突破，进步就会越迅速。也就是说，发展层级的提升至关重要。

这是一个大发展的时代，中国终将崛起，中国学术必将迎来大发展，中国考古学同样如此，那么它所依赖的优势是什么呢？我们分析一个时代考古学发展可以采用外部、内部关联结合的方法（或称为外史与内史），外部关联讨论考古学发展的一般性的条件，存在于考古学发展之外；内部关联存在于考古学内部，也就是特殊的条件。两个方面共同作用，决定考古学的发展，这是我们从考古学发展史中所能看到的，也是这里我们考察当代中国考古学发展的基本方法。

中国考古学发展的外部关联中最重要的莫过于改革开放的

格局，中国在虚心向全世界学习。因为孩子的缘故，我曾经关注过儿童图书市场，发现我们几乎在翻译世界各地的儿童读物，不仅有发达国家的，也有如巴西这样发展中国家的。相比而言，美国孩子的阅读面就要比我们狭窄不少。开放给我们带来多样的思想与文化，拓宽了我们的视野；而改革表示的是我们愿意不断改正自己的不足。中国发展的问题不少，值得肯定的是，我们现在愿意改正，反应速度要快于西方。改革开放，某种意义上说，是我们的时代精神，其中蕴含着巨大的活力、无限的可能。

随着改革开放事业的发展，最直接的结果是经济，它表现为两个方面，一个是人均水平，一个是总体规模。人均的富裕意味人们有更多的闲钱投入文化生活中，意味着更多的人会去旅游，会去参观博物馆、考古遗址公园。总体规模的扩大意味着国家将会在文化事业上有更大的投入。2014年中国经济规模按购买力评价计算已经超过了美国，中国的发展速度长年是美国的一倍以上，可以想见在未来二三十年之后，中国的经济规模可能是美国的一倍。规模效应是需要考虑的，文化事业上巨大投入是可以期待的，若能用好这些钱，效果将是惊人的。相对于人均水平，总体规模才是我们的比较优势。这是我们考虑中国考古学发展外部条件时最需要关注的方面。

集中力量办大事的优势来自我们的政治体制，也来自于文化习惯。中国文化秉持实践理性，我们没有那么多的理念约束（如宗教观念）。我们曾经学习西方，理念优先，但是效果并不好，而回到实践理性之后，一切从实际出发，实事求是，我们做得应该说相当不错。实践理性优先与西方擅长的观念优先其实是各有所长，可以相互补充的。中国借鉴了两者的优势，在此基础上，发展出长期规划的能力，发展出能够集中力量办大事的能力。不过，在考古学领域，我们似乎还没有如科技领域863、973那样较为长远的学术规划，只有夏商周断代工程、中华文明探源工程这样针对某些重要学术问题的大课题。也许我们现在考虑一下长远学术规划这个问题，不需要全面，但需要抓住学术发展的关键领域。然后去规划，这样就可以持续或集中力量去支持，形成巩固的优势。

从中国考古学的内部关联（理论、方法、实践）来看我们的优势，首先表现在研究对象，也就是考古材料上。中国有超过五千年的文明史、超过一万年的农业社会史，更有世界上最为系统的古代历史文献，尤为难得的是，文明一直没有中断，许多文化都是一脉相承的，可以采用直接历史法加以理解。换句话说，我们在历史考古、新石器-原史时代考古方面有世界上少有的有利条件。巧妇难为无米之炊，我们的祖先留下了悠久的历史、灿烂的文化，这是他们留给我们的财富。曾几何时，我们视之为负担、包袱，这是非常可惜的事。

我们在旧石器时代似乎要黯淡一些，除了旧石器时代晚期后段出现的细石叶技术还算精致之外，其他阶段的石制品都不如欧亚大陆西侧精致，也没有发现精致的艺术品，给人的感觉好像乏善可陈。中国有人类的历史超过两百万年，有特别多样的自然环境，研究资源并不贫乏。南方的洞穴、北方的黄土，还有湖相堆积，都可能发现保存完好的旧石器时代遗存。中国更有世界第三极——青藏高原，探索最早人类的栖居就是重大的课题，中国还是东亚现代人群的起源中心，这些都是研究的富矿，所以中国旧石器时代虽不如后来时段那么辉煌，但也是有自己的优势的。

中国文化是实践理性见长的，表现在考古学上就是考古实践，这包括博物馆与考古遗址公园的建设、文化遗产保护与开发等，规模越大，我们反而做得越好。中国有巨大的人口规模，有旺盛的文化需求，规模太小无法容纳大量的参观人群，数平方公里乃至数十平方公里的考古遗址公园就是中国的创举。西安为了建设大明宫遗址公园，迁走近十万人（当然也是结合棚户区改造），这样的大手笔在世界其他地方是难以做到的。我曾经构想在大商超里修建博物馆，利用那里巨大的空间与密集的人流，没想到南京就已经开始实践了。中国中型以上的城市都有大商超，把文化与商业结合在一起，相得益彰。随着农家乐、美丽乡村的建设，将来还可能有许多乡村博物馆，帮我们留住乡愁。伴随着中国的发展，考古应用实践上的繁荣是可以期待的。

与实践相似的是科技考古，这很可能是中国考古学的未来优势所在。中国极端重视科技，将科技视为第一生产力，无论是在政府层面上，还是大众层面上，无不将科技视为发展的基础。投入的规模、增长的速度举世瞩目，也正因为如此，中国的科技发展相当迅速。加上前面所说的优势，中国可以建设若干大型考古研究中心、超级考古实验室。这里除了国家队，还应该有大学队、地方队。的确，现在部分地方队的实力相当不俗，我在湖南省考古所的研究基地看到一个由若干栋建筑组成的大型研究中心，其中包括一系列实验室、标本库房，环境优美，设施先进。如果再多一些一流人才的话，完全有可能成为国内外一流的研究机构。国家文物局也组建了研究中心，国家队也准备发力了。集中力量办大事，中国很有必要建设一批大型的与先进的研究机构，在组织上，我们可以学习西方的灵活多样，避免直线、条块分割式的管理，这样的话，研究机构可以有更大的发展空间与更强的生命力。

大学队可能在理论领域有更大的作为，这也是大学研究的相对优势。大学侧重基础理论的教学与探索，研究氛围相对宽松，而且还有许多头脑新锐的年轻人。通常来说，偏重组织与集中的研究体制有利于开展大科学研究，比较松散、自由的体制更有利于小科学研究，尤其是基础理论的拓展。这里需要我们发挥大学研究体制的优势，采用更加弹性的研究管理方式，促进理论研究的发展。

理论是中国考古学研究较为薄弱的方面，似乎看不出什么优势来。的确如此，我们一直都在引入各种西方考古学以及其他人文社会科学理论，好像我们没有任何可用的资源似的。我想我们在理论领域至少有三个方向是有一定的优势的。

第一个是发挥中国文化思想传统的价值，西方文化的基本观念是对抗性的，也就是二元对立，中国思想强调二元一体，由此可能导致学科本体论、认识论与价值论的重大差别。中国文化思想观念对于当今世界的问题具有重大意义，这是过去几千年中国文明能够绵延不绝的关键，是经过了历史实践检验的。

第二个优势应该是马克思主义，过去很长一段时间，我们其实是怀疑马克思主义的，虽然说我们的研究要接受马克思主义的指导，但很难看到有效的成果。这次新冠疫情暴发之后，我们可以深切地体会到，马克思主义对资本主义社会的分析与批判是非常精辟的，是目前已知理论中最深刻的。实事求是地说，我们应该可以从马克思主义中发现非常有价值的东西。它对于认识资本主义意识形态主导下文化思想将会很有帮助。当然，像过去那样意识形态挂帅自然不对，但是以为意识形态对学术研究毫无影响无疑是非常幼稚的。

第三个优势是整体与辩证的思维，它以中医为代表，强调从整体上考虑表面上毫不相关的两个因素之间的关系，尤其是当整体极端复杂的时候，我们可以构建起一个合理的理论模型对其进行解释。人类社会是极其复杂的，采用分而研究的方法，的确有效，但是它阉割了社会的整体性。另一条思路应该是从整体上进行研究，尤其要发挥理论建构的作用。我现在还不能准确说出应该怎么去做，但是从基本方法论的角度来看，这是一个有前景的方向，也正是我们擅长的方面。

有没有绝对的优势或劣势呢？从我们的思想传统来看，它们之间是可能相互转化的。如果我们保持开放，广泛地学习，同时实事求是，不脱离中国的实际情况，那么就可能把一些劣势化为优势。后来者有后发的优势，可以避免先行者的错误。当然后来者也有劣势，那就是在学习的时候容易忽视自己的实际情况，削足适履，这样的教训还是不少的。再就是只关注学习，而忘记了创造。扎根自己的实际，就是最有可能形成创造的地方。

我是否可以展望一下三十年之后的中国考古学呢？如果我们能够发挥优势，我想那个时候应该可以在中国看到世界一流的考古学研究中心，那里有来自世界各地的学者；我们将有世界一流的考古学教育，会把历史学与人类学传统的考古学化为一体，推陈出新；我们将会有世界上最好的博物馆，最漂亮、最便利的考古遗址公园以及其他考古文化设施；最后，也可能是最关键的，我们将会有中国考古学自身的话语体系！今天对中国考古学优势的思考，也正是为了实现这些美好的梦想。

走向人文的考古学

考古学作为一门科学不难理解，研究具体的实物遗存，也就是我们通常所说的考古材料，重建真实的过去——即使不能百分之百，也要尽可能接近。或是说了解历史发展的规律（如果不能说规律，至少也可以叫作模式或者形态，总之是要提炼的），进而指导当今的社会实践。这些都是非常典型的科学的目标。无论是在狭义上（研究真实客观的材料）还是广义上（作为具有普遍性的知识），考古学一定程度上都具有科学的身份。但是，什么是作为人文意义的考古学？我们看到20世纪90年代，西方考古学发生了"人文转向"，为什么会发生这样的变化呢？究竟有些什么变化呢？又有什么样的学术意义呢？我在这里并不想做论文式的研究，而更多侧重于感受与体会来谈一谈。

我曾经举过一个例子，我们现在需要知道孔老夫子原来的想法么？或者说这是我们研究的目标么？即了解真实的过去！显然，我们都能体会到，这是不可能的。孔子的思想是通过学生的记录保存下来的，内容很少，经过历代儒家的不断研究，儒家学说已经形成非常复杂的体系。孔子是这个体系的源头或基础，后人根据自己时代的需要进行理解、阐发，进一步发展他的思想。孔子的真实想法重要吗？说重要，是因为后人的研究不可能在一个虚假的基础上开始，否则人人都可以说自己是孔子；说不重要，是因为后人是基于自己时代情况发展阐释的。至少在当代研究中并不把复原孔子原初的想法当成研究的唯一目标，虽然通过结合更详实的历史背景，我们可以更准确地把握孔子思想的范畴。更重要的任务是如何继承这笔思想文化财富，如何根据当代社会发展状况运用好这笔财富，结合时代特点，秉承儒家的思想精髓，创造属于自己时代"孔子"（思想）。

孔子，一个已经两千多年前的古人，为什么我们还要研究他以及从他而来的思想呢？因为他开创了一套价值规范，成为中国人的行动原则，也成为中国人的标志。没有这套规范，我们的社会就是混乱的，可能会出现持续不断的内乱，走在大街上，可能人人自危。许多西方人来中国旅游，都惊奇一个将近14亿人的大国，社会治安状况居然很好，你居然敢一个人晚上回家，居然没有人打劫！中国孩子外出打工，居然会寄钱回家，这在西方也是不可思议的。强调社会秩序与家庭是孔子思想核心之一。中国有不少人失业，但中国没有教会一类的社会救助组织，家庭内部的相互协助起了重要作用。没有孔子，"万古如长夜"，因为我们不知道怎么行动社会才能和谐，因此，我们可以说孔子"为万世开太平"。

这就是意义的传承，这不是科学，而是人文。类似之，陶渊明的田园文学在中国园林构建上影响深远。中国园林是诗化、哲学化的营建，它模仿的是已经诗化、哲学化的中国山水。我曾经注意过一些用中国画的方式去画欧洲山水的尝试，基本都是失败的，究其原因，中国画所描绘的中国山水已经在长期历史过程中被诗化与哲学化了。蜀道艰难，嵩华雄伟，江南秀气，都是自然的联想，是主观体验的历史化。正是诗化、哲学化山水观念历史上的反复叠加，形成了中国"画境文心"的园林传统。试比较一下，对我们受过教育的中国人而言，行走在中国园林、沙漠、西方园林以及现代都市之中，那种滋味的差异不言自明。在中国园林中，那一草一木、一山一水似乎都有情意。西方园林也有情意，只是我们不懂而已；死寂的沙漠只是让人感到恐惧，没有特征的都市有点像钢筋混凝土的沙漠。

还有一个例子就是《红楼梦》，我曾说这部伟大的作品是一部精彩的清史，它没有写任何历史事实，而是通过一种文学的虚构为我们塑造了一个鲜活的时代认知模型，这个模型比一般的科学模型要准确得多。这也正是这部作品伟大的地方！相反，不着边际的客观描述并不能让我们认识到真实。我们的目的并不是要把自己的头脑变成平滑的镜子，完全倒映外在的世界。我们的目的是要认识、把握世界，尤其是由许许多多发生在不同时间、不同地点却相互关联的事件构成的一个事物整体，最好是能够排除那些表象，洞察到本质的特征。科学是一个认识的途径，但科学不是唯一的途径。就像《红楼梦》所展示的一样，文学也是一个途径。

我们也许不能给人文下一个定义，但可以切实地感觉到人的世界的特殊性（也就是人的世界本质属性），我们不是由规律彻底决定的东西，就像由程序控制的机器一样。人的世界是历史的、有意义的、有价值的（我们自我评估）、能动的（我们用物塑造社会、塑造思想）、体验的（我们可以感觉到价值、历史与意义，我们可以沉醉于美好的体验之中）。如果失去了这些重要的东西，我们还有什么呢？一种动物式的存在？考古学要研究人，不仅仅要研究人的自然属性，还有人之为人的那些本质的属性。所谓人文就是与这些方面相关的东西，与之相应，作为人文的考古学不仅仅指我们要研究那些从前忽视的方面，也包括更加丰富的认识视角，甚至是方法。

回顾考古学的发展史，不难发现考古学的缘起就是与人文相关的。如中国的金石学，它的目的是要"观其器，颂其言，形容仿佛，以追三代之遗风，如见其人矣"。古人通过收藏、鉴赏三代时期的器物，重温上面的铭文，感受那个时代庄严的社会气氛、规范的社会秩序、美好的社会追求等。西方考古学的渊源近似之，就拿近代考古学最早源头艺术史来说，它主要研究古希腊罗马时期的艺术品。为什么是古希腊罗马，而不是其他时期其他文化的东西呢？如今我们知道这是新兴的社会阶层在"文艺复兴"旗帜下开展的一场文化革新运动，古希腊罗马文明的是一种象征，通过这种研究，得到西方文化的正统。与此同时，它也的确传承了被中世纪几乎腰斩的西方文化传统。

随着近代科学的兴起，考古学逐渐发展成为一门独立的学科，从文化历史考古到过程考古，考古学的科学性在不断增强。的确，考古学家似乎摆脱了从前的"恋物癖"，不需要掺杂任何情感，关注实物遗存所存在的客观形态特征或功能意义——这些东西究竟是做什么的。这种科学化的趋势并不仅限于考古学领域，举凡与人相关的学科领域都受到了影响。如建筑，在现代主义的旗帜下，唯一需要考虑的就是空间功能的最大化，至于人的感觉、历史或是意义等都无须考虑。其实，仔细追溯一下的话，我们也会发现这种趋势立足的也是一种"拜物"的思想，它相信一切都是物质的，究其根本，就是经济上的物质，再进一步就是金钱以及一切可以用钱买来的东西。科学化、客观化的背后被一只看不见的手左右着——物质。

正是在这样的背景下，后过程考古学崛起，它开始想让考古学本原回归。这种回顾实际是向人的世界的回归；同时试图纠正考古学发展过程所遇到的问题（显然，我们都知道考古学的真正目标是人而不是物）。后过程考古学是一系列考古主张的总称，它不像过程考古学那样有较为统一的立场，因为它的思想基础就是主张混杂的后现代主义。我写过一篇文章，比较系统地分析了后过程考古学的社会背景、思想与科学基础，以及它的基本主张（《理解后过程考古学：考古学的人文转向》，刊于《东南文化》2013年第5期），相关的著作也有一些。

读王澍的《造房子》，一个切实的体会就是他非常的后现代或者说后过程。建筑是空间实体，很容易体验，于是也比较好理解。后现代主义最早影响的就是建筑领域，所以理解后现代，追溯到建筑学也算是正本清源。王澍全书都没有提到后现代，他的思想是在建筑实践批判的基础上自己觉悟到的，同时在建筑实践中不断加以丰富。我不知道他是否意识到自己的思想与后现代主义的主张是一致的。当然，这个问题并不重要，但即便是知道，要把后现代的思想与构建中国的建筑学结合起来也不是容易的事。知道与理解是两回事，而消化吸收之后能够再创造就又高了一个层次。

王澍讲道："在1999年世界建筑师大会的中国建筑展上，我明确提出了'园林的方法'，在这种方法的视野下，作为那种纪念性造型物体的建筑学观念被抛弃了，它将被一种更重视场所和气氛的建筑学所替代；作为那种有着意义等级秩序的建筑语言被抛弃了，它将被一种在某种漫无目的的、兴趣盎然、歧路斜出的身体运动所导致的无意义等级的建筑学所替代；这种新的建筑语言呈现出细小颗粒般的状态，某种事物本身的几乎纯物质的状态，它的唯一明确的组合原则就是对陈腐意义的回避。"这段话很是欧化，有点像是从英语翻译过来的，或者说王澍实际是受到了西方后现代主义哲学思潮影响的——思维的语言已经被同化了。

好在建筑师并不只是说，还会做，你可以看他们是怎么做的并从中体会到他们真正的主张。王澍最有代表性的作品就是中国美术学院象山校区，可惜我没有实地参观过，除了画册，我在谷歌地球上鸟瞰过几次。王澍做了什么呢？他希望重建中国建筑尊重自然、融入自然的传统，这也是符合当代生态主义趋势的，而不是与自然隔离、总是试图超越自然的野蛮做法；他希望建筑尊重历史、尊重地方特色，这也是保持丰富多样性的做法，而不是千城一面，到处都是"火柴盒子"，他采用浙江当地的瓦片墙技术，用了七百万件废砖瓦；他强调建筑是体验的、开放的、参与的，建筑师一开始就与工匠一起探索建筑的成长……象山脚下那片形式各异的建筑在一片钢筋混凝土的丛林中的确非常地另类，它让人对中国丑陋的建筑面貌产生了一点儿信心。

这些观念与后过程考古学惊人的一致！简直就是用建筑实践所做的一种阐释。我想我没有必要在这里再去赘述后过程考古学理念，以及为什么我们要去从事这个方面的研究。中国是一个受到现代主义伤害非常严重的国家，政治上激进运动已经过去了，它破坏了思想基础与物质材料；更大的破坏来自我们几乎无法责备的经济与技术上迅速发展，社会结构、自然景观、思想理念，如此等等的一切几乎都被彻底铲除。以至于我今天看到王澍的文字的时候，我觉得这像是一个离家出走已久的人回来了，口音、表达都已经改变，只是似曾相识，也许不变的只有"乡愁"了。